한국외국어대학교 러시아연구소
HK 연구사업단 학술연구총서 4

2011 러시아는 어디로 가는가?

홍 완 석 편저

한국외국어대학교 출판부

머리말

작년에 이어 올해에도 한국외국어대학교 러시아연구소는 시사칼럼집 제2권 '2011 러시아는 어디로 가는가?'를 출판하였습니다. 이 칼럼집은 한국외국어대학교 러시아연구소 온라인 주간 정보지 Russia · CIS Focus에 1년 동안 투고된 글들을 주제별로 재구성한 책입니다. 작년에 발간된 제1권에서는 2009년 4월부터 2010년 3월까지의 글들을 엮었고, 이번에 발간된 제2권에서는 2010년 4월부터 2011년 3월까지의 글들을 엮었습니다.

'2011 러시아는 어디로 가는가?'는 2010년 러시아를 결산하고, 2011년을 조망하는 의미를 지니고 있습니다. 사실 2010년 러시아는 21세기 두 번째 10년대를 예고하는 듯한 여러 상징적인 사건들을 보여주었습니다. 대통령 선거를 앞둔 푸틴과 메드베데프의 행보, 모스크바 시장 교체, 에너지 자원 개발과 분쟁들, 러시아 경제의 현대화 방안 모색 등 각종 사건과 현상은 2011년은 물론 향후 러시아가 갈 길을 보여주는 중대한 예고편들이었습니다. 이러한 러시아 정치 · 경제 상황 관련 다양한 분석과 평가의 글들을 이 책에 실었습니다.

작년에 우리와 러시아 사이를 새삼 느끼게 한 일은 '천안함'과 '연평도' 사건을 둘러싼 한국과 러시아의 복잡한 행태였습니다. 최근 그 어느 때보다도 러시아의 입장 표명 한 마디 한 마디에 귀를 기울인 때가 없었던 것 같습니다. 이 사건들로 인해, 멀리서이지만, 그래도 속도와 힘이 늦추어지지 않는 대륙의 바람이 러시아로부터 한국에 불어 닥쳤습니다. 우리로서는 마치 '러시아의 재발견'과도 같은 일이었고, 한편 러시아에 있어서도 역시 대한민국이란 매우 중대한 존재임을 느끼게 한 일이었습니다. 또한 이와 더불어 작년은 한 · 러 수교 20주년이었는데, 한국과 러시아의 관계를 되돌아보는 다양한 견해의 글들을 책의 전면부에 배치 하였습니다.

러시아의 내면을 잘 들여다 볼 수 있는 사회, 문화, 역사에 대한 글들이 이번 책에도 여럿 실렸습니다. 인구, 고려인, 영화, 음악, 미술, 역사의 뒷이야기 등 러시아인들이 살아가는 생생한 모습을 여러 글들에 담아 놓았습니다. 러시아인의 기쁨과 슬픔, 행동과 사고방식, 전통과 유행을 보면 그들만의 특징도 있지만, 사실 따지고 보면 우리나 그네나 삶이란 다 비슷하다는 생각도 듭니다.

다양한 저자들로 이루어진 총 54편의 글은 러시아의 정치, 경제, 사회, 문화, 역사에 대한 명쾌하고 깊이 있는 지식과 정보를 독자에게 제공할 것입니다. 한국연구재단 연구사업(KRF-2009-362-B00005)의 일환으로 진행되는 연간 시사 칼럼집의 발행은 앞으로도 계속 진행될 것이며 동학제현의 관심과 격려를 당부하는 바입니다.

2011년 6월
한국외국어대학교 러시아연구소
소장 홍완석

목 차

머리말 / 3

제1장 정치와 외교 ---- 9

천안함과 연평도 ---- 11

01. 한 · 러 전략적 협력 동반자 관계와 천안함 외교 / 13
02. 천안함 사건을 바라보는 러시아의 입장은 / 17
03. 러시아가 야로슬라블 세계정책포럼에 이 대통령을 초청한 배경은? / 20
04. 러시아는 한반도의 군사적 위기 국면에서 무엇을 얻고자 하는가? / 24
05. 러시아를 외교적 우군으로 만들려면 / 30
06. 칼레스니코프 대위는 편지를 쓰네 / 33

한 · 러 수교 20주년 ---- 37

07. 한 · 러 修交 20년 斷想 / 39
08. 러시아의 전략적 가치를 재인식하자 / 43
09. 한 · 러 수교 20주년과 전략적 협력 동반자 관계의 미래 / 47
10. '러시아' 이미지 제고를 위한 국내 언론의 역할 / 54
11. 2010년 한·러 문화 축제 방향과 미래 전망 / 59
12. 러시아의 공공외교와 한국의 러시아문화원 개설 / 63
13. 한반도 통일에 대한 러시아의 입장은? / 67
14. 한반도와 유라시아대륙이 소통하는 길, 남북철도 / 70

러시아 국내정치 ---- 75

15. 러시아 이중권력의 향방: "현대화" versus "주권민주주의"? / 77
16. 3·13 지방선거와 통합러시아의 불안한 승리:
이중권력체제 분절의 신호탄인가? / 82

17. 루시코프의 失權과 메드베데프 大權 / 87
18. 러시아 정계의 숨은 실력자 '소뱌닌' / 92
19. 북캅카스 불안정 有感 / 104
20. 러시아연방의 국가이미지 提高에 대한 思惟 / 108
21. 강한 국가와 러시아 대통령제에 대한 小考 / 112

러시아와 세계정치 ---------- 117

22. 우크라이나, 러시아 주도의 집단안보조약기구(CSTO)에 가입할까? / 119
23. NATO와 러시아: 공동의 안보위협과 대응 / 123

제2장 경제와 자원 ---------- 127

러시아와 에너지 ---------- 129

24. ESPO 원유 등장으로 아시아 원유 공동시장 가시화 / 131
25. 유라시아 대륙에서 펼쳐지는 21세기 '그레이트 게임' / 135
26. 러시아와 벨라루스, 4일간의 천연가스 분쟁의 진실은 무엇인가? / 140
27. 러시아 자원 기업과 러시아 자본주의의 운명 / 143

러시아와 CIS ---------- 147

28. 러시아, 카자흐스탄, 벨라루스 3국 간 관세동맹의 정치경제적 의미 / 149
29. 러시아, 벨라루스, 카자흐스탄 3국 관세동맹과 영향 / 153

러시아와 세계경제 ---------- 157

30. 소생한 축복의 통로 '북극권' / 159
31. 멀고 먼 '스마트 러시아'의 꿈-스콜코보 프로젝트 / 164
32. WTO 가입에 임박한 러시아 / 168

제3장 사회 · 문화 · 역사 173

러시아 사회 175

33. 러시아식 사회적 자본: 부패와 신뢰 - 뇌물과 선물 사이 / 177
34. 러시아의 인구학적 위기, 사실상 지금부터 본격화 / 181
35. 세계화 조건에서 현대 러시아 사회계층체계 변화 양상은? / 184
36. 캅카스의 유대인, 아르메니아 디아스포라 / 188
37. Donde Voy(어디로 가야 하나요), 무국적 고려인 / 191
38. 러시아연방 사법기관 방문기 / 196

러시아 문화 201

39. 러시아 음식으로 다가서 보기 / 203
40. 현대 러시아의 결혼 풍속도 / 206
41. 러시아 영혼의 쉼터, 바냐 / 211
42. 〈러시아 88〉: 영화 속의 스킨헤드 / 216
43. 『변방』의 풍경: 자아와 타자의 탈 경계 공간 / 220
44. 러시아 볼쇼이 발레 〈스파르타쿠스〉:
정치적 선전과 자유로운 표현의 역학관계 / 225
45. 우리가 사랑한 미국의 러시아인 / 229
46. 러시아 현대 미술: 새로운 도약의 근거 / 236
47. 문화 패러다임과 소비에트 작가 / 241
48. 『롤리타』와 '로리콘 문화' / 244

러시아 역사 251

49. 루반카 광장의 돌 하나 / 253
50. 고대 문헌의 진위논쟁: 『화랑세기』와 『이고리 원정기』 / 259
51. 메드베데프를 바라보며 고르바초프를 생각한다 / 264
52. 러시아와 미국의 따뜻한 두 남자 이야기 / 268
53. 白石의 북방인식을 통해 러시아, 시베리아를 다시 본다 / 272
54. 제물포 해전, 그리고 아직도 아물지 않은 상처 / 278

일러두기

- 러시아 관련 외래어는 '국립국어원(http://www.korean.go.kr)'의 외래어 표기법에 따라 작성되었지만, 러시아어의 고유한 맛을 느끼도록 의도된 일부 용어들은 저자의 표현 방식대로 놔두었습니다.
- 대부분의 글은 그 글이 투고된 시점을 중심으로 현안 문제를 다루고 있습니다. 따라서 독자는 각 글마다 말미에 표시된 글 작성 시점을 참조하여 내용을 이해할 필요가 있습니다.

제1장 정치와 외교

천안함과 연평도

01. 한·러 전략적 협력 동반자 관계와 천안함 외교 / 13
02. 천안함 사건을 바라보는 러시아의 입장은 / 17
03. 러시아가 야로슬라블 세계정책포럼에 이 대통령을 초청한 배경은? / 20
04. 러시아는 한반도의 군사적 위기 국면에서 무엇을 얻고자 하는가? / 24
05. 러시아를 외교적 우군으로 만들려면 / 30
06. 칼레스니코프 대위는 편지를 쓰네 / 33

01. 한·러 전략적 협력 동반자 관계와 천안함 외교

김 석 환
주성대 부총장, 국제개발 전략 연구소장

올해는 한국과 옛 소련이 수교한 지 20년이 되는 해다. 수교 20년을 맞아 한국과 소련을 승계한 러시아는 과거 냉전 적대국의 관계에서 전략적 협력 동반자 관계로 변신했다. 20년 만에 이루어진 이러한 변화는 사실 대단한 것이다.

문제는 한국과 러시아가 상호 간 전략적 협력 동반자 관계를 규정지을만한 전략적 협력의 분야가 과연 무엇이며 그러한 사례들이 그동안 얼마나 축적되었는지이다.

전략적 협력이라는 부분과 관련해.필자는 최근 상트페테르부르크에서 열린 11차 한·러 포럼 장에서 한·러 간 전략적 협력 동반자 관계의 의미를 러시아는 어떻게 이해하고 규정하고 있는지를 질문했다. 주한 대사를 지낸 글렙 이바셴초프(Gleb A. Ivanshentsov)는 "단순한 양자 관계를 넘어서 지역, 세계의 문제에 있어서도 서로 이익이 공유되는 것이 전략적 동반자 관계"라고 답하고 "예를 들어 러시아 우라늄이 동북아의 원자력 발전소에 공급되는 것, 이러한 것이 경제 분야에 있어 전략적 협력 관계라고 할 수 있다."라고 말했다.

지역과 세계차원의 문제에 있어서도 양자 간 협력이 공동의 이익을 낼 수 있는 분야가 많으면 많을수록 양자 간의 관계는 밀접하며 그러한 관계의 가장 강력한 모습이 동맹이라고 할 수 있다. 그런 면에서 볼 때 한·러 간에는 아직 이러한 전략적 관계의 공유 부분이 적지만 지난 20여 년 동안 전략적 이해가 공유되는 상황도

자주 목격된 바 있다.

대표적인 이익의 공유 관계가 6자회담과 북핵에 대한 것이라고 할 수 있다. 북핵 문제 해결을 위한 6자회담체의 출범에 러시아가 절대적인 역할을 해왔다. 최초 4자회담체의 운명이 좌초된 후 러시아는 6자회담체의 구성과 운용에 있어 그동안 상당한 공헌을 했다. 특히 북핵 문제 해법을 위한 6자회담이 교착될 때마다 새로운 돌파구를 만들어냈다. 2003년 제2차 북핵 사태 발생 후 로슈코프(Losyukov) 차관의 평양 방문과 그 후의 일괄타결방안의 제시를 비롯해 방코 델타 아시아(BDA) 은행에 동결된 북한 자금의 인출문제 해법 도출, 6자회담 내 동북아 평화안보 메커니즘 실무그룹 의장국 수임, 유엔안보리의 대북 미사일 및 핵실험 관련 결의안에 찬성, 북한의 제2차 핵실험에 따른 국제사회의 제재에 동참한 것 등은 좋은 예다.

또한, 한국의 반기문 외교장관의 유엔사무총장 선출 과정에서 러시아는 한국을 지지했다. 한반도가 아직 분단 상황이라는 점과 과거 냉전시절 소련이 한반도 관련 문제의 투표 때 항상 북한을 의식하고 거부권이나 반대표를 행사했던 전력을 감안한다면 이는 외교적으로 대단한 성과다. 한국이 냉전 종식 후 과거 진영외교의 한계를 벗어나 전방위적 외교를 펼치고 그 과정에서 신뢰를 구축한 결과라고 할 수 있다. 때문에 지난 20년 사이 이루어진 한·러 관계의 성숙과 공유된 이익의 확대 사례는 향후 한국이 개방형 통상국가 체제로 발전하고 전방위적 외교역량을 확충해 나가야 한다는 측면에서 볼 때 대단히 값진 사례들이라고 평가하지 않을 수 없다.

반면에 러시아의 입장에서도 한국은 러시아의 WTO 가입을 일찍부터 지지한 것을 비롯해 한국으로의 러시아 에너지 장기 도입, 채무상환이지만 러시아제 무기 도입 등 경제통상 쪽에서 양국 간 전략적 협력을 강화하는 사례들을 축적해 왔다. 하지만 외교안보 사안의 경우는 훨씬 더 미묘하며 사례를 찾기가 어렵다.

지난 20년의 과정을 되새겨 본다면 대부분의 경우 한국과 러시아는 양국의 입장을 지지했다. 하지만 그것이 러시아에게 있어서 북한과 연계된 사안일 경우와 한국의 경우엔 미국 등과 연계된 사안일 경우, 매우 미묘한 갈등과 오해를 초래하는 경우도 없지 않았다. 러시아의 입장에서 한국에 대한 극도의 실망감이 표출된 사건들은 북핵 문제 해결을 위한 3자회담체의 구성 및 러시아의 배제, 코소보의 독립인정, ABM 조약 관련 한국 외교부 장관 경질 파동 등이라고 할 수 있다.

물론 이러한 예는 중국과도 마찬가지다. 경제와 달리 외교안보적 사안에 있어 한국의 행동은 러시아나 중국의 기대에 못 미친 게 사실이며 한국의 입장에서도 역시 이들이 한국을 전적으로 지지하고 있다고 믿을 만한 사례가 아직은 풍부하지 못한 상황이다. 이러한 실망은 아직 양국 관계가 형성된 지 20년밖에 지나지 않았다는 점을 감안한다면 자못 성급한 측면도 있다. 또한, 한반도 주변 상황이 아직 냉전의 구도에서 완전히 자유롭지 못한 데서 기인한 측면도 크다는 점을 감안한다면 실망할 필요는 없다.

오히려 지난 20년 전 당시 한국 지도층이 한국 외교의 냉전적 한계라는 구조적 틀을 깬 북방외교 정책을 야심차게 추진했고 그 결과 오늘날의 전방위적 외교환경을 만들어 낸 것처럼 우리 외교 안보 당국자들에게 더 큰 도전과 노력을 위한 계기를 던져 준다고도 할 수 있다.

한국과 러시아는 분명히 전략적 협력 동반자 관계다. 일각에서는 천안함 외교

인양된 천안함 모습

출처 : 필자 제공

를 계기로 이러한 전략적 협력 동반자 관계를 시험해 보고 싶은 눈치다. 그러나 중국과 러시아 사이는 이미 15년 전부터 전략적 협력 관계를 뛰어넘는 준동맹의 관계이며 몽골과도 올해 메드베데프 대통령의 몽골 방문 이후 전략적 협력 관계를 선언한 상황이다. 북한과도 조로상호원조동맹이 폐지되었다 해도 전략적 협력 관계를 유지하고 있는 것은 분명해 보인다.

요즘 한·러 관계가 매우 미묘한 상황이다. 한국 외교·안보 당국자들은 천안함 사건 해결 과정에서 러시아와 중국의 지지를 얻어내고자 노력하고 있으나 러시아와 중국은 우리 측의 시각에 선뜻 동의하지 않고 있다. 한국이 천안함 사태를 해결하는 과정에서 러시아의 도움과 국제사회의 지지를 명확히 얻어야 하는 것은 분명하다. 하지만 한·러 간의 소통은 뭔가 삐걱거리는 듯하다. 우리 당국자들이 애써 외면하려 하는 것인지 아니면 알고도 모른 체하는 것인지 명확하지 않지만 현지를 방문하고 느낀 점은 러시아가 이번 천안함을 둘러싼 한국의 대러 외교에 매우 불쾌해 하는 것 같다는 것이다. 이 때문에 러시아는 자신들의 메시지를 좀 더 명확하고 강하게 전달하려고 하는 것 같으며 쉽게 한국 측의 의견에 동의를 하지 않는 것 같다. 더군다나 20년 전 한반도의 세력균형에 변화를 초래한 당사자로서 이번 사태를 처리하는 과정에서 한반도와 동북아에 새로운 세력균형의 변화가 촉발될 가능성이 있는지에 대해 더욱 민감해 하는 것 같다.

천안함을 둘러싼 한국의 대러 외교는 좀 더 긴 호흡을 가질 필요가 있다. 만약에 지금처럼 단기적 성과에 집착한다면 그 결과도 예상키 어렵지만 장기적으로 양국 간 구축된 전략적 협력 동반자 관계를 레토릭의 차원을 뛰어넘는 구체적 실례의 보고로 만들지 못하고 그 취약성만을 강조하게 될지도 모른다.

(2010년 6월 14일 제63호)

02. 천안함 사건을 바라보는 러시아의 입장은

김 규 철
현 한국외국어대학교 국제지역대학원 박사과정
주러시아 한국 대사관 육군 무관 역임

지난 3월 26일 천안함 침몰사건으로 승무원 118명 중 46명이 희생을 당했다. 한국 정부는 함체 인양 후 사고원인에 대한 정밀조사를 진행함과 동시에 전반적인 국가안보시스템을 개혁하기 위해 동분서주하고 있다. 한반도의 특수한 안보상황으로 인해 천안함 침몰은 외부타격에 의한 것이고, 그 주체는 북한일 것이라는 의혹이 제기되고 있다.

4월 1일 러시아 외교부 대변인 안드레이 네스테렌코는 "한국 측에 대해 위로를 표명하며, 전문적이고 객관적인 조사를 기대한다."라고 발표했다. 메드베데프 대통령도 이명박 대통령에게 조전을 보내 진심으로 천안함 희생 장병들에 대한 애도의 마음을 전했다. 5월 4일에는 주한 러시아 대사인 콘스탄틴 브누코프도 자국 외교부와 동일한 발언을 하였다. 이와 같이 천안함 사고에 대한 러시아의 반응은 희생자들을 애도하면서 전문적이고 객관적인 조사를 기대한다는 일반적인 내용으로서 중국 및 미국의 반응과 유사한 모습을 보이고 있다.

10년 전 러시아도 천안함 사건과 유사한 사례를 경험한 바 있다. 지난 2000년 8월 12일 러시아 서북부의 바렌츠 해에서 핵잠수함 '쿠르스크'호가 침몰하여 승무원 118명 전원이 사망하였다. 당시 푸틴 대통령도 초기에는 대응조치의 미흡으로 국민의 비난을 받았다. 사고원인 규명도 지연되어 1년 11개월이 지난 2002년 7월이 되어서야 어뢰에서의 연료 누출로 인한 폭발 때문이라고 공식 발표했다.

러시아 핵잠수함 '쿠르스크'호 침몰 후 인양된 모습

출처 : http://talks.guns.ru/

당시 푸틴 대통령은 지도자로서 책임과 무거운 죄책감을 느낀다는 진솔한 대국민 사과성명을 발표했다. 희생자 가족에게는 당초 보상금액의 3배인 150만 루블(약 5만 4천 불)을 책정함으로써 '국민과 아픔을 같이 하는 지도자'의 모습을 보여주었다. 또한 중앙 군사박물관 등에 희생자들의 사진과 사고 당시 메모, 사건 관련 문서 등을 전시하고 곳곳에 그들을 기리는 기념비 및 동상을 건립하였고, 매년 8월 12일에는 추모대회를 거행하고 있다. 그뿐만 아니라 잠수함에 대한 안전조치 강화와 함께 잠수함 구조대를 창설하였으며, 군사력의 질적 보강을 목표로 하는 강도 높은 군 개혁을 단행하였다.

그렇다면 이번 천안함 사건에 대해 러시아는 어떤 태도와 입장을 취하고 있는가? 이 사안은 최근 김정일 국방위원장의 중국 방문에 즈음해 북핵 6자회담 재개 움직임과 맞물리면서 우리 정부의 관심을 끌기에 충분하다. 북한의 연루가능성이 높은 천안함 조사와 북핵 6자회담 재개의 선후관계에 대한 주변국의 입장 차이가 노정되고 있기 때문이다.

한국과 미국은 천안함 조사가 6자회담 재개보다 우선되어야 한다는 입장인데 반해 중국은 천안함과 6자회담을 분리하여 고려하고 있다. 북한은 최근 김정일의 방중 시 "6자회담 재개에 유리한 여건조성을 위해 노력하겠다."라고 밝힘으로써 6자회담 복귀 가능성을 열어놓고 있다. 러시아는 천안함과 6자회담의 선후 관계에 대한 의견은 밝히지 않았으나 조속한 6자회담의 재개를 원하고 있음을 보아 양개 요소의 분리 대응에 무게를 두고 있는 듯하다. 따라서 과거 냉전 시기의 한·미·일 對 북·중·러의 대립구도가 재현될 가능성이 농후하다.

이렇듯 천안함 사건으로 한반도는 복잡하고 어려운 안보상황에 처해 있으며, 우리 정부는 대내외적 난국 타개를 위한 대책수립이 시급하다. 현재로선 과학적이고 객관적인 조사결과를 조속히 도출해 내는 노력이 우선적으로 필요하다. 명확한 증거가 나오면 대북 제재에 대한 국제적 논의를 주장할 수 있겠지만, 그렇지 않은 경우에는 영구미제(永久未濟)의 사건으로 남을 개연성이 크다. 따라서 조사의 신빙성 강화를 위해 러시아 및 중국의 참여를 요구하고, 만일 양국의 참여가 불가능할 경우 최대한 그들을 납득시킬 수 있는 추가적인 조치가 필요하다고 본다.

천안함 조사 결과는 러시아가 '쿠르스크'호 침몰사건에서 경험한 것처럼 단기간에 나오지 않을 수도 있다. 100% 북한의 소행이라는 증거가 나오지 않을 경우 문제의 해결은 결국 강대국들의 정책에 의해 좌우될 확률이 높다. 따라서 '선(先) 천안함 조사, 후(後) 6자회담 재개 논의'로 요약되는 우리 정부의 주장을 관철시키기 위해서는 무엇보다 대주변국 외교가 중요하다. 특히 러시아는 현재 드러나고 있는 한·미 對 북·중 균형 구도에 결정적인 우세를 가져다 줄 수 있는 '저울추'에 해당한다.

현재 한·러 관계는 전략적 협력 동반자 관계로서 주기적인 전략 대화를 가동하고 있으며 안보 및 군사 분야에서 다양한 협력관계가 정립되어 있다. 이러한 우호관계를 최대한 활용하여 러시아 측에 우리의 입장을 설명하고 협력을 구하는 외교적 노력을 적극 전개해야 한다. 결코 쉽지 않은 이런 노력은 러시아가 북한을 포기하고 남한을 선택했을 때 얻을 수 있는 지경학적, 지정학적 이익이 더 크다고 판단될 때만이 그 성공을 담보할 것이다.

(2010년 5월 10일 제58호)

03. 러시아가 야로슬라블 세계정책포럼에 이 대통령을 초청한 배경은?

홍 완 석
모스크바 국립국제관계대학교 정치학박사
한국외국어대학교 국제지역대학원 교수, 러시아연구소 소장

지난 9월 9~10일 양 일 간에 걸쳐 모스크바에서 북동쪽으로 250km 떨어진 야로슬라블에서 제2차 세계정책포럼(Global policy Forum)이 개최되었다. 스위스 다보스 포럼을 벤치마킹해 크렘린이 특별한 관심을 갖고 후견한 이 야로슬라블 세계정책포럼에 이명박 대통령이 메드베데프 대통령의 초청으로 10일 열리는 전체회의에서 기조연설을 하기 위해 9일 출국해 1박 3일의 일정으로 러시아를 방문하고 11일 귀국했다.

최근에 국제사회의 스포트라이트를 받은 야로슬라블 세계정책포럼이 탄생한 배경을 간단히 설명하면 이렇다. 야로슬라블은 2005년 유네스코(UNESCO) 세계문화유산에 등재된 러시아의 유서 깊은 고도(古都)로 2010년 올해로 창건 천 년을 맞이한다. 지난 2008년 세르게이 바흐루코프 (Сергей Бахруков) 주지사는 야로슬라블 창건 1000주년에 즈음해 러시아에서 국제정치적 주요 현안을 논의하는 세계정책포럼을 창설할 것을 메드베데프 대통령에게 건의하고, 여기에 크렘린이 연방차원의 적극 지원을 약속함으로써 2009년 제1차 야로슬라블 세계정책포럼이 성립하게 된다.

현재 다보스 포럼이 글로벌 담론을 주도적으로 생산하는 국제적 포럼으로 자리매김되어 있는데, 러시아 정부는 장차 야로슬라블 포럼을 다보스 포럼을 능가하는 국제정치 포럼으로 육성하려는 야심 찬 계획을 가진 것으로 알려져 있다. 이

점은 매년 러시아 정·재계 및 학계 고위인사들과 메드베데프 대통령이 직접 이 포럼에 참가하고 있다는 사실에서, 그리고 작년에 이어 올해도 이명박 대통령을 포함해 세계 각국의 지도자와 유력인사들을 엄선해 대거 초청하고 있다는 사실에서 잘 확인된다.

그렇다면 러시아가 세계적 지도자들 가운데 이 대통령을 야로슬라블 포럼에 우선적으로 초청한 배경은 무엇인가? 몇 가지 절제된 추론을 해볼 수 있다. 메드베데프 대통령이 이명박 대통령에게 야로슬라블 포럼에 기조연설 발제자로 참석해 달라고 요청한 이유는 외견상 포럼의 성공적 개최를 위해 2010년 G20 의장국인 한국 대통령의 관심과 지원이 긴요하다는 현실적 판단에 따른 것으로 보인다.

하지만 이보다 더 본질적인 이유는 2010 야로슬라블 포럼이 지정한 논의 주제 속에서 그 단서를 찾을 수 있을 듯싶다. 올해로 두 번째를 맞이한 야로슬라블 세계정책포럼의 타이틀은 "현대국가: 민주주의의 기준과 효율성의 범주(The modern State: Standards of Democracy & Criteria of Efficiency)"로 정해졌는데, 주로 민주주의와 경제발전과의 상관관계 문제, 보다 구체적으로 경제발전을 위한 효율적인 도구로서 국가의 역할문제가 중심적 논의의 방향을 이룬다.

주지하듯, 한국은 국제사회에서 국가주도의 경제발전전략을 통해 선진경제와 민주주의를 동시에 성취한 세계적인 모범국가로 인정받고 있다. 이렇게 볼 때 최단시간에 효율적인 경제발전과 선진화를 위해 한국이 채택한 국가발전전략, 즉 권위주의 정치체제와 국가의 적절한 시장 개입으로 요약되는 한국식 시장민주주의가 현재 푸틴과 메드베데프 정부가 추구하는 국가발전전략(국가자본주의와 관리민주주의)을 정당화해주는 데 매우 유용한 모델이라는 상징적 차원에 한국의 대통령을 초청했을 것이라는 추론이 가능하다.

한국으로부터의 대규모 대러 투자 유치 및 경협 확대 필요성도 이 대통령을 초청한 또 하나의 배경으로 설명할 수 있다. 지난 2008년 5월에 집권을 시작한 메드베데프 대통령은 푸틴 전 대통령과의 차별화된 정책의 일환으로 '경제현대화'라는 국정 키워드를 제시하고 있다. 여기서 '경제현대화'란 한마디로 러시아 경제의 고질적인 문제인 유가 의존적 경제구조를 탈피하고, 러시아 경제에 있어서 생산성 저하와 비효율성의 문제를 극복하기 위한 일종의 산업구조 재편을 의미한다.

메드베데프가 궁극적으로 지향하는 경제현대화는 천연자원 수출 의존형 경제구조에서 벗어나, 창의적 지식과 신기술을 토대로 고부가가치의 상품 및 서비스를 생산해내는 소위 '스마트 경제'(smart economy)의 창출이다. 그런 측면에서 산업의 고도화를 일구어낸 한국은 크렘린에게 경제현대화 구현을 위한 중요한 벤치마킹 대상이자 협력 파트너이다.

마지막 배경으론 천안함 사건 조사결과를 둘러싸고 한·러 간에 형성된 미묘한 냉기류를 해소하기 위한 일종의 한국 '껴안기' 측면이다. 러시아는 천안함 사건 처리 과정에서 한국의 조사결과와는 다른 입장을 내놓았다. 미국, 중국, 일본에 비해 한반도 및 동북아에서 상대적으로 지정학적 운신의 폭이 좁은 크렘린의 입장에서, 러시아의 아·태 지역 진출의 우호 세력인 한국과의 관계 악화는 시베리아 및 극동지역 개발에 적지 않은 지장을 초래할 수 있고 동시에 대중, 대북, 대미 관계에서의 지렛대 약화와 함께 역내에서 지정학적 영향력 축소를 야기할 수 있다.

이렇게 볼 때 북한의 후계구도와 북핵 6자회담 재개를 둘러싸고 주변국들의 움직임이 숨 가쁘게 전개되는 상황에서, 상처받은 한국의 마음을 달래는 것이 점점 더 그 비중이 높아가는 한·러 간 경협확대는 물론이고, 한반도 및 동북아의 세력구도에서 러시아의 입지를 강화하는 데 도움이 될 것이라는 크렘린의 판단이 깊게 작용한 듯하다.

총리와 외교통상부, 문화체육관광부, 지식경제부 장관이 부재한 상황에도 불구하고 이 대통령이 산적한 국정 현안을 뒤로 미룬 채 러시아 방문을 결행한 이유도 대부분 크렘린이 한국 대통령을 초청한 목적과 동일 선상에서 이해할 수 있다. 이 대통령의 방러 목적을 핵심만 간추리면, 러시아 정상과의 잦은 만남을 통해 한·러 관계 발전을 구조적으로 제약하는 북한요소를 최소화하고 상호 국익수렴 노력을 바탕으로 신뢰를 증진함으로써 전략적 동반자 관계를 더욱 심화시키려는 강한 의지의 발로에서 비롯되었다는 게 필자의 생각이다.

이번 이 대통령의 방러 의도에서 러시아에 대한 새로운 접근이 관찰되기에 향후 한·러 관계 발전이 사뭇 기대된다. 참고로 이 대통령은 재임 중 러시아를 두 번씩이나 공식 방문해 한·러 정상회담을 가진 최초의 대통령이라는 사실을 상기할 필요가 있다.

이대통령의 야로슬라블 글로벌 정책포럼 기조연설

출처 : http://www.president.go.kr/kr/president/Photo_listphp?req_uno=1881

(2010년 9월 13일 제76호)

04. 러시아는 한반도의 군사적 위기 국면에서 무엇을 얻고자 하는가?

장 세 호
상트페테르부르크 국립대학교 정치학박사
한국외국어대학교 러시아연구소 HK연구교수

이번 연평도 포격 사태는 북한 조국평화통일위원회가 스스로 "우리 영해에 직접 불질을 한 괴뢰군 포대를 정확히 명중 타격해 응당한 징벌을 가했다."라고 시인한 바와 같이 의문의 여지없는 의도적 도발행위이다. 이 사건은 미국 측 6자회담 수석대표인 스티븐 보즈워스 미국 국무부 대북정책 특별대표가 북한의 우라늄 농축시설 공개에 대한 대응 방안을 협의하기 위해 한·일 양국 방문에 이어 베이징에 머물고 있는 시점, 그리고 중국의 원자바오 총리가 러시아와의 양국 간 전략적 협력 동반자 관계의 전면 확대를 논의하기 위해 러시아에 공식 방문한 때에 발생했다는 점에서 의미심장하다.

놀라우리만큼 치밀하게 계획된 이번 사건을 통해 북한이 획득하고자 하는 목표는 무엇일까? 한국을 비롯한 전 세계 한반도 및 북한 문제 전문가들의 다양한 해석에도 불구하고, 북한이 이번 포격사건을 통해 보내는 메시지는 분명해 보인다. 거칠게 단순화하면, 북한은 오바마 정부의 이른바 '전략적 인내(strategic patience)' 정책에 대한 근본적 재검토와 미국과의 직접 대화 재개를 요구하고 있다. '전략적 인내' 정책은 과거 북한의 '벼랑 끝 전술'에 휘말려 양보와 타협을 거듭해온 전철을 되풀이하지 말고, 북한이 본질적 태도변화에 나설 때까지 압박을 유지하자는 내용을 골자로 하고 있다. 그리고 이 정책은 얼마 전 북한의 우라늄 농

불타는 연평도

출처 : http://hook.hani.co.kr/

축시설 공개와 이번 연평도 포격 사건을 통해 근본적 시험대 위에 놓이게 되었다.

지난 2009년 로켓 발사로 유엔안보리 의장성명이 채택되고, 이에 반발하며 6자회담으로부터의 완전 철수를 선언했던 북한은 최근 다양한 방식으로 비핵화와 6자회담 복귀 의사를 타전하였다. 북한은 올해 김정일 국방위원장의 중국 방문 시, 2009년 5월 제2차 핵실험에 대한 유엔안보리 대북제재 결의의 철회를 조건으로 6자회담 복귀를 시사한 바 있다. 그뿐만 아니라, 북한 당국은 불법입국 혐의로 체포, 수감 중이었던 미국인 아이잘론 말리 곰즈(Aijalon M. Gomes)의 석방을 위해 지난 8월 방북했던 카터 전 미국 대통령을 통해서도 이 같은 의사를 전달한 것으로 알려졌다. 그러나 이에 대해 그동안 미국은 북한의 비핵화를 향한 진정성 있는 행동이 선행되지 않는 한 6자회담 재개에 응할 수 없다는 태도를 공식적으로 표명해왔다. 그리고 지난 11월 2~6일 북한은 전격적으로 지크프리드 헤커(Siegfried S. Hecker) 스탠퍼드대 국제안보협력센터(CISAC) 소장을 초청하여 우라늄 농축시설을 공개함으로써 세계를 충격에 빠뜨렸다. 뒤이어 보즈워스 대표가 북한의 고농축우라늄 원심분리기 공개를 '도발행위'로 규정하면서 "포용을 위한 포용은 없으며 대화를 위한 대화는 없다."라고 선언하였고, 기다렸다는 듯이 북한은 연평도에 군사행동을 감행하였다.

이에 대한 미국과 일본, 그리고 중국의 3개 6자회담 당사국의 대응은 전형적이었다. 사건 직후 현지 시각 새벽 4시 백악관의 도발 규탄 성명을 시작으로, 미 국무부의 "북한의 도발적이고 호전적인 행동에 대해 보상하지 않을 것"이라는 성명이 이어졌다. 그리고 한미 양국은 항공모함 조지 워싱턴호가 참여하는 대규모 합동군사훈련을 서해상에서 실시할 것이라고 선언하였다. 일본 역시 사건 직후 "독자적으로 할 수 있는 일이 있으면 할 것이다."라며 북한에 대한 추가 제재 검토의 뜻을 내비쳤다. 이 같은 상황에서 중국은 "각 측이 냉정을 유지하며 자제해 한반도 내의 평화와 안정을 보호하기 위해 함께 노력하길 희망한다.", "대화와 협상을 통해 한반도 비핵화를 실현하자는 게 중국의 일관된 입장"이라는 중립적인 자세를 취하였다. 그러나 특히 "가장 시급한 것은 6자회담을 하루빨리 재개하는 것"이라며 6자회담 재개를 위한 조건 마련과 대화와 협상에 의한 북핵문제 해결을 강조함으로써 사실상 북한을 옹호하는 입장을 표명하였다.

이상 3개국의 전형적 모습과는 달리 연평도 사태 발생 이후 러시아가 보여준 태도는 다소 의외였다. 러시아는 중국과 마찬가지로 사건 발생 직후 매우 신중하면서도 중립적인 논평을 내놓았다. 러시아 외교부 정보·출판부 명의의 논평에서, 연평도 포격 사건을 남과 북 사이의 '교전'으로 표현하면서 "평화적이며, 정치·외교적 수단에 의한 문제 해결"을 강조하였다. 그러나 민스크에 방문 중이던 세르게이 라브로프(Сергей Лавров) 외교부 장관이 23일 긴급 기자회견을 열어 "이번 사건은 비난받아 마땅하며, 남한의 섬(연평도)에 대한 포격을 주도한 자들은 분명히 큰 책임을 져야 한다."라고 강조하고, 연이어 "유엔안보리가 한반도사태에 대한 성명을 채택하길 희망한다."라고 언급함으로써 러시아 측의 미묘한 입장 변화를 드러내었다. 라브로프 장관은 이어 25일에도 "사격 훈련을 하는 것과 주민들의 거주 지역에 포격을 가하는 것은 다른 문제"라고 지적하고 "사람들이 사망했으며 이것이 가장 중요한 점"이라며 북한을 직접 명시하지는 않았지만, 북측에 대한 비판적 견해를 표명하였다.

천안함 사태 대응과는 사뭇 다른 이 같은 러시아의 입장 변화는 외교적 부담을 고려해 유엔안보리 회부에 소극적이었던 우리 정부가 이번 사태에 대한 적극적 안보리 회부 입장으로 선회하는데 큰 영향을 미친 것으로 판단된다. 그뿐만 아니라 북한은 27일 조선중앙통신 논평을 통해 "연평도 포격에서 민간인 사상자가 발생한 것이 사실이라면 지극히 유감스러운 일"이라며 확실한 '유감'의 뜻을 표명하였는데, 이 같은 북한의 유감 표명에 러시아의 비판적 입장이 어느 정도 영향을 끼쳤는지 현재로서는 구체적 확인이 어렵지만, 그 개연성을 쉽게 부정하기도 어려워 보인다.

표면적으로 상반된 천안함 침몰 사태와 이번 연평도 포격 사건에 대한 러시아의 입장을 어떻게 이해해야 할 것인가? 러시아는 탈냉전 초기 철저한 친서방 외교정책과 1990년대 중반 이후 애국·민족주의에 바탕을 둔 실속 없는 반서구주의적 대외정책을 펼침으로써 극도의 대외적 위상 추락을 경험한 바 있다. 따라서 러시아는 이에 대한 반성으로 2000년 푸틴 등장 이후부터 현재까지 자신의 국익을 극대화하고자 하는 실용주의적 현실주의 대외정책 노선을 추구하고 있다. 특히 동북아 지역에서 러시아는 아·태 지역의 전략적 가치를 재평가하면서 미국과 중국 사이에서 견제와 협력을 상호 연동하여 구사함으로써 동북아 구성원으로서의 입지를 강화하고 역내 영향력을 확대해 나가려는 정책을 구사해 오고 있다. 이러한 정책은 한반도에서 남북한 등거리 정책과 북핵 문제 해결을 위한 '정직한 중재자'의 역할로 대변되고 있다.

실제로 러시아는 천안함 사태 해결 과정에서 합동조사단 조사 결과에 의도적으로 거리를 두었던 중국과는 달리 독자적으로 조사단을 파견하여 자신을 차별시키면서도, 결과적으로 안보리 의장성명 채택과정에서 중국과 함께 한국과 미국의 강경한 태도의 전적인 반영을 저지한 바 있다. 이번 연평도 사건 역시 비슷한 맥락에서 러시아의 역할을 전망해 볼 수 있다. 러시아 관영 일간지 '로시스카야 가제타(Российская газета)'는 23일 "평양이 루비콘 강을 건넜다."라는 제하의 기사에서 "평양 측은 남한뿐만 아니라 한반도 평화 유지와 관련된 유관 국가들에 이번 사건을 설득력 있게 설명해야 할 간단치 않은 과제가 있다. 천안함 사건이 황해 바닷물과 같이 혼탁한 것이었다면, 이번 사건은 말 그대로 TV 카메라 렌즈 속에서 발생했다."라며 민간인 희생자를 비롯한 포격으로 말미암은 피해를 정당화하는 것이 쉬운 일이 아님을 언급하였다. 다시 말해서, 이번 사건은 첫째, 북한의 의도적 군사행동이었다는 점에서, 둘째, 민간인 사망 등의 인도적 문제로 인해 이전 천안함 사태와 질적으로 다른 사안이라는 것이다.

이번 연평도 포격 사건에 대한 러시아의 입장은 이 같은 상황인식의 발로로 여겨진다. 그러나 이번 사태가 유엔안보리에 회부된다고 해도 러시아가 중국과 마찬가지로 북한에 대한 군사적 제재를 비롯한 추가 제재에 쉽게 동의하기는 어려울 것으로 보인다. 극동 시베리아 지역의 경제발전을 위해 한반도의 안정이 필수적이라는 점에서, 동북아에서의 전략적 균형을 위해 중국과의 협력이 핵심 과제로 제기된다는 점에서, 그리고 2000년 이후 어렵게 복원시켜온 북·러 관계의 유지를 고려할 때 러시아 운신의 폭은 한정적이다.

그럼에도 불구하고 이번 사태를 전후한 러시아의 모습은 스스로 '정직한 중재자'를 자임해왔던 러시아가 취할 수 있는 최선의 선택으로 보인다. 이번 사태는 러시아에게 강력한 미국과 중국 사이에서 동북아 이해 당사자의 하나로서, 그리고 균형자로서의 자신의 영향력 증대를 위한 정치·도덕적 명분을 제공하고 있는지도 모른다.

예고대로 지난 28일 서해에서 한 · 미 합동군사훈련이 시작되면서 한반도의 군사적 긴장 지수는 최고조를 향해 치달을 것으로 보인다. 북한이 스스로 "미국이 끝끝내 항공모함을 조선 서해에 진입시키는 경우 그 후과는 누구도 예측할 수 없다."라고 공언한 바와 같이 이후 중거리 미사일 발사 또는 제3차 핵실험에 나설 가능성도 없지 않다. 그뿐만 아니라, 미국이 비록 북한의 평도 포격을 '전쟁행위(Act of war)'가 아닌 '호전적 행동(Belligerent action)'으로 규정하고 현재 군사적 행동을 고려하지 않고 있다고는 하나, 북한에 대한 군사적 타격 역시 비록은 가능성에서나마 선택 가능한 옵션이라고 할 때, 한반도의 군사적 긴장 상황이 언제든 전면전으로 비화할 수도 있을 것이다. 그리고 그 무대가 우리 백의민족이 반만년 동안 일구어온 터전, 바로 한반도라는 점은 필자뿐 아니라 이 땅의 모든 이들이 진심으로 걱정하는 부분이라 할 것이다.

(2010년 11월 29일 제87호)

05. 러시아를 외교적 우군으로 만들려면

홍 완 석
모스크바 국립국제관계대학교 정치학박사
한국외국어대학교 국제지역대학원 교수, 러시아연구소 소장

북한의 연평도 포격 도발로 야기된 한반도 긴장국면에서 러시아의 역할이 새삼 부각되고 있다. 러시아의 공식 요구로 유엔 안전보장이사회가 19일 긴급회의를 소집했다. 하루 전에는 비탈리 추르킨 러시아 유엔대사가 기자들에게 "한반도에서 추가로 발생할 가능성이 있는 긴장 고조에 관해 심각하게 우려하고 있다." 라며 회의소집 배경을 설명했다.

• 남북관계에 최근 中과 달라진 입장

이에 앞서 러시아 외교부는 연평도 일원에서의 한국군 사격훈련을 취소하라는 성명을 발표한 뒤 자국 주재 한국 대사와 미국 대사를 불러 깊은 우려를 표명했다. 중국과 달리 러시아는 북한의 연평도 포격을 두 차례나 비난한 바 있다. 일각에서는 러시아가 자신의 값어치를 올리기 위해 중립적이고 애매한 태도를 취한다고 지적하지만 꼭 그렇지만은 않다.

한반도에서 러시아 최대의 안보이익은 비핵화와 전쟁방지로 요약된다. 국경선을 마주한 북한이 핵을 보유하면 상황에 따라 러시아 극동지역의 안보를 훼손하는 중대한 안보적 위협이 될 수 있다. 그뿐만 아니라 대만, 한국, 일본 등 잠재적 준(準)핵국의 연쇄무장을 촉발시키고 미국의 미사일방어(MD) 구축과 일본의 재무장 빌미를 제공해 동북아의 전략적 안정화를 해친다.

한반도에서의 군사적 충돌은 러시아의 안보이익상 개입할 수도 안 할 수도 없는 전략적 딜레마를 안겨준다. 전쟁에 따른 탈북 난민의 극동지역 유입은 러시아에 적지 않은 정치적 부담이 된다. 시베리아 극동지역 개발은 물론이고 시베리아 횡단철도(TSR)와 한반도종단철도(TKR) 연결사업에도 심대한 지장을 초래한다. 러시아가 한반도에서의 영향력 유지를 위해 기본적으로 대북 포용정책을 유지하면서도 1, 2차 핵실험 시 유엔안보리의 대북 제재 결의안에 찬성하고 동참한 이유와 북한의 연평도 포격을 강한 어조로 비난한 이유를 여기서 찾을 수 있다.

그렇다면 중국의 6자회담 재개 제안을 러시아가 수용한 배경을 어떻게 설명할 수 있을까? 이 사안은 동북아에서 러시아가 추구하는 또 다른 핵심적 안보이익, 즉 과거 소련시대부터 줄기차게 주장한 동북아 다자안보 협력 기제의 창설 문제와 긴밀히 연결되어 있다.

러시아는 북핵 6자회담을 한반도의 비핵화를 위한 유용한 대화체로 생각하지만 궁극적으로는 이 6자회담 구도를 한반도평화체제와 동북아 다자안보 체제로 전환하려는 원대한 구상을 갖고 있다. 동북아 다자안보 기구의 창설은 역내에서 러시아가 무임승차할 수 있는 다양한 지정학적 이익을 제공한다. 따라서 북핵 6

UN 안보리 소집을 요청한 러시아

출처 : http://media.paran.com/news/view.kth?dirnews=4009229&year=2010&dir=5&rtlog=MV&key=hit

자회담이 형해화하면 그 가능성이 줄어들기에 러시아는 중국의 6자회담 재개 요구에 외교적 공명을 보낼 수밖에 없다.

• 러시아 이익 존중하는 정책으로 유인을

러시아에 북한은 적자만 내는 국가다. 효용가치라 한다면 북한이 미·일 동맹체제의 안보적 방역선이고 남한을 길들이는 데 유용한 지렛대라는 점이다. 러시아는 북한보다도 한국과 훨씬 더 다양하고도 중요한 정치적, 경제적, 안보적 이해를 갖고 있다. 그럼에도 러시아가 북한을 일정수준 감싸는 이유는 미국의 품 안에 있는 한국에 대한 본능적인 견제와 북한과의 관계 악화가 과거 한반도 4자회담에서 러시아가 배제된 경우처럼 한반도에서 모스크바의 영향력을 위축시킬 수 있다는 학습효과 때문으로 보는 게 정확할 것이다.

이로부터 러시아를 외교적 원군으로 유인할 수 있는 정책 대강을 제시할 수 있다. 한국의 국익과 안보에서 러시아가 특별한 비중을 차지하고 미국이 아시아의 친구를 규합해 한반도 및 동북아에 대한 러시아의 불리한 정치안보적 구조를 주조하는 데 한국이 적극 가담할 의사가 없으며, 한반도에서 러시아의 합당한 이익과 위상을 존중하겠다는 신호를 지속적으로 보내는 가운데 신뢰를 확보하는 일이라 할 수 있다.

(2010년 12월 22일 특별호)

06. 칼레스니코프 대위는 편지를 쓰네*

한 정 숙
튀빙겐대학교 역사학박사
서울대학교 서양사학과 교수

젊은 학생들이 러시아 음악의 밤 행사에서 부른 노래 한 곡이 귓가에서도 마음에서도 좀처럼 떠나지 않았다. "칼레스니코프 대위"라는 제목을 가진 이 곡은 러시아의 유명한 록 음악가 유리 셰브축이 만들고 그가 자신의 그룹인 데데떼(ДДТ)와 함께 불러 유명해졌다. 전주와 간주에서는 '그대는 나의 태양'(You are my sunshine)의 한 부분을 연상케 하는 곡조도 잠시 나올 정도로 경쾌하게 진행되다가 맨 마지막에 이르면 진혼나팔을 연상케 하는 트럼펫 음이 울려 퍼지는 곡.

연필은 부러졌네, 춥고 어둡네/
칼레스니코프 대위는 우리에게 편지를 쓰네./
차가운 배 바닥에 우리 몇이 남았네/
격실(隔室) 셋은 부서지고 다른 셋은 불에 타고/
구조될 길 없음은 알고 있지만 그대 날 믿는다면,/
그대 가슴 속에서 내 편질 발견하리./ ....
쿠르스크 호는 폭발하여 부서진 묘지 되어 가라앉았네./
이별의 순간엔 부서진 혈관의 연결선마저 찢어 버렸네/.............
이후 오래도록 거짓말들 하겠지, 진상을 두고 이러쿵저러쿵/
위원회는 과연 얘기하기나 할까, 죽기가 얼마나 힘든지를/

---

* 데데떼의 노래 '칼레스니코프 대위'를 소개해 주신 백승무 박사님께 깊이 감사드린다.

드미트리 로마노비치 칼레스니코프 대위는 러시아 핵 잠수함 쿠르스크 호에서 근무했던 러시아 해군장교였다. 쿠르스크 호는 2000년 8월 12일 북빙양 바렌츠 해에서 훈련을 하던 중 폭발하여 가라앉았다. 러시아 해군 당국은 강력한 폭발로 전원이 즉시 사망했다고 보고 구조를 별로 서두르지 않았으며, 푸틴 대통령은 휴양지에서 바로 돌아오지도 않았다. 실제로 승선자 118명은 전원 사망하였다. 러시아 해군은 사고 직후 미국 해군이 구조작업을 제안했을 때 이를 거부하기도 했다.

그런데 후일 밝혀진 바로는, 침몰한 쿠르스크 호에서는 선수가 이미 파괴된 후에도 사고 발생 얼마(적어도 이틀) 후까지 선미 제9격실(отсек)에 스물세 명의 해군 장병이 모여 구조를 기다리고 있었다. 제9격실에 모여든 장병들의 지휘관이었던 스물일곱 살 청년 칼레스니코프 대위는 구조를 기다리면서 A4용지 두 장에 기록을 남겼다. 한 장에는 제9격실에 모여 있던 장병 스물 세 명의 이름을 적고 그들이 전원 출석 중임을 표시한 출결 점호표를 작성했다. 장교 세 명, 사병 스무 명이었다. 그리고 다른 한 장에는 이런 글을 적었다.

"13.15. 우리는 모두 스물 세 명이다. 다들 기분이 안 좋다. 탄화 유독가스의 압력 때문에 쇠약해져 있다. 기압은 올라가고 있다........ 위쪽으로 올라가면 감압증 때문에 견디지 못한다. 개인별 호흡기에는 벨트가 없다..........하루 이상 견디기 어려울 것 같다."

그 몇 시간 후 쓴 메모는 더욱 절박하다.

"15.15. 글을 쓰기에는 너무 어둡다. 어림짐작으로 써보려 한다. 살아남을 기회는 없는 것 같다. 10~20퍼센트쯤 될까. 그래도 희망하는 것은 누군가가 이 글을 끝까지 읽어주는 것이다. 이것은 제9격실에 모여 있으면서 살아서 위로 올라가려 애쓰는 격실 구성원 명단이다. 모두 안녕. 절망할 필요는 없다. 칼레스니코프."

중간의 한 줄에는 결혼 4개월째였던 부인 올가에게 전하는 말이 있었다.

"올레치카. 사랑해. 너무 괴로워하지 말아요. 안녕. 안녕."

이 기록은 2000년 10월 사망자를 수색하던 수색대가 칼레스니코프 대위의 군복 포켓에서 발견하였다. 그의 소원대로 기록은 세상에 알려지게 된 것이다. 이 기록은 함대 내에서 수행하는 업무를 기록한 업무일지와 같은 성격의 글이지만 인간이 극한 상황에서 어떠한 태도를 가지는가 보여준다는 점에서 귀중한 자료가 아닐 수 없다. 이미 종말이 바로 눈앞에 다가와 있음을 깨달으면서도 끝까지 절망하지 않으려 하였던 한 젊은이의 모습에 읽는 이는 숙연함과 깊은 슬픔을 금할 길 없다.

러시아 군 당국은 처음에는 여러 가지 이유를 들어 칼레스니코프 대위의 기록을 세상에 공개하지 않았다. 그 사이에 기록 내용을 두고 온갖 추측이 떠돌기도 했다. 결국 공개된 문서에는 사고의 원인을 바로 밝혀낼 만한 중대한 사실은 들어 있지 않았다. 승선자들 자신도 사고의 원인을 직접 알지는 못했다. 그러나 한 가지만은 분명했다. 즉 어떤 엄청난 폭발로 승선자들이 모두 한꺼번에 사망한 것은 아니었고, 일부 장병은 격리된 선실에서 애타게 구조를 기다리고 있었다는 바로 그 사실이었다.

그 사이 사고 원인을 두고는 여러 설이 제시되었다. 러시아 해군은 부근에서 훈련하고 있던 미 해군이 쿠르스크 호를 공격한 것이라는 해석을 내놓기도 했다. 그러나 거의 2년에 걸친 정밀한 재조사 후 결국 사고 원인은 기술적 결함으로 인한 선체 내부의 연료 누출과 이에 따른 폭발이라는 것이 밝혀졌다.

한국 해군의 천안함 침몰 사고로 쿠르스크 호 사건이 한국 사람들 입에 다시 회자되게 되었다. 수많은 젊은 목숨들을 앗아간 대형 군함의 폭발 침몰 사고라는 점에서 사람들은 유사점을 떠올린다. 한국 해군과 정부는 천안함 사고 원인을 공식 발표했지만 러시아는 별도의 자체조사를 진행하였다. 그리고 한국 야당소속 국회의원이 주한 러시아 대사관의 브누코프 대사를 방문하였을 때도 쿠르스크 호 사건은 상기되었다. 천안함 사고원인 조사와 관련해서도 쿠르스크 호 사고원인 조사처럼 시간이 걸릴 것이라고 보는 사람들도 있다.

죽은 사람은 말이 없지만, 칼레스니코프 대위는 죽어서도 말했다. "모두 안녕. 절망할 필요는 없다." 그리고 데데떼 그룹은 노래한다. "이후 오래도록 거짓말들 하겠지, 진상을 두고 이러쿵저러쿵/ 위원회는 과연 얘기하기나 할까, 죽기가 얼마나 힘든지를/......../ 칼레스니코프 대위는 우리에게 편지를 쓰네."

칼레스니코프 대위의 편지

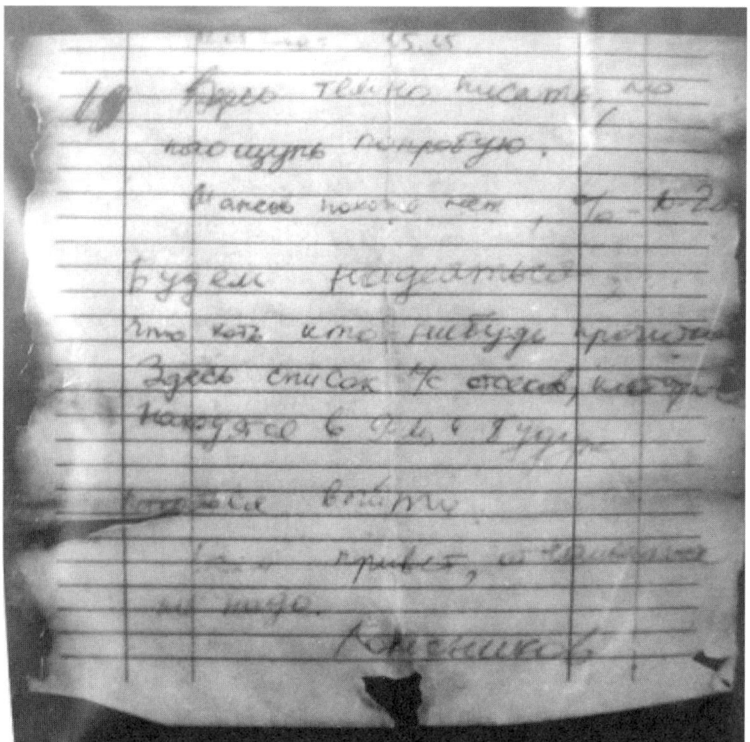

출처 : http://fedrep.ru/page/%C2%ABkapitan_kolesnikov_pishet_nam_pismo%C2%BB

(2010년 7월 12일 제67호)

한 · 러 수교 20주년

07. 한 · 러 修交 20년 斷想 / 39

08. 러시아의 전략적 가치를 재인식하자 / 43

09. 한 · 러 수교 20주년과 전략적 협력 동반자 관계의 미래 / 47

10. '러시아' 이미지 제고를 위한 국내 언론의 역할 / 54

11. 2010년 한·러 문화 축제 방향과 미래 전망 / 59

12. 러시아의 공공외교와 한국의 러시아문화원 개설 / 63

13. 한반도 통일에 대한 러시아의 입장은? / 67

14. 한반도와 유라시아대륙이 소통하는 길, 남북철도/ 70

07. 한·러 修交 20년 斷想

이 규 형
前 駐러시아 大使, 前 외교통상부 제2차관
현 주중국 대사

1990년 9월 30일, 뉴욕 유엔본부의 한 회의실에서 한국의 최호중 외무장관과 당시 소련의 세바르드나제 外相은 양국 外交關係 樹立에 관한 공동코뮈니케에 서명하였다. 그로부터 20년, 많은 변화가 있었다. 특히 소련은 연방해체과정을 통해 1991년 12월 러시아로 새로 태어났다. 90 年代 末 공교롭게도 두 나라는 한두 해 사이로 未曾有의 國家經濟危機를 맞았다. 우리는 IMF로부터 긴급 지원을 받는 대신 IMF가 권유(명령)하는 극단의 위기극복 정책을 취하여야 했고, 러시아는 급기야 모라토리엄(對外 支拂 不能)을 宣言하는 데까지 떨어졌다. 한국인들은 장롱 속에 넣어두었던 금붙이를 모아 내다 팔았다. 러시아는?

러시아는 잘 알다시피 세계 자원의 寶庫이다. 이미 확인된 것만 하여도 석유는 매장량 7위, 생산량 2위이고 가스는 매장량과 생산량 모두 1위이다. 금, 은, 우라늄, 석탄 등 얼마나 많은 지하자원이 그 넓은 땅에 묻혀 있는지 아무도 모른다. 아마 영원히 모를지 모른다. 油價가 한창 치솟았던 2008년 여름, 하루에 輸出稅로만 10억 불씩 금고에 쌓인다고 했다. 작년 2월 중순, 극동지역 유즈노사할린스크에서 러시아 최초의 LNG 공장 竣工式이 있었다. 그 공장에서 年間 생산되는 950만餘 톤의 1/6 정도가 앞으로 20년간 우리나라에 공급된다. LNG 150만 톤은 우리의 현재 年間 가스 소비량의 약 6%를 차지한다.

2008년 9월 말 이명박 대통령께서 러시아를 공식 방문하셨다. 양국관계가 '戰略的 協力同伴者' 관계로 진입하게 되는 역사적인 방문이었는데, 그 해 11월 러시아 수산청은 한국에 명태 8천 톤을 추가 배정하였다. 그 덕분에 우리 원양 업계는 러시아 海域에서 약 1,600만 마리의 명태를 더 잡을 수 있게 되어, 우리 국민 세 사람에 명태 한 마리씩을 더 공급할 수 있었다.

지난 9월 21일 러시아 제2의 도시 상트페테르부르크, 2년 가까운 국제 경제위기 속에서 공사를 멈추지 않았던 한국 기업, 不屈의 企業精神이 열매를 맺는다. 현대/기아 자동차 공장은 11개 주요 부품 공장의 동반 진출로 여타 이미 진출해 있는 미국, 일본, 독일계 자동차 공장과 차별된다. 竣工式에 참석한 푸틴 총리가 고맙게도 그 두 가지 점을 祝辭에서 언급하였다. 러시아 땅에서 러시아 기술자가 러시아産 부품으로 러시아 國民車 '솔라리스'를 만들어 내면, 생산회사 이름이 '현대/기아'인 러시아 國産車이다. 금년 2월 모스크바를 떠나기 前, 러시아 고위관리, 학자, 정치인, 언론인들에게 강조했던 내용인데, 報道된 총리 축사에는 그 점도 念頭한 듯한 부분이 있다. 기분 좋은 일이다. 물론 작년 50% 가까이 곤두박질쳤던 러시아 국내 자동차 시장의 회복 소식도 반갑다. 자동차 시장 상황이 러시아 경제 상황의 바로미터 역할을 어느 정도 하기 때문이다.

駐在대사로 근무하면서 항상 머리에 담고 있었던 단어는 '原則(Principle)과 互惠性(Mutuality)' 이었다. 또 그 사람들에게 자주 이야기했던 단어는 '類似性(Similarity)과 보완성(Complementarity)"이었다.

세어보니 3년 가까운 근무 기간에 14개 도시를 방문하였다. 極東 地域의 2012년 APEC 정상회의가 열리는 블라디보스토크, 극동의 파리라고 불리는 하바롭스크, 사람들 모습이 우리와 너무 비슷한 사하 共和國의 수도 야쿠티아에서 中部 시베리아의 科學도시 노보시비리스크, 바이칼 호수가 있는 이르쿠츠크, 마지막 차르 니콜라이 2세가 사형당한 예카테린부르크를 거쳐, 南部의 고려인들이 많이 살고 있는 로스토프-나-도누와 2014년 동계 올림픽 개최지인 소치를 포함, 모스크바에서 멀지 않은 러시아 內 최다 소수민족인 타타르 자치공화국의 首都 카잔과 防衛産業 도시인 니즈니 노브고로드, 그리고 꿀이 많이 생산되는 트베리 市를 例示하고 싶다.

여러 방문 기억 중 '극동의 작은 분단국가-한국'의 驚異로운 발전에 대한 敬意, 그래서 한국과 관계증진에 대한 熱意를 확인하였던 것은 지금도 흐뭇하다. 공항 귀빈실에서 헤어짐을 아쉬워하는 마음을 담은 '뽀쏘쇽'(Pososhok: 길 떠나기 전 작별의 인사로 마시는 술)은 아시아적 情緖를 새삼 느끼게 하는, 그래서 "모스크바는 러시아가 아닙니다."라고 말하는 지방 관리들의 분위기와 묘하게 겹쳐지곤 하였다.

지난주 추석 오후, 모스크바에서 외무부 바라다프킨 亞洲擔當 次官이 천안함 사건관련 러시아 조사단의 결과보고서를 공개하지 않을 것이라고 말했다는 보도를 보았다. 보도가 사실이라면 戰略的 思考가 日常事인 러시아답다. 밝혀야 할 實益을 찾기 어려웠으리라. 실망하기보다 도리어 어깨가 무거워지는 것을 느껴야 하지 않을까?

현대자동차 竣工式에 참석한 푸틴 총리

출처 : http://news.naver.com/main/read.nhn?mode=LSD&mid=sec&sid1=104&oid=003&aid=0003446874

'國益의, 國益에, 國益을 위한'이라는 관점을 더욱 치열하게 닦고 갈아야 한다는 自醒이 새롭다. 거기다 우리에게는 한 가지 더 있다. 原則(principle)이다. 생각과 말은 어렵지 않다. 문제는 行動이다. 존중받기 위해서는 무엇보다 原則을 지키는 姿勢가 절대적이다. 비단 러시아에 국한되는 것이 아니라,

모든 나라, 특히 우리보다 큰 나라, 강한 나라 - 가깝건 멀건, 결코 잊지 말아야 할 韓國 外交官의 德目이다.

한국과 러시아, 러시아와 한국.

외교관계가 復原된 지 어느새 20年. 정치, 경제, 문화, 예술 등 다양한 부문에서 괄목할 만한 관계 발전이 지속적으로 이루어져 왔다. 또 앞으로 관계발전의 重要性과 必要性에 대해 한·러 양국 政府와 國民 間에 분명한 共感帶가 있다. 왜냐하면 그것은 무엇보다 서로의 國益에 부합하는 일이기 때문이다. 물론 근본적인 환경 차이를 무시할 수도, 무시해서도 안 된다. 그럼에도, 앞으로 얼마나 더 많은 共同利益을 창출할 것인가는 서로의 노력에 달렸다. 양국, 양 국민 간의 類似性과 補完性을 확장하고 가꾸며, 原則에 입각하여 互惠的 利益을 추구해 가면, 말 그대로 '戰略的 協力同伴者 關係'의 성숙된 모습이 눈앞에 펼쳐지리라.

(2010년 10월 4일 제79호)

08. 러시아의 전략적 가치를 재인식하자

홍 현 익
파리 제1대학 정치학박사
세종연구소 수석연구위원

냉전이 종식되어가는 과정에서 한국이 소련과 수교하고 양국관계를 정상화한 것은 한반도 주변 4강의 하나인 러시아를 우리의 전략 경쟁국에서 전략 협력국으로 전환시킨 역사적 쾌거였다. 그러나 어언 20년이 지난 오늘 양국관계가 기대만큼 획기적으로 발전하거나 전략적 협력이 진전되었다고 보기 어렵다. 러시아가 남북대화나 북핵문제 등 한반도문제의 평화적 해결, 남북 당사자주의, 평화통일을 지지하고는 있으나 이를 적극적인 행동과 정책으로 보여주고 있지는 않으며, 경제적으로도 에너지 협력 사업이나 남북종단철도와 시베리아횡단철도의 연결 사업 등도 크게 진전되지 않고 있다.

물론 이렇게 된 원인 중 상당 부분은 러시아 측에 있다. 먼저 푸틴 집권기에 국제 유가 상승으로 빠르게 회복되던 러시아 경제가 최근 몇 년 어려움을 겪고 있어 극동 및 동아시아정책을 적극적으로 펼치기 어려운 형편이다. 또한, 러시아의 수도나 인구 대부분이 한반도에서 머나먼 우랄산맥 이서에 있기 때문에 한반도에 적극적인 정책을 펼치지 않고 있다. 중국과의 전략적 동반자 관계에 중점을 두면서 한반도 문제에 직접 적극적으로 나서기보다는 중국과의 연합을 통해 소극적인 대응에 만족하는 모습이다.

따라서 우리 정부가 보다 적극적으로 러시아와의 협력을 모색하여야 러시아도 한반도 정책에 적극성을 보일 것으로 여겨지는데, 우리 정부가 러시아의 전략적 가치를 아직 제대로 인정하지 않는 듯하므로 한·러 관계나 러시아의 한반도 정책이 기대 수준에 못 미치는 상태에 머물고 있는 것이다. 그렇다면 러시아의 전략적 가치는 어디에 있고 왜 우리의 대러 정책은 크게 성공하지 못하고 있는 것인가?

첫째, 기본적으로 우리 모두가 인정하는 러시아의 가치는 한반도와 접경국이고 세계 최대의 영토를 가진 나라로서 유라시아 대륙 중심 교량 국가라는 것이다. 또한, 석유와 천연가스 등 풍부한 에너지 자원을 보유하고 있고 각종 천연지하자원이 매장되어 있는 나라이다. 따라서 정부는 러시아의 석유와 천연가스를 북한을 통과하는 파이프라인을 건설하여 수입하려는 구상을 10년 이상 추진 중인데, 남·북 관계가 정체되고 있어 실현이 불가능한 상황이다. 철도 연결사업은 러시아가 더 적극적인데 이 역시 남·북 관계가 최대의 장애물이고, 재원 마련도 러시아는 한국 정부가 주도해주기를 바라는데 우리 정부가 적극성을 갖고 있지 않기 때문에 사업이 정체 상태이다. 우리 정부는 철도 연결로 부산과 인천 등을 동아시아 물류기지로 만들려 하나 사업이 계속 정체되면서 러시아는 나진항과 러시아 극동항을 개발하는 쪽으로 정책 방향을 바꾸고 있다.

둘째, 러시아의 전신인 소련은 북한의 산업 건설에 앞장섰기 때문에 북한 산업시설의 상당 부분이 러시아기술자가 주도하여 러시아식으로 건설되었다. 따라서 현재 북한이 공장을 현대화하려면 러시아의 기술이 필요한데 이를 위한 자본이 부족하여 사업이 진전되지 못하고 있다. 이를테면 한국이 자본을 투자하여 나진의 승리화학공장을 현대화한 뒤, 러시아에서 원유를 들여와 정체하고 일부를 한국이 가져오는 남·북·러 3자 간 호혜적 경협사업을 벌일 수 있는데 이 역시 남북관계가 발목을 잡고 있다.

셋째, 러시아는 핵 강국으로서 미국과 함께 국제 핵 질서를 주도하고 있는 북한 접경국으로서 기본적으로 북한의 평화적 핵 이용권을 보장하면서 북한의 핵개발 포기를 유도하고자 하는데, 이를 북한에게 적극적으로 압박하거나 설득하지는 않고 있다. 러시아가 행동에 적극성을 보이지 않는 것은 무엇보다 공연히 압박을 가했다가 과거보다 축소된 북·러 관계만 더 악화시킬 뿐이라고 생각하는데

이명박 대통령과 메드베데프 대통령

출처 : http://www.newsis.com/pict_detail/view.html?pict_id=NISI20100910_0003392481

다, 한국정부는 북한의 핵 포기만 주장하지 북한의 평화적 핵 이용권에 대해서는 소극적이므로 러시아의 제안이 실현될 가능성이 크지 않기 때문이다. 또한, 이명박 정부가 이전 정부보다 훨씬 더 미국에 편중된 외교를 펴고 있기 때문에 이를 경계하려는 전략적 계산도 엿보인다. 따라서 러시아와의 전략적 협력을 강화하려면 정부는 한·미 동맹을 중심으로 대외전략을 펼치되 어느 정도는 외교의 편중성을 시정하여 균형을 잡아가야 할 것이다. 또한, 북핵문제에 관해서는 북한이 핵을 포기하도록 유도하려는 우리의 정책이 러시아나 중국 등 주변강국들의 지지를 받고 북한도 결국 설득시키려면 북한의 안보 딜레마도 고려한 '상호안보'나 '상호위협감소' 등의 원칙에 의거한 정책을 추진해야 할 것이다.

넷째, 러시아의 전략적 가치 중 정부가 반드시 고려해야 할 점은 러시아의 협력이 기정사실이 아니라는 것이다. 만일 러시아가 냉전 시대처럼 북한을 두둔하거나 아니면 책임 있는 강국이 아닌 것처럼 행동할 경우, 우리는 상당한 전략적 손실을 겪을 수도 있다는 점이다. 물론 가능성은 크지 않지만 북한에게 최신 무기를 지원한다거나 동해에 핵폐기물을 버린다든가 할 경우에는 감당하기 어려운 어려움을 겪을 수도 있으므로, 러시아가 책임 있는 강국으로 행동하도록 우리와의 우호관계를 중시할 수밖에 없는 보다 적극적인 대러 외교를 펼쳐야 할 것이다.

끝으로 적어도 상당 기간 동안 러시아는 동북아시아에서 군사적 대립이나 긴장이 고조되는 상황을 바라지 않을 뿐 아니라 기능적 경제협력을 통해 시베리아 및 극동지역을 개발하는 데 정책의 중점을 둘 것이다. 이는 동북아에서 냉전적 대립이 형성되면 가장 큰 불이익을 당할 한국과 국가전략이 일치하는 부분이다. 특히 러시아는 동북아 다자안보협력이 실현되기를 바라고 있다. 따라서 정부는 동북아에 냉전적 질서가 재형성되는 것을 막고 호혜적인 경협 중심의 질서가 자리잡도록 하기 위해 러시아와의 전략적 협력을 보다 강화해야 할 것이다. 이를 위해서는 러시아와의 경제 협력 증진을 위한 노력을 강화하는 것은 물론이고 대북정책도 유연하고 전향적으로 개선하는 것이 필요하다.

(2010년 11월 15일 제85호)

09. 한·러 수교 20주년과 전략적 협력 동반자 관계의 미래

신 범 식
모스크바 국립국제관계대학교 정치학박사
서울대학교 정치외교학부 교수

2010년 9월 30일 한국과 러시아는 소련 시기 관계 정상화를 이룬지 20년을 기념하였다. 20년간 양국관계는 여러 가지 굴곡을 겪으면서도 전반적으로 괄목하게 발전하였다. 무역과 투자 부문에서의 양적 성장은 물론 인적, 사회적, 문화적 교류의 질도 점차 높아지고 있다. 그런데 이런 변화와 발전을 축하해야 할 한·러 수교 20주년이 조금은 심드렁해 보인다. 왜 그럴까? 그 이유는 여러모로 설명될 수 있다. 한·중 관계의 밀도가 비약적으로 증대된 데 비해 나타나는 한·러 관계의 상대적 빈약함, 천안함 사태와 그 원인 규명 국면 그리고 국제적 대응을 위한 외교전의 과정에서 러시아가 보여준 기회주의적이며 중립적인 거리감과 미온적 태도, 그리고 수교 20주년을 기념하는 양국 정부의 노력이 산발적이며 초점을 갖고 있지 못한 점 등을 들 수 있다. 하지만, 가장 중요한 점은 바로 양국의 미래관계에 대한 전략적인 청사진이 부재하다는 사실이다. 양국 관계의 미래에 대한 어떤 희망적 그림을 그리기에 불분명한 모호성이 너무 많이 남겨져 있다.

양국 관계를 규정하는 공식적인 틀은 2008년 양국 정상이 공동으로 선언한 "전략적 협력 동반자 관계(стратегическое партнёрство)"이다. 당시 한국 정부는 이 관계의 설정을 양국 관계의 격상이라고 선언하였다. 하지만, 단적으로 지난 천안함 사태에 대한 중국과 러시아의 대응을 보면 도대체 한국과 중국, 한국과 러시아 사이의 전략적 협력이 무엇을 의미하는지 답하기가 어려워 보인다. 특히 러시아와 중국 사이에 진행되고 있는 전략적 동반자 관계와 한국 · 러시아 또는 한국 · 중국 간의 전략적 동반자 관계가 같은 범주의 관계라고 이해하기는 어렵다.

대체로 전략적 동반자 관계는 위계질서 속에 위치 지울 수 있는 개념이 아니며, 상대를 인식하는 상호작용의 형식을 규정하는 개념으로 이해하는 것이 타당해 보인다. 똑같은 전략적 동반자 관계라고 불리는 여러 쌍의 관계들도 그 중요성에서 차이가 나며, 이 또한 지속적으로 변화하는 국제정치의 유동성 속에서 가변적일 수밖에 없다. 상대를 인식하는 '태도' 및 상호작용의 '형식'으로서 전략적 동반자 관계란 국제환경에 대한 자국의 국가전략이 실현되기 위하여 상대국과의 관계가 양자 수준을 넘어 지구적이고 지역적인 범위에서 중요한 전략적 영향을 미칠 수 있음을 인정하고 전략적 조율을 위한 상호작용을 지향하는 관계이다. 즉 자국의 지구적이고 지역적인 국가전략의 목표를 실현해 나갈 수단으로 상대국과의 협력 필요성을 인정하게 되었음을 말하며, 그에 따른 협력의 내용을 규정하는 고정된 원칙이 존재하는 것은 아니다. 따라서 전략적 동반자 관계의 수립이 자동적으로 양국의 전략적 인식 및 목표의 공유로 이어지는 것은 아니다. 도리어 이 형식에 따른 전략 협력의 내용은 양국이 처한 국제환경과 그에 대한 각각의 평가와 인식 그리고 그에 대해 수립된 국가전략이 상호작용하는 가운데 변증법적으로 채워져 가는 것으로 이해되어야 한다.

그렇다면 전략적 협력의 내용은 어떻게 결정되는가? '전략적 동반자 관계'라는 개념은 냉전 시기의 '동맹' 개념을 대체하여 탈냉전 시기 국가 간 관계를 지칭하는 일종의 유행처럼 널리 쓰이게 된 용어이다. 기존 연구에 따르면 '전략적 동반자 관계'는 다음과 같은 공통점을 가진다고 한다. 첫째, 전략적 동반자 관계는 어떠한 가치관이나 세계관보다는 '이익'을 공유하는 개념이다. 둘째, 전략적 동반자 관계는 동맹과는 달리 제3의 적을 설정하고 있지 않으며, 동맹보다는 느슨한 국가 간의 협력을 지향한다. 셋째, 전략적 동반자 관계는 군사적 협력 외에도 정치 · 경제 및 사회·문화에 걸쳐 포괄적인 협력을 지향한다.

결국, 탈위계적이며 구성적인 입장에서 접근할 때, 전략적 동반자 관계란 양자관계를 통해 지구적이고 지역적인 수준에서의 전략적 협력을 추구해 나갈 수 있다고 상호 인식하게 된 당사국들이 그 협력의 내용을 미래지향적으로 채워가면서 구성되는 관계인 것이다.

이런 관점에서 한·러 관계는 어떻게 평가될 수 있을까? 한국과 러시아는 과연 전략적 동반자 관계에 걸맞은 협력관계를 구축하고 있는가? 단도직입적으로 말하자면 한국과 러시아 양국은 진정한 의미에서의 전략적 협력 단계에 진입해 있다고 보기는 어렵다. **전략적 협력은 크게 전략적 소통과 전략의 조율 그리고 공동의 전략적 지향으로 선언된 프로젝트의 실천을 내포하는 상호작용이다.**

첫째, 전략적 소통의 측면에서 한국과 러시아는 지난 20년간 다양한 수준의 대화통로를 발전시켜 왔다. 대화통로의 다기화 및 양적 증대라는 점에서 어느 정도의 성과는 있었다. 하지만, 이러한 대화는 산발적이고, 피상적이며, 초점을 가지고 있지 못하다. 더 중요한 문제는 이러한 대화를 통하여 양국은 상대의 전략적 필요와 고민에 대하여 진지한 이해에 도달하지 못한 것으로 보인다. 미국이나 일본 그리고 중국 등 주변 주요국들과 비교해 볼 때, 한국은 러시아와 전략적 소통을 할 수 있는 통로가 매우 제한적이다. 한·일, 한·중, 한·미 간에 작동하는 1.5트랙 전략 대화도 한·러 간에는 현 정부 들어 중단되었다. 장관/차관급 전략 대화가 진행되고 있지만 여기서 솔직한 전략적 소통을 하기가 수월치 않다. 이를 보완할 1.5트랙의 전략 대화가 재개되어야 한다. 그리고 2010년 11월에 예정되어 있는 한·러 대화(KRD)는 양국 간의 대화통로를 질적 및 양적으로 크게 발전시킬 것으로 기대되지만, 전략적 소통에 초점을 맞추기에는 한계가 있다. 따라서 양국 정부는 다양한 수준에서 진행되고 있는 대화통로의 다기화를 더욱 촉진하되, 이들의 다양한 대화들의 초점을 잡아 줄 수 있는 의제를 잘 정리하고 나아가 진정한 전략적 소통이 가능한 핵심통로를 개발함으로써, 상대의 전략적 고민과 필요에 대한 이해에 도달하기 위한 노력을 높여갈 필요가 있다.

둘째, 전략의 조율이란 측면에서 양국은 실패 및 제한적 성과를 거둔 경험을 모두 가지고 있다. ABM 조약의 폐기를 두고 러시아와 미국이 벌이는 신경전 가운데 한국이 곤란한 상황에 처한 적도 있다. 4자회담과 그 후속 조치로 한반도에너지개발기구(KEDO)의 운용에서도 경쟁이 있었다. 천안함 사태에 대한 대응을 두고 전략적 소통과 조율을 시도하였으나 부분적 한계를 노정하였다. 하지만, 6자회담 진행과정에서 양국은 전략적 접근을 통하여 공조체제를 구축하면서 일정한 협력적 성과를 거두기도 하였다. 향후 미사일방어체제(MD), 대량살상무기확산방지구상(PSI)의 운용, 동북아 다자안보체제 구상 등과 관련하여 양국 사이에 전략적 조율을 요구하는 상황이 발생할 수도 있다. 따라서 양국은 당면한 협력 현안들을 내실 있게 처리하는 일상적 관계발전의 노력을 지속하면서도, 동시에 좀 더 커다란 지역적, 지구적 질서의 미래를 두고 중장기적 차원에서 운영되는 정기적 대화의 장을 만들고 전략적 조율의 토론을 증대시켜야 한다. 구체적으로 1.5트랙 또는 2트랙 수준에서 미래적 공동번영의 청사진을 그리면서 설계하는 미래지향적 노력을 지속하여야 할 것이다. 이러한 낮은 수준에서의 전략적 조율 경험은 점차 높은 수준에서의 전략적 조율 가능성과 구체성을 높여줄 수 있기 때문이다.

이와 관련하여 한국은 주로 러시아로부터 정치 · 안보적 협력을 통한 이익의 증대에 관심을 가져왔고 러시아는 주로 한국과의 협력을 통한 경제적 이익의 증대에 관심을 가져왔다는 협력 지향점의 차이에 주목할 필요가 있다. 2010년 5월에 있었던 11차 한 · 러 포럼에서 전 주한 러시아 대사 이바셴초프는 "단순한 양자관계를 넘어 지역, 세계의 문제에 있어서도 서로 이익이 공유되는 것이 전략적 동반자 관계"이며, "예를 들어 러시아 우라늄이 동북아의 원자력 발전소에 공급되는 것, 이런 것이 경제 분야에 있어 전략적 협력관계라고 할 수 있다."라고 했다(김석환, "야로슬라블 포럼과 한 · 러 정상회담의 의미," 코리아연구원 현안진단 173호). 러시아는 양국 간 전략적 동반자 관계를 다분히 경제적 용어로 정의하고 싶어 한다. 하지만, 한국은 경제적 용어로만 이 관계를 정의하기보다는 도리어 러시아가 한반도 문제에 대하여 친한(親韓)적 입장에서 북한을 압박해줄 파트너가 되

G20 정상회담에 참석한 메드베데프 대통령

출처 : http://img1.1tv.ru/imgsize460x345/PR20101110120802.JPG

어 주기를 바라고 있다. 이러한 경제적 고려와 안보적 고려 사이의 불균형은 양국 외교관계의 중요한 미스매치 중의 하나였다. 양국 수교 시 러시아의 경제 협력에 대한 기대와 한국의 안보 협력에 대한 기대 사이의 불균형은 기반이 취약한 양국 관계의 과열을 급속히 냉각시킨 주된 원인이었다는 점은 기억되어야 한다.

최근 들어 한국 정부도 러시아와의 관계에서 에너지협력과 같은 실질협력 분야에 대한 집중으로 양국 간 전략적 협력을 강화하려 노력하고 있다. 하지만, 러시아와 한국의 실질협력 시도는 동북아에서의 북한문제와 미 · 중 경쟁이라는 구도 속에서는 여러 가지 한계에 부딪힐 수밖에 없다. 양국의 전략적 협력은 필연적으로 안보적 고려를 수반할 수밖에 없다. 따라서 이러한 종류의 안보적 이해와 경제적 이해의 미스매치를 극복하지 못하는 한 양국관계는 진정한 의미의 전략적 협력을 달성하기 어렵다. 그러나 만약 양국이 전략적 협력을 달성하려는 의지가 확고하다면 양국 수준의 영향에 집착하며 정치와 경제를 분리하는 접근법을 넘어서는 전략적 조율을 달성하여야 할 것이다.

셋째, 공동의 전략적 지향으로 선언된 프로젝트의 실천이란 측면에서 양국은 더욱 낮은 점수를 받을 수밖에 없다. 이는 그간 양국이 양자관계를 통해 얻는 파편적 이익에 대해서만 주로 주의를 집중해 온 결과라고 볼 수 있다. 물론 북한문제를 두고 양국이 기존의 한계를 넘어서려는 협력을 생각해 본 적도 있다. 남·북·러 삼각 협력 같은 경우가 그 예이다. 하지만, 이러한 시도도 결국은 정치와 경제를 분리하는 한계를 극복하고 좀 더 넓은 지역적 동학을 품지 못하였다. 동북아 국제관계는 경제적 상호의존성이 증가하고 있음에도 불구하고 안보적 상충성도 커가고 있다는 점에서 정치와 경제가 상호 배타적으로 맞물려 상호작용하는 특성을 보이고 있다. 이러한 지역정치의 영향 아래에서도 양국은 자국의 전략적 이해구조를 침해받지 않으면서도 전략적인 협력을 할 수 있는 분야를 발굴하고 이를 구체적인 선언과 프로젝트로 외화(外化)시켜야 한다. 동북아와 아·태 지역 그리고 지구적 수준에서 양국이 협력해 나갈 수 있는 다양한 의제는 분명히 풍부하게 존재하고 있으며, 현재의 동맹구조 속에서는 불가능해 보이는 과제도 유동적인 국제정치의 역학 속에서 열리는 기회를 포착하는 우회로 개발을 통해 실현해 낼 수 있다. 바로 이 지점이 양국의 전략적 협력을 실현해 낼 창의적 아이디어가 필요한 지점 중의 하나이다.

결국, 한국과 러시아는 전략적 소통, 전략의 조율, 공동의 전략지향을 지닌 프로젝트의 발굴과 실천이란 측면에서 평가해 볼 때 전략적 협력의 단계에 진입하고 있지 못한 것이 사실이다. 하지만 전략적 협력 단계에 진입하지 못한 양국관계는 지난 20년간 비교적 견실한 발전을 이룩한 것이 사실이다. 그 이유는 무엇일까? 그것은 양국이 기본적으로 가지고 있는 보완적 성격 때문인 것으로 보인다. 러시아와 한국은 산업구조나 동북아 안보구도 그리고 문화적 상호작용의 차원에서 매우 친화적인 상호보완성을 가지고 있는 것이 사실이다. 그래서 전략적 소통이 부족하고, 그에 따라 전략 조율의 경험도 일천하며, 전략적 협력의 외화된 프로젝트도 많지 않았지만, 지난 20년간 한·러 관계는 꾸준히 발전해 온 것이다. 수교 20년을 맞은 이 시점에 양국은 이러한 관계발전의 저력을 한층 고양함으로써 새로운 상호번영의 길로 나아가기 위한 상호작용을 준비하여야 한다. 따라서 전략적 동반자 관계에 대한 지나친 기대나 무시와 같은 극단적 판단을 배제하고 균형적이며 현실적인 판단에 근거해 양국이 선언한 "전략적 협력 동반자 관계"의 의의를 미래지향적으로 실현해 나가야 할 것이다. 한국과 러시아는 관계발전의 의지(意志)를 "전략적 동반자 관계"라는 '형식'을 빌어 이미 표명하였다. 이제 그 미래적 '내용'을 찾아가는 과제를 함께 풀어감에 있어서 양국관계의 발전과정을 비판적 견지에서 재검토하고 진솔한 전략적 대화를 시작해야 할 것이다.

(2010년 12월 20일 제90호)

10. '러시아' 이미지 제고를 위한 국내 언론의 역할

김 병 호
한국외국어대학교 국제관계학박사
前 연합뉴스 모스크바특파원, 現 매일경제신문 경제부 기자

지난 9월 30일, 한 · 러 수교 20주년을 맞았지만, 예상 밖으로 조용했다. 러시아와 관련한 사람들만 이날을 기억했을 뿐이고, 국내 매스컴은 특별한 준비를 하지 않은 듯했다. 콘스탄틴 브누코프 주한 러시아 대사의 인터뷰 정도가 일부 신문에 실렸을 뿐, 한 · 러 관계 20년을 조명하는 기획기사는 눈을 씻고 찾아봐도 없었다. 러시아에 관심 있는 독자라면 실망하지 않을 수 없었을 것이다. 우리끼리 학술세미나 등 각종 행사를 치르면서 이날을 기념했지만, 우리만의 잔치에 머물렀다는 느낌에 큰 아쉬움이 남는다.

한 · 러 관계가 20년을 맞았지만, 러시아에 대한 우리 국민과 언론의 무관심은 크게 나아지지 않았다. 러시아에 대한 무관심을 넘어 부정적인 인식을 갖는 데는 언론의 보도 내용이 큰 영향을 미쳤다고 생각한다. 필자는 최근 한 · 러 수교 20주년을 맞아 한 세미나에 참석해 러시아에 대한 한국 언론의 보도태도와 개선방향 등을 한번 점검해봤다. 당시 세미나에서 여러 논문들이 발표됐지만, 러시아에 대한 한국 언론의 보도문제와 같은 현실적인 이슈에 대해 참석했던 많은 러시아 학자들도 공감을 표했다.

먼저 한국 언론의 러시아에 대한 보도 실태를 살피기 위해 필자는 현직 기자들을 상대로 설문조사를 해봤다. 아마 러시아를 주제로 해서 국내 기자들을 상대로

설문조사한 것은 처음이 아닐까 싶다. 대상자는 52명(국제부 소속 8명 포함)으로 어쩌면 분석단위로는 작을 수도 있지만, 국내 기자들이 러시아에 대해 가진 인상을 엿볼 수 있다는 점에서 의미는 있다고 본다.

먼저 '러시아에 대한 전반적인 이미지'를 묻는 말에 '중립적'이라는 답변이 22명(42.3%)으로 가장 많았고, 다음은 부정적 20명(38.4%), 긍정적 10명(19.2%) 순이었다. 중립적에는 '관심 없다'라는 답변도 4명이 포함돼 있고, 러시아를 부정적으로 본다는 응답이 긍정적인 것에 비해 2배나 많은 것이 눈길을 끌었다.

러시아를 부정적으로 보는 이유로는 부정부패, 테러 등 사회혼란을 꼽은 답변이 80%(16명)로 가장 많았고, 낙후된 경제체제는 2명에 그쳤다. 민주화 부족, 통제사회, 신흥재벌 경제이미지라는 서술형 답변도 있었다. 긍정적으로 보는 이유로는 브릭스(BRICs)에 포함되는 등 경제 강국이기 때문이라는 답변이 가장 많았고, 풍부한 에너지자원, 핵무기 보유 등을 꼽았다.

최근 읽은 러시아 기사 중 기억 남는 것을 지적해달라는 질문에는 '러시아의 곡물수출 금지에 따른 국제식량 파동 우려(17명, 33%)'가 가장 많았다. 다음으로는 스킨헤드의 한국인 유학생 폭행살해 사건(11명, 21%)이었고, 러시아 측의 천안함 조사결과 미발표, 이명박 대통령 방러, 푸틴-메드베데프 대권 경쟁을 각 5명씩 답했다.

국내에서 러시아 관련 뉴스가 많이 다뤄지지 않는 이유로는 〈한국 국민이 러시아에 관심이 없기 때문〉이 22명(42%)으로 가장 많았다. 〈관련 자료가 부족하고 기사 쓰기가 어려워서〉 15명(29%), 〈세계 정치, 경제이슈에서 러시아가 주도적인 국가가 아니기 때문〉 12명(23%), 〈러시아 나라 자체가 교훈이나 배울만한 얘깃거리가 없어서〉 2명(4%) 답변도 나왔다.

설문조사 결과를 종합하면, 국내 언론계에는 러시아의 첫인상을 부정적으로 바라보는 기자들이 많았다는 점이다. 러시아를 잘 모르는 기자들이 러시아를 바라보는 이미지는 일반인들과 크게 다르지 않다고 생각한다. 일반인으로 조사대상을 넓힌다면 러시아를 부정적으로 본다는 답변이 훨씬 많을 것이다. 특히 러시아의 경제력 상승에도 불구하고 부정부패나 빈번한 테러사건, 스킨헤드 같은 사회불안 요인은 러시아에 대한 이미지를 계속 나쁘게 만들고 있다. 최근 러시아의 곡물수출 금지에 따른 국제 식량 파동 뉴스는 국제 식량시장에서 러시아의 파워보다는 러시아가 이를 무기로 무슨 횡포를 부리지 않을까 하는 부정적 시각도 담긴 것으로 판단된다.

이처럼 러시아에 대한 부정적인 선입견과 좋지 않은 러시아 뉴스가 결합하면 러시아에 대한 국가이미지는 크게 추락하게 된다. 그동안 국내 보도가 러시아의 잘한 점과 잘못된 점을 균형 있게 다루기보다는 잘못된 것을 상대적으로 부각시키는 경향 때문에 부정적인 이미지가 확대된 측면이 있다. 더욱이 국내 언론이나 일반인들의 뇌리에는 '크렘린과 소련인(러시아인)들은 음흉하다.'라는 시각을 갖고 있다. 이는 언론이 만들어 냈다기보다는 냉전시절 공산주의를 비판하면서 소련에 대한 부정적인 이미지가 러시아로 연결된 것이다.

러시아에 대한 보도가 서방의 시각에 따라 왜곡될 우려가 큰 점도 지적할 사항이다. 국내 언론은 러시아 소식을 미국이나 유럽 등 서방 소식통에 의존하는 경향이 크다. 서방측 신문이나 잡지는 물론 AFP, AP, 로이터, CNN 등 영어 매체를 따라가는 성향이 강하기 때문에 러시아의 입장을 충실히 반영하기 어렵다. 예컨대 지난 4월 폴란드 대통령 전용기가 스몰렌스크에 추락하자 러시아의 음모론이 서

설문조사 결과

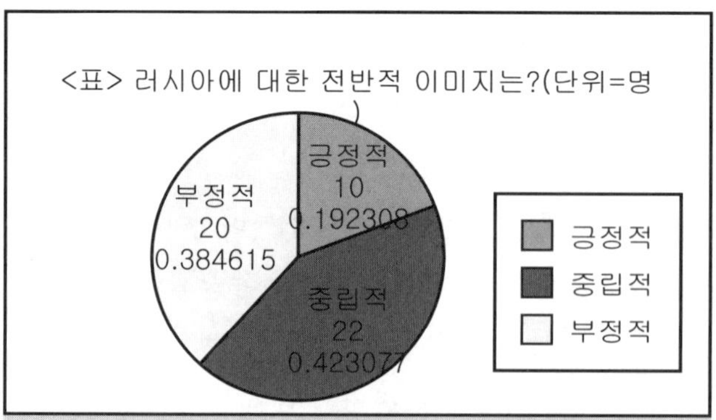

출처 : 필자 제공

방 언론을 타고 국내에도 대대적으로 소개됐다. 러시아를 비난하던 카친스키 대통령을 태운 비행기가 러시아 땅에 추락했다며 소설 같은 기사가 많이 양산된 것이다.

국내 언론이 동일한 사건에 대해 러시아의 입장을 제대로 전달할 수 있도록 러시아어 신문이나 인터넷을 참고할 필요가 있다고 본다. 이를 위해 러시아어 해독 능력을 갖춘 기자를 양성하는 것이 시급하다.

그러나 간과해서는 안 될 것은 러시아 관련 보도가 적을 수밖에 없는 배경에 러시아의 객관적인 위치가 타국에 비해 낮기 때문이라는 보다 정당한 이유가 있다는 점이다. 한국이 러시아를 뺀 주변 4강과의 교역이나 교류 현황은 러시아와 비할 수 없을 정도로 크다. 최근엔 자유무역협정 체결로 동남아권인 아세안(ASEAN)과 남미(칠레, 페루), 자원 협력을 위한 아프리카에 대한 관심도 높아졌다. 보도대상으로서 러시아의 위치는 오히려 하락하고 있는 것이다.

실제 국내 언론의 기획취재는 산업 발전적 측면에서 배워올 만한 기술과 제도라든지, 노동. 환경. 복지. 사회질서 등 여러 방면에서 우리가 교훈으로 삼을 만한 국가들을 대상으로 한다. 이럴 경우 러시아는 거의 대부분 배제된다. 또한, 러시아 기업들은 취재 협조도 거의 하지 않기 때문에 러시아에서 나오는 경제뉴스는 현지에 진출해있는 한국 기업들을 위주로 소개하는 정도다.

또 하나 고려할 점은 러시아 언론 역시 미국이나 유럽, 중국, 일본 등에 비해 상대적으로 한국을 덜 다루고 있고, 남한과 북한을 혼동하는 등 정확도도 떨어진다는 점이다. 한국 언론이 러시아만 생각할 수 없듯이 러시아 사정도 마찬가지다. 러시아 국민이 관심을 두고 있고, 전략적으로 중요한 국가의 소식을 먼저 전하게 돼 있다.

이러한 한계 속에서 중요한 점은 과장 없이 균형감 있는 보도태도를 견지하는 것이라고 믿는다. 이를 위해 한국 언론의 기획취재에 대해 러시아 측 파트너의 취재 협조도 필요하다. 예컨대 주한 러시아대사관은 한국 언론에 민감한 이슈에 대해서는 정례 브리핑을 통해 충실히 러시아의 입장을 전달해야 한다. 미하일 티타

렌코 극동문제연구소장은 “대사관이 그런 일을 소홀히 하는 것은 대단히 잘못된 일”이라고 토로하기도 했다. 가스프롬 같은 러시아 대기업들은 기자단을 초청해 회사를 소개하는 프로그램을 마련할 필요가 있다. 이를 통해 매년 발생하는 우크라이나와의 ‘가스분쟁’에서 러시아를 약탈자로만 보는 부정적인 이미지를 불식시킬 수 있을 것이다.

개인적으로는 러시아를 아는 인력들이 우리 사회 곳곳에 확산돼야 한다고 본다. 러시아 공부를 한 사람이 학계만이 아니라 언론계나 산업, 정치, 법조, 사회노동 등 여러 방면에 흩어져서 자리를 잡아야 러시아에 대한 공감대가 지속적으로 확산될 수 있는 것이다. 러시아에 대한 인식이 사회 전반에 만연할 때 자연스럽게 국내 언론도 러시아에 대한 치우침 없고 광범위한 내용의 보도를 이어갈 수 있을 것이다.

(2010년 10월 11일 제80호)

11. 2010년 한·러 문화 축제 방향과 미래 전망

함 영 준
2010년 한·러 문화축제 예술감독, 단국대학교 교수

러시아의 신학자이자, 철학자인 파벨 플로렌스키는 언젠가 "인류의 21세기는 문화와 언어로 통합될 것이다."라고 예견한 바 있다. 실제로 그의 예견처럼 우리가 사는 시대는 온통 "문화"와 함께 하는 것 같다. 문화는 21세기 최대 화두가 되었고, 각국은 문화의 힘, 즉, "소프트 파워"에 대한 관심을 극대화시키고 있다.

물론 이러한 관심을 가지고 지난 20년간 한·러 간의 문화 교류는 비약적인 발전을 해왔다. 그런데 뭔가 공허하고, 채워지지 않는 느낌은 무엇일까? 그것은 문화와 예술에 대한 서로 다른 이해가 아닐까? 실제로 문화를 이해하는 양국의 정서적 차이는 우리를 당황스럽게 한다. 한국인들에게서 문화예술은 "쉬는 것", 또는 "놀이"적 측면이 강하다. 반면에 러시아에서 문화와 예술은 놀이나, 휴식의 대상이 아니라 "공감"의 대상이 된다.

그리하여 돌이켜 보면 러시아의 최고 수준의 공연들과 문화 현상들이 한국에 왔을 때 휴식처럼 관람하려는 모습 속에서 그들이 요구하는 공감의 미학은 소멸되었고, 한국의 러시아 공연은 공감을 이끌어 내지 못함으로 러시아 관객으로부터 외면 받았다.

양 국가 간의 문화교류를 위해서 휴식과 놀이의 개념이 공감의 개념과 충돌하는 순간 상호 이해는 부재한다. 이 점이 한·러 문화 교류의 핵심이 되고 이 둘의 조합을 통한 새로운 문화 만들기의 가능성이 될 것이다. 그리하여 수많은 화려한 잔치에도 불구하고 지난 20년간의 문화 교류는 사실상 교류라기보다는 스침의 영역에 머물 수밖에 없었다. 이에 2010년 한·러 문화 교류의 방향과 의의는 명확해진다. 이제 더 이상 스침에 머물 수는 없다. 이제는 본격적으로 만나야 한다.

이를 위해서 몇 가지 미래 전망과 제안을 해 본다.

첫째, 민간 차원에서 양국 문화의 축제를 "지속"하는 방안이다. 지속성이야말로 문화의 근간이다. 마치 물길처럼 끊이지 않아야 한다. 국가주도의 문화축제는 주로 10년 단위로 관심을 가진다. 하지만 그 10년 사이를 메우는 보다 중요한 일은 우리들의 몫이다. 민간 차원, 학교 차원, 지자체 차원, 개인 차원 등 많은 물길을 만들어 내야 한다. 중요한 것은 이런 축제가 지속되었을 때 이미 그 축제는 축제를 넘어서 "상호 이해의 문화 브랜드"가 된다는 것이다.

둘째, 문화의 주역은 늘 "청년"이다. 청년들은 보다 적극적으로 "수신"하고 동시에 "발신"한다. 양국의 젊은이들이 서로를 소통할 수 있는 네트워킹을 만드는 일이다. 이것이 되지 않으면 우리는 일할 때마다 처음부터 다시 해야 하는 번거로움과 비효율성을 극복할 수 없다.

그러기 위해서는 "on-off line"에서의 네트워킹이 중요하다. 특히 이번 2010년 축제를 거치면서 가장 중요한 임무 중 하나가, 양국의 문화 예술 분야의 인물들이 각 장르별로 상호 네트워킹을 하는 것이다. 이를 위해 가능한 것이 "한·러 문화 포럼"을 제안할 수 있다. 젊은 문화 예술 종사자들이 적어도 1년에 한 번은 오프라인으로, 그리고 온라인으로 네트워킹할 수 있는 소통의 다리를 놓는 것이다.

셋째, 서로를 파트너로 인식하는 일, 그리고 교환하는 일은 무엇보다 중요하다. 바로 여기에 "수신자"와 "발신자"와의 "어울림"이 있다. 이는 로트만이 이야기한 것처럼 문화를 "영향"의 관점이 아닌 "상호작용"(즉, 어울림)의 개념으로 인식할 수 있다. 기존에는 그 "영향"이 어떻게 가능한가에 초점을 주었다면, 여기서는 어째서 그렇게 하지 않으면 안 되는가의 문제를 찾는 것이 중요하다.

주지하다시피, 러시아는 유럽과 아시아를 아우르는 거대한 영토를 지녔다. 이는 비단 영토의 넓음보다 전통적으로 러시아가 지닌 "유럽+아시아"라는 정체성

4월 2일 볼쇼이 극장에서 열린 한러수교 20주년 문화제 개막식

출처 : 필자 제공

과도 맞물려 있다. 유럽에서 가장 동양적인 나라 러시아의 파트너는 누구인가?

만일 러시아가 유럽에서 가장 동양적인 나라라면, 한국은 동방에서 가장 유럽적인 나라이다. 아시아에서 자신의 전통을 지키면서도 유럽 종교인 기독교가 전 인구의 1/4을 넘는 나라가 어디 있는가? 왜 아시아인들은 한국의 대중문화(다분히 서구적인)인 "한류"에 열광하는가? 어떻게 한국은 가장 서구적인 "기술 문명"을 한국적인 "하이테크" 문화로 승화시켰는가?

러시아는 동과 서로 동시에 양방향 정책을 지녀야 할 숙명적인 나라이다. 한국은 동해와 서해로 치고 올라가야만 하는 숙명적인 나라이다. 여기서 한 · 러 문화의 어울림과 두드림이 필요하다.

마틴 부버의 지적처럼 "현대인에게 스침만 있고 만남이 없다."라는 말은 한 · 러 문화 현상이기도 한다. 만나기 위해서는 상대를 2인칭으로 받아들이는 것이 필수적 선결 조건이다. 상대를 3인칭 "그"가 아닌 2인칭의 "그대"로 불러줄 때 진정한 만남이 이루어진다. 2인칭 "그대"로 불러 주기 위해 우리는 우리대로, 러시아는 러시아대로 상대 문화에 대한 핵심에 도달해야 한다. "공감" 문화와 "놀이"

문화에 대한 상호 이해를 바탕으로 만나야 한다. 이렇게 어울릴 때 새로운 문화가 만들어진다.

(2010년 5월 24일 제60호)

12. 러시아의 공공외교와 한국의 러시아문화원 개설

엄 구 호
모스크바 국립대학교 법학박사
한양대학교 아태지역연구센터 소장

필자는 2010년 12월 16~17일 이틀간 러시아연방 외교부 산하 '러시아연방 CIS·재외동포·국제인도적 협력청'(Россотрудничество, 이하 국제협력청)이 창립 85년을 기념하여 개최한 세계시민포럼에 참석하였다. 국제협력청은 이름 그대로 CIS(독립국가연합) 관련 업무, 재외동포 지원, 국제 인도주의 협력을 담당하지만 가장 중요한 업무는 러시아의 공공외교를 총괄하는 것이다. 국제협력청은 현재 54개의 러시아문화원(Российский центр науки и культуры, 엄밀히 말하면 '러시아 학문·문화센터')을 개설하고 있고, 23개국에는 대표를 파견하고 있다. 우리나라에는 러시아문화원이 아직 개설되어 있지 않지만, 대표는 파견되어 있다.

국제협력청은 2008년에 공식 출범했지만, 그 뿌리는 전 연방 국제 문화교류협회(ВОКС: Всесоюзное общество культурной связи с заграницей), 소련 국제 우호 및 문화교류협회 연합(ССОД: Союз советских обществ дружбы и культурной связи с зарубежными странами), 러시아연방 외교부 산하 러시아 국제 학문 및 문화 협력센터(Росзарубежцентр: Российский центр международного научного и культурного сотрудничества при Министерстве иностранных дел Российской Федерации)에 두고 있다. 이처럼 창립 85년을 기념하여 국제협력청이 국제시민포럼을 개최하게 된 주된 배경은 메드베데프 대통령의 러시아 국가 이미지 개선

을 위한 공공외교 강화 정책이다. "국제 인도주의 협력 발전에서 공공외교의 역할"이 이번 포럼의 주제가 된 것도 이런 이유에서였다. 언어와 문화 보급에 앞장서고 있는 루스키 미르 재단이 민간부문 공공외교의 첨병이라면, 국제협력청은 정부 차원의 공공외교 주무기관이라고 할 수 있을 것이다. 이번 포럼에는 65개국에서 600명 이상이 참석했는데, 특히 세르게이 나리쉬킨 대통령 행정실장, 세르게이 라브로프 외교장관 등 많은 고위 정치인들도 참석했다. 이 포럼 현장에서 필자는 최근 러시아가 국가 이미지 개선 노력을 대폭 강화하고 있음을 직접 느낄 수 있었다.

메드베데프 대통령은 2010년 2월 4일 '고르차코프 공공외교 재단' 설립에 관한 대통령령을 공포하였다. 19세기 제정 러시아의 저명 외교관이었던 알렉산드르 고르차코프의 이름을 따서 만든 이 재단의 설립 목적은 국제 협력에서 러시아 비정부기구의 참여를 독려하고 대외정책과정에서 시민사회의 적극적 개입을 촉진하는 것이다. 고르차코프 공공외교 재단은 자체 잡지도 발행할 예정이다. 메드베데프 대통령이 추진하는 또 다른 공공외교 기구는 '러시아 국제 위원회(Russian Council for International Affairs)'이다. 위원회 설립 목적은 러시아의 국제연구를 진흥하고 러시아 외교관 및 지역전문가 교육을 개선하며 국제 분야의 외국 전문가들과의 협력을 촉진하는 데 있다. 위원회 설립에는 러시아 외교부, 교육과학부, 학술원, 모스크바 국립대학교, 모스크바국제관계대학교(МГИМО), 상트페테르부르크국립대학교, 루스키 미르 재단이 참여하였다. 두 기구가 본격적인 활동을 시작한 것은 아니지만, 가시적인 모습이 곧 드러날 전망이다.

그동안 러시아 정부가 주도해 온 공공외교의 성공적 사례는 많이 있다. 가장 대표적인 사례로는 전 세계를 대상으로 24시간 영어로 방송하는 러시아 투데이(Russia Today)를 들 수 있다. 국영 통신사 리아 노보스티(Ria Novosti)가 투자한 이 채널은 '러시아 클로즈업(Russia Close-Up)', 'XL 리포트(XL Report)' 등 다양한 프로그램을 통해서 러시아의 전통, 라이프스타일, 가치관 등을 러시아의 시각으로 홍보한다. 발다이 토론클럽(Valdai Discussion Club)도 눈에 띈다. 주로 리아 노보스티로부터 후원을 받아 에너지, 안보 등 폭넓은 주제에 걸쳐 매년 학술회의로 개최되는 이 포럼은 러시아 관련 저명 언론인이나 학자들에게 러시아 대통령 및 고위 정치인들과 우호적인 분위기에서 토론의 기회를 제공함으로써 스마트한 홍보의 장이 되고 있다. 이외에도 우리나라의 한·러 대화가 벤치마킹한 상트페테르부르크 러·독 대화 등도 공공외교의 성공적 사례이다.

언어 및 문화 분야에서 가장 주목받고 있는 기구는 루스키 미르 재단이다. 러시아어와 문화 보급의 필요성을 절감한 푸틴 대통령은 2007년 6월 루스키 미르 재단 설립에 관한 대통령령을 공포하였다. 이에 따르면, 러시아 외교부와 교육과학부가 재단 설립에 참여하고 재단 기금은 연방 예산, 자발적 기부금, 러시아 법이 정하는 바에 따른 기금 등으로 구성된다. 재단은 해외에 루스키 미르 센터를 개설하고 연구비와 행사비 등을 지원하면서 러시아어 보급과 문화 확산에 적극적인 노력을 기울이고 있다. 한국에도 루스키 미르 센터가 3개 대학에 개설되어 있다.

우리가 주목해야 할 러시아의 공공외교 관련 주요 인물로는 뱌체슬라브 니코노프 루스키 미르 재단 집행소장, 파리트 무하메트쉰 국제협력청장, 러시아 철도청장을 역임한 블라디미르 야쿠닌 문명 간 포럼 공동의장, 이고리 유르겐스 발틱 포럼 공동의장 겸 러시아 현대발전연구소장, 소련 국제 우호 및 문화교류협회 연합회장과 러시아 국제 학문 및 문화협력센터 소장을 역임한 여성 우주인 발렌티나 테레쉬코바, 엘레오나 미트로파노바 유네스코 러시아 대표 등이 있다. 이들 모두 이번 세계시민포럼에 참석하였다.

공공외교는 민족국가나 국가집단을 넘어서 선전자원들을 우호적이고 협력적인 방식으로 투사하는 메커니즘이다. 그러나 러시아의 공공외교는 그간 큰 어려움을 겪었다. 첫째, 이유는 국가자원 관리의 혼란과 만연한 부패로 말미암아 소련으로부터 물려받은 거대한 선전 기제가 상실되었고 부실화되었기 때문이다. 둘째, 전문가의 부족으로 서구와의 경쟁에서 적절한 틈새를 찾지 못했기 때문이다. 셋째, 러시아를 과거 소련제국과 동일시하는 일반인들의 고정관념을 바꾸기 어려웠기 때문이다. 이 중에서 가장 중요한 것은 세 번째일 것이다. 한국 사람들도 과거 반공주의 시절 생성된 러시아 이미지나 미국 할리우드 영화를 통해 형성된

주러 한국문화원에서 열린 요리강좌

출처 : http://media.daum.net/foreign/view.html?cateid=1003&newsid=20101115004303420&fid=20101115023707762&lid=20101115000205015

러시아 이미지를 여전히 갖고 있다. 이처럼 오랜 시간에 걸쳐 생긴 국가 이미지를 개선하고 상호이해와 신뢰를 제고하기 위해서는 문화적 교류가 필수적이다.

러시아문화원은 49개국에 54개가 개설되어 있다. 인도에 4곳으로 가장 많이 개설되어 있고, 이집트와 폴란드에 각각 2곳이 있다. 아시아에서는 인도네시아, 말레이시아, 캄보디아, 베트남 등 동남아 국가들과 인도, 파키스탄, 스리랑카 등 서남아 국가들에 개설되어 있으며, 동북아 국가 중에서는 중국에 2010년 개설되었다. 반면, 한국과 일본에는 대표만 파견되어 있는 상황이고, 북한에는 문화원도 설치되어 있지 않고 국제협력청 대표도 파견되어 있지 않다. 이번 포럼 참가를 통해서 접한 가장 반가운 소식은 러시아가 2013년을 목표로 한국에 문화원 개설을 추진하고 있다는 것이었다. 미국문화원은 물론 독일, 프랑스, 일본문화원도 한국과의 상호이해 증진에 커다란 기여를 했다는 것은 불문가지이다. 필자는 학생 시절 프랑스문화원에서 영화를 봤던 기억이 생생하다. 그래서인지 프랑스에 대해서는 늘 좋은 감정을 가졌던 것 같다. 한국에 러시아문화원이 빠른 시일 안에 개설되기 위해서는 양국 정부의 노력은 물론 국내 러시아 전문가들의 전폭적인 지지와 관심이 필요할 것이다. 한국의 러시아 문화원 개설을 기대한다.

(2011년 2월 7일 제97호)

13. 한반도 통일에 대한 러시아의 입장은?

여 인 곤
프랑크푸르트대학교 정치학박사
통일연구원 통일학술정보센터 소장

금년은 우리나라의 광복 65주년이 되는 해이면서 우리와 같이 분단의 길을 걸었던 독일이 통일을 달성한 지 벌써 20주년이 되는 해이다. 이명박 대통령은 지난 광복절 경축사에서 지금의 남북관계는 새로운 패러다임이 요구되고 있다고 밝히면서 주어진 분단 상황의 관리를 넘어서 평화통일을 목표로 삼아야 한다고 주장하였다. 그리고 평화공동체・경제공동체・민족공동체의 '3대 공동체 통일구상'을 발표하는 한편, 통일의 날을 대비해 통일세 등 현실적인 방안의 문제를 우리 사회 각계에서 폭넓게 논의해 주시기를 제안하였다. 또한, 이명박 대통령은 우리 정부가 한반도의 통일비전 속에서 동북아 협력외교를 강화해 나갈 것이라고 밝혔다.

한반도 통일문제와 관련, 동북아 4강 중 일국인 러시아는 한반도가 평화적으로 그리고 반러시아 동맹을 맺지 않은 상태에서 통일한다면 이를 지지할 것이라는 입장을 취하고 있다. 그러나 러시아는 현재로서 한반도 평화통일을 기대하기 어렵다고 판단하고 먼 장래의 일로 간주하고 있고 남한이 미국의 지원을 받아 북한을 흡수통일하는 것보다는 분단 상태를 더 선호하고 있다. 특히 러시아 정부는 한반도가 러시아의 20여 개 접경국 중 하나이기 때문에 친미・반 러의 통일한국 등장을 '동방의 NATO'와 같은 것으로 간주하고 이러한 상황의 가능성을 우려하고 있다.

푸틴 총리와 김정일 국방위원장

출처 : http://www.gazeta.ru/2002/08/23/dvaciklonana.shtml

이와 같은 러시아의 입장은 메드베데프 대통령이 그루지야 분쟁의 여파 속에서 2008년 8월 31일 3개 TV 방송과의 인터뷰에서 밝힌 내용과도 일맥상통한다. 그는 이 인터뷰에서 러시아 대외정책을 지도하는 5개 기조를 국제법(International law), 다극세계(Multi-polar world), 비 고립(No isolation), 국민 보호(Protect citizens), 영향권(Sphere of influence)으로 제시하였다. 그리고 '영향권'과 관련해서는 러시아의 접경지역이 역사적 관계를 공유하고 있고 선린과 우호로 연결된 특별한 이해지역임을 밝히고 이러한 이해들이 무시된다면 더 많은 분쟁이 있을 수 있음을 암시하였다. 러시아의 이러한 입장은 북한에 그대로 적용될 것이다.

이러한 맥락에서 러시아는 2000년 6월의 제1차 남북정상회담이 통일에 대한 문제를 제기하고 있으나 단지 먼 미래에 해결될 문제로서 제기되고 있다는 입장을 표명하였다. 또한 2007년 10월의 제2차 남북정상회담과 관련, 러시아는 이를 지지하면서도 통일의 길은 멀다는 반응을 보였다. 로슈코프 외무차관은 "양국 내에서 남북한 교류와 통일의 필요성을 서로 공감하고 있지만 아직 현실과는 거리가 있는 것 같다."라며 "양국이 좀 더 가깝게 다가갈 수 있는 방법을 찾아야 할 것"이라고 주장하였다.

한반도 통일시기와 관련, 러시아는 21세기에 단극체제가 미국 역할의 축소와 중국 역할의 확대로 다극 체제로 전환되는 과정에서 한반도 통일이 가능해질 것이라는 입장이다. 또한, 통일이후 주한미군의 계속 주둔은 중·러의 군비경쟁을 야기하고 이는 경제발전에 부정적 영향을 미칠 것이기 때문에 통일 시 주한미군은 철수해야 한다고 주장하고 있다.

향후 한반도 통일문제가 국제적으로 본격 논의되는 경우, 러시아는 한반도 접경국, 유엔안보리 상임이사국, 남북한과 동시수교국으로서 적극 참여할 것으로 예상된다. 따라서 우리 정부는 상기와 같이 한반도 통일에 소극적인 입장을 취하고 있는 러시아를 통일 지지국가로 전환하기 위한 노력을 지금부터 경주해야 할 것이다.

이를 위해서는 이명박 대통령이 광복절 경축사에서 밝힌 바와 같이, 동북아 협력외교 강화 차원에서 러시아와 신뢰를 더욱 강화하면서 미래의 통일된 한반도가 부여할, 보다 큰 기회와 이익을 공유하는 호혜적 파트너십을 구축해 나가야 한다. 우리는 서독이 독일통일에 부정적이었던 소련으로 하여금 통일 시점과 방법을 독일인들 스스로 결정하도록 변화시킨 역사적 사례를 타산지석으로 삼아야 한다.

(2010년 9월 20일 제77호)

14. 한반도와 유라시아대륙이 소통하는 길, 남북철도

나 희 승
KAIST 공학박사
한국철도기술연구원 기획부장

18세기 후반 산업혁명은 눈부신 기술의 발전을 통해 인류의 삶을 송두리째 바꾸어 놓았다. 그 중심에는 제임스 와트가 발명한 증기기관이 있었다. 특히 스티븐슨의 증기기관차는 도시와 도시, 국가와 국가 간의 거리를 획기적으로 단축시켜 국제화 시대의 서막을 연 '운수혁명'의 선두주자였다. 19세기 말, 우리나라에서도 첫 증기기관차가 굉음을 내며 출발했다. 이를 보고 "화륜거 소리는 우레와 같아 천지가 진동하고 나는 새도 미처 따르지 못하더라."라고 묘사했다. 당시 사람들은 증기기관차를 보고 불을 내뿜는 수레인 '화륜거'라 부르기도 했다.

하지만, 20세기에 승용차와 항공기를 권하는 사회가 등장하였고, 철도는 쇠락의 길을 걸었다. 21세기 수송혁명을 주도하는 교통수단은 과연 무엇일까. 최근 크리스토퍼 스타이너가 지은 '석유종말시계($20 Per Gallon)'에 나오는 미래의 가상 시나리오에 그 답이 있다. 인터넷혁명이 새로운 기회의 창이었던 것처럼 석유종말시계는 새로운 블루오션을 제공할 것이다. 피크오일 이후 출구전략을 준비하는 자만이 새로운 기회와 세상을 거머쥘 것이다. 산업혁명, 인터넷혁명에 이어 또 다른 기술혁명이 기다리고 있다. 그중 하나가 교통혁명이요, 철도 르네상스인 것이다. 이 책도 미래 사회의 교통수단으로 고속철도를 선택한다. 불을 마시는 제트엔진도 아니요, 이산화탄소를 내뿜는 자동차도 아닌, 청정전기열차에 의한 패러다임 변화에 주목한다.

21세기 수송혁명을 주도하는 교통수단. 미래사회가 선택한 교통혁명 '철도'는 과연 어떤 길일까. 첫째, 가장 빠른 길이요, 가장 안전한 길이다. 둘째, 경제를 생각하는 길이며, 환경 친화적인 녹색의 길이다. 마지막으로 한반도와 유라시아 대륙이 소통하는 길일 것이다.

8년 전 크리스마스, '시베리아철도(TSR) 전철화 기념식'에 참석한 적이 있다. 19세기 말 러시아 알렉산드르 3세에 의해 착공한 시베리아철도건설은 자연에 대한 인간의 위대한 도전이었다. 모스크바에서 출발하여 블라디보스토크에 도착하면 시베리아철도의 총연장 9,288km가 새겨진 기념탑이 있다. 지구둘레의 4분의 1에 해당하는 거리이다. 전철화 기념식으로 가는 길, 영하 30도의 혹한에도 열차 내부는 매우 따뜻했다. 열차마다 석탄보일러가 24시간 가동되기 때문이다. 이른 새벽 흔들리는 열차 안에서 몸을 뒤척이다, 창밖의 눈 덮인 시베리아가 내 눈으로 들어왔다. 끝없이 펼쳐지는 시베리아의 설원은 광활하지만, 눈이 부시도록 아름답다. 조금씩 밝아오는 푸른 새벽, 떠오르는 붉은 태양은 동해의 일출만큼이나 감동적이다. 아니 눈이 녹아버릴 듯 가슴이 끓어오른다. 우리 민족의 역사와 애환이 새겨져 있는 바로 그 땅이어서일까.

개성으로 향하는 남북철도연결구간 시범운행열차

출처 : http://media.daum.net/politics/assembly/view.html?cateid=1018&newsid=20070517181310936&p=ohmynews

역사적으로 과거의 철도는 열강의 팽창주의와 냉전 이데올로기의 상징이었다. 산업혁명시기의 철도는 패권국가에 정치·경제적으로 풍요를 주었지만, 식민국가에는 착취와 수탈의 고통을 안겨주었다. 일제는 한반도에 철도를 부설하고, 대륙진출을 위한 병참기지로 활용하였다. 그만큼 우리의 민족경제는 피폐해져 갔으며, 질곡의 삶이 반복되었다. 호구지책으로 일부는 연해주로 이주하여 고단한 삶을 이어갔다. 하지만 이도 잠시, 스탈린의 소수민족분산정책으로 18만 명의 고려인이 시베리아철도에 실려 동토의 땅 중앙아시아로 강제 이주된다. 해방 후 남북은 서로 다른 이데올로기 하에 분단되고, 민족의 혈맥은 끊어져 버린다.

하지만, 미래의 철도는 어떤 모습일까. 젖과 꿀이 흐르는 신천지라고 얘기하고 싶다. 21세기 미래의 한국철도는 다양한 변화와 개혁을 요구받고 있다. 특히 남북 간 철길이 열리는 것은 대립과 분단의 역사를 접고 화합과 통일의 길로 나아가는 것이요, 새로운 한반도시대를 여는 것이다. 남북철도는 단절되었던 동북아 공간을 복원하는 길이며, 한반도가 유라시아대륙과 소통하는 미래의 길이다. 최근 세계는 폐쇄적 민족주의와 국가주의를 넘어선 상호 협력과 신뢰를 바탕으로 하는 지역 통합이 곳곳에서 추진되고 있다. 유럽은 유럽연합(EU)으로의 통합이 완성되었고, 중앙아시아와 동북아시아 지역에서도 경제통합의 필요성에 대한 주장이 제기되고 있다. 이 각 지역 통합의 움직임은 지역 간 통합의 단계적 인식에 머물러서는 안 되며 적어도 유럽 · 아시아 지역에서 유라시아 전체 통합과 동시에 추진되어야 한다. 특히 한국과 러시아는 지리적으로 태평양에서 유럽까지 연결하는 대륙교(Landbridge)의 관문역할을 수행할 수 있는 지정학적 위치에 있다. 과거 제국주의의 산물이며, 식민지경영의 상징이었던 철도가 유럽의 경제 · 사회 · 문화를 통합하여 EU 결성을 앞당긴 것처럼, 유라시아시대의 철도사업은 유럽~아시아~태평양을 잇는 유라시아 랜드브리지를 통해 유라시아 지역의 경제 · 사회 · 문화 공동체를 촉진하는 미래의 신성장 동력이 될 것이다.

최근의 남북 관계는 이번 무더위만큼이나 견디기 힘들다. 이럴 때 고속철도를 타고 시베리아로 달려가는 시원한 바캉스를 꿈꿔본다. 미래는 유럽과 아시아 그리고 태평양까지 연결해주는 유라시아고속철도시대가 도래할 것이다. 교통, 에너지, 운하, 정보통신, 기타 기초인프라가 일정한 공간에 집적되어 단일한 네트워크를 구축하는 것이다. 이것이 다시 국가와 국가, 대륙과 대륙 사이를 가까이 이어주는 초고속 회랑을 형성한다. 이것이 '21세기 철의 新 실크로드'인 것이다. 철의 新 실크로드 건설은 그동안 대규모 건설 프로젝트 등에서 강세를 보여 온 한국이 유라시아 관련 국가와 상호 신뢰와 협력을 바탕으로 Win-Win 할 수 있는 국제 협력 사업이다. 유라시아지역에서 고속철도, 도시, 자원, 산업, 시장은 사회·정치·문화와 함께 새로운 생활권역을 형성할 것이다. 이는 폐쇄적 민족주의와 국가주의를 넘어선 상호 협력과 신뢰를 바탕으로 하는 지역 통합의 원동력이 될 것이다. 이러한 패러다임변화에 한국은 선제적이면서 능동적인 '21세기 철의 新 실크로드'의 로드맵을 준비해야 할 시점이다. 110여 년의 역사를 가진 한국철도는 "21세기 국제고속철도", "남북경제공동체", "동북아 일일생활권", "유라시아 시대"라는 새로운 도약의 기회를 맞이하고 있다. 철길은 바로 그 미래로 가는 길이다. 우리의 지혜가 필요한 시점이다.

요즘 CEO들의 경영화두로 혼·창·통이 많이 거론된다. 성공하고 싶다면, 비전을 세우고, 끊임없이 창조하고, 소통하라는 의미이다. 철마도 외쳐본다. 남북통일의 혼이 되어 철의 新 실크로드를 창하고 남북 간 통하리라.

(2010년 11월 1일 제83호)

러시아 국내정치

15. 러시아 이중권력의 향방: "현대화" versus "주권민주주의"? / 77
16. 3·13 지방선거와 통합러시아의 불안한 승리:
이중권력체제 분절의 신호탄인가? / 82
17. 루시코프의 失權과 메드베데프 大權 / 87
18. 러시아 정계의 숨은 실력자 '소뱌닌' / 92
19. 북캅카스 불안정 有感 / 104
20. 러시아연방의 국가이미지 提高에 대한 思惟 / 108
21. 강한 국가와 러시아 대통령제에 대한 小考 / 112

15. 러시아 이중권력의 향방: "현대화" versus "주권민주주의"?

유 진 숙
브레멘대학교 정치학박사
배재대학교 정치외교학과 교수

2012년 대선을 앞두고 메드베데프 대통령과 푸틴 총리 간의 권력 경쟁이 점차적으로 가시화되고 있다. 메드베데프 대통령은 WTO 협상을 재개하고 미국 오바마 정부와의 전격적인 전략무기감축협상 체결에 성공하는 등 외교 분야에서의 정치적 입지를 강화하고 있다. 2010년 11월 20일 나토·러시아 정상회의 중에 개최되었던 즉석 정상회담 자리에서 메드베데프는 나토·러시아 간의 공동 미사일방어체제(MD)시스템 구축을 제안하기도 하였으며 코메르산트(Комерсант) 신문은 이에 대해 "역사상 초유의 시도"인 "센세이셔널"한 제안이라고 논평하기도 하였다.

최근 1년 전부터 다양한 정부기관 및 학술단체 등을 통해 확산되고 있는 "현대화" 개념은 이러한 메드베데프 대통령의 독립 시도를 반영하고 있다. 메드베데프 대통령은 지난 2009년 5월 21일 '러시아경제 현대화 및 기술발전을 위한 대통령 위원회'를 창설하였으며 경제현대화 추진을 위한 중심부로서 현대화위원회의 관리하에 모스크바 근교도시에 개혁도시 계획을 수립하였다. 그리고 2009년 9월 초 출판된 "러시아 전진! (Россия, вперед!)"이라는 원고에서 처음으로 "현대화"를 핵심적인 전략적 과제로 설정하였다. 이 원고에서 메드베데프 대통령은 에너지, 핵기술, 의료기술, 우주항공 및 통신 분야 등 5개 경제분야에서의 현대화를 주장하였다. 이 콘셉트는 다시금 2009년 11월 12일 러시아 상원을 대상으로 하는 대통령 교서에서 보다 구체화되었으며 현대화와 기술적 발전, 그리고 조합과 국가 섹터의 재구축이라는 두 가지 핵심적인 전략적 과제가 명시되었다.

이 시기까지만 해도 "현대화" 개념은 비교적 순수하게 기술적 의미에서의 경제영역에 제한된 의미를 갖고 있었던 것으로 보인다. 메드베데프는 대통령교서에서 "우리는 이를 위해 법적, 조직적, 그리고 이념적 자극을 필요로 한다."고 언급하기도 하였지만 "현대화" 콘셉트의 핵심은 명확히 국가 경제의 기술적 발전에 놓여졌다. "현대화" 콘셉트의 대표적 주창자로 꼽히는 대통령 보좌관, 아르카디 드보르코비치(Аркадий Дворкович) 역시 "현대화" 콘셉트는 산업 제 분야에서의 특수한 프로그램의 발전 촉진을 의미한다고 설명하고 있다. 이러한 소극적 출발은 푸틴을 비롯한 기존 권력집단이 정치개혁까지 포괄하는 근본적인 현대화를 거부하고 있음에 기인한다.

"현대화" 콘셉트의 조심스러운 확대 적용은 2009년 말부터 점진적으로 이루어져 왔다. 2009년 11월 12일의 대통령교서에서도 메드베데프는 "현대화"가 정치개혁이나 정치체제의 민주화를 의미하는 것이 아님을 구체적으로 명시한 바 있다. 그럼에도 불구하고 메드베데프가 현존 체제에 대한 비교적 강도 높은 비판을 제기하였다는 점, 그리고 민주주의 가치를 중심으로 하는 체제 변화에 강조점을 두었다는 점에서 로스앤젤레스 타임스를 비롯한 외신들은 이를 메드베데프의 독립 열망을 반영하는 것으로 해석하기도 하였다.

"현대화" 콘셉트의 보다 전면적인 적용, 즉 정치개혁을 포함한 근본적인 개혁 콘셉트로의 발전시도는 메드베데프의 다양한 독립시도와 더불어 관찰되고 있다. 2010년 11월 30일의 연방의회 교서에서도 메드베데프는 환경, 복지, 정치, 심지어는 국제관계와 안보문제에 이르는 광범위한 분야를 '현대화'라는 화두 아래 언급하고 있다. 메드베데프는 "현대화는 현명한 경제뿐만 아니라 다면적인 삶의 질 향상을 위한 현명한 정치를 요구한다. 정부행정조직 활동의 새로운 기준과 법체제 작동의 질적 제고, 지방정부의 시민적 영향력 확대를 위한 현대적 참여의 형태 등이 필요하다."라고 언급한다. 특히 정치영역의 현대화를 위해 메드베데프

메드베데프와 푸틴

출처 : http://www.molgvardia.ru/node/19762

는 정부조직의 일상적 시민접촉 관행의 개선, NGO 지원의 강화, 독립적 사법부 구축을 위한 전면적인 사법체제개혁, 정당경쟁 활성화와 지방자치 강화를 비롯한 중앙과 지방차원에서의 정치체제와 민주주의의 질적 제고 등을 구체적인 정책방안으로 제시하고 있다.

이러한 일련의 과정은 현대화 개념을 내세운 메드베데프의 도전이 보다 강화되고 있음을 암시한다. 즉, "현대화"는 푸틴 정부의 핵심적 화두로 등장하였던 "주권민주주의" 개념에 대한 정치 이념적 차별화 전략이라고 할 수 있다. 독립신문(Независимая Газета)은 "현대화" 콘셉트의 등장에 관련하여 메드베데프 대통령과 아르카디 드보르코비치(Аркадий Дворкович)를 비롯한 "현대화주의자" 들을 한 편으로, 그리고 푸틴 총리, 수르코프(Владислав Сурков) 및 세르게이 소뱌닌(Сергей Собянин)을 위시한 "보수주의자" 들을 다른 한 편으로 하는 대립구도를 묘사하고 있다. 현대화주의자들이 경제와 정치를 포괄하는 근본적인 현대화를 주장한다면 그에 반대하는 보수주의자들은 순수하게 기술적인 관점에서의 현대화만을 지지하고 있다는 것이다.

그렇다면 메드베데프의 "현대화" 콘셉트는 푸틴의 "주권민주주의" 화두를 대체하며 실제로 메드베데프 권력의 독자적 기반을 형성하는 담론적 기초로 성장하고 있는가?

"현대화" 콘셉트와 "주권민주주의" 간의 암묵적 경쟁 관계에 대한 지식인들의 반응은 상당히 조심스러우며 "현대화" 콘셉트에 대한 러시아 엘리트집단의 반응은 소극적일 뿐만 아니라 심지어는 냉소적이기까지 하다. 자유보수주의 클럽의 주도적 인물이자 주간잡지 '엑스페르트(Эксперт)' 편집장인 발레리 파데예프(Валерий Фадеев)는 "대통령의 테제가 주권민주주의 원칙을 부정하는 것은 아니라고 확신한다."라고 논평하였으며 친정부적 싱크탱크라고 할 수 있는 FEP(Фонда эффективной политики) 소장 글레브 파블롭스키(Глеб Павловский)는 메드베데프의 발언이 '현명한 정치'와 '계몽된 정부'와 같은 몇 가지 새로운 생각을 담고 있지만 기본적으로는 '주권'이 국가의 의무임을 명확하게 제시하고 있다고 논평하기도 하였다.

블라디미르 수르코프는 심지어 "이는 러시아가 정치적 아이디어의 시장으로 진입할 준비가 되어 있음을 보여주는 것이며 토론과 평가는 해로울 것이 없다."라고 상당히 냉소적으로 논평하기도 하였다. 그는 또한, "러시아 내부에 존재하는 주권민주주의에 대한 논쟁은 이해가 가는 측면이 있으며 혹자는 주권은 이미 구시대적인 개념이라고 비판하고 있으나 현재 주권의 중요성에 대해 부인하는 사람은 없다."라고 다시 한 번 "주권민주주의" 콘셉트의 유효성을 강조하였다.

전문가들은 푸틴이 메드베데프의 "현대화" 콘셉트에 전혀 반응하지 않을 뿐만 아니라 실질적으로 이와 전혀 무관하게 기존 정책을 추진함으로써 메드베데프의 시도를 전적으로 무력화시키고 있음에 주목한다. 기존의 경제구조, 즉 거대기업들의 독점구조, 보호무역주의, 외국 기업에 대한 강력한 규제, 원료경제에 대한 세금부담의 완화 및 경제분야에서의 실로비키 세력에 대한 명시적인 지원 등은 여전히 러시아 경제정책의 기조로 유지되고 있다.

"현대화" 콘셉트의 현실성에 대한 내부적 평가 역시 상당히 회의적으로 나타난다. 경제영역에만 한정하여 "현대화" 콘셉트를 추구한다고 해도 구조적인 부정부패와 낮은 투명성, 관료사회의 권력남용과 높은 행정적 장벽, 시장의 독점구조와 높은 비용, 외국인 및 외국기업에 대한 불합리한 노동고용조건 및 기업 활동 조건 등은 "현대화" 콘셉트 실현의 넘을 수 없는 장벽으로 거론된다.

이는 집권 여당을 비롯한 권력 엘리트 내부에서 메드베데프의 실질적 영향력이 그리 커지지 않고 있음을 시사한다.

(2010년 12월 6일 제88호)

16. 3·13 지방선거와 통합러시아의 불안한 승리: 이중권력체제 분절의 신호탄인가?

장 세 호
상트페테르부르크 국립대학교 정치학박사
한국외국어대학교 러시아연구소 HK연구교수

■ 3·13 지방선거 결과, 그 행간을 읽다!

지난 3월 13일 러시아에서는 총 83개 연방 구성주체 지역 중 74개 지역에서 주 의회와 주요 단체장 선거 등을 포함하는 총 3,200여 건의 선거가 동시에 열렸다. 이른바 '통합 선거일(Единый день голосования в субъектах РФ)'로 지칭되는 러시아의 지방선거 역사상 이번 선거는 그 어느 때보다 비상한 관심 속에서 치러졌다. 12개 연방 구성주체 지역에서 진행된 주 의회 선거가 올해 12월에 있을 국가두마(연방 하원) 선거의 향방을 가늠케 하는 바로미터가 되기 때문이다.

지방선거 모습

출처 :www.gazeta.ru

러시아연방 중앙선관위 발표에 따르면, 주 의회선거 결과 원내 4당 중 권력당 '통합 러시아(Единая Росиия)'가 68.56%(375/547석)의 의석수를 획득함으로써 압도적 승리를 거둔 것으로 나타났다. 뒤이어 '러시아연방공산당(КПРФ)'이 71석(12.98%), '정의 러시아(Справедливая Россия)'가 48석

(8.78%), 그리고 '자민당(ЛДПР)'이 33석(6.03%)을 각각 확보하였다. 이와 함께 원외의 '러시아의 애국자(Патриоты России)'당이 10석(1.83%)을 차지하였다.

선거 결과가 발표된 후, 표면상 현 권력당의 완승으로 마감된 이번 선거에 대해 통합 러시아 측이 "만족스럽고 다행스러운 결과"라는 견해를 발표한 반면, 공산당을 비롯한 3개 야당은 집권 "통합 러시아의 추락(провал Единой России)"이라는 공식입장을 내놓았다. 더불어 러시아 내 주요 매체들은 이번 지방선거 결과를 통합 러시아의 "근심스런 승리"로 평가하는 분위기다.

이처럼 선거 결과에 대한 평가가 서로 엇갈리는 이유는 다가올 국가두마 선거의 전초전 성격을 띤 이번 지방선거의 가장 중요한 지표가 각 당이 획득한 의석수가 아닌 정당 지지율에 있기 때문이다. 다게스탄 공화국(Республика Дагестан)을 제외한 11개 지역의 주 의회 선거가 선거구제와 비례대표제가 혼합된 방식으로 치러진 반면, 오는 12월 두마 선거는 2007년 도입된 완전비례대표제 방식에 따라 치러질 예정이기 때문이다. 초미의 관심사였던 각 당의 평균 지지율은 통합 러시아가 50.4%, 뒤이어 공산당이 22%, 자민당이 15%, 정의 러시아가 14.8%를 기록했다.

이번 지방선거는 다음 몇 가지 측면에서 중요한 의미를 찾을 수 있다. 첫째, 통합 러시아가 50.4%의 득표율로 심리적 마지노선인 과반 지지를 확보함으로써, 수권정당의 위치를 지켜냈다는 점이다. 둘째, 2000년 푸틴 등장 이후 줄곧 하락세를 보여 왔던 공산당이 20%대 지지율을 기록하며 제1야당의 지위를 수성함과 동시에 여전히 권력당의 핵심 경쟁자임을 입증하였다는 점이다. 공산당은 5개

2011년 3월 13일 12개 연방 구성주체 지역 주 의회선거 결과

	통합 러시아	러시아연방공산당	러시아자유민주당	정의 러시아
확보 의석수 (총 547석 중)	375석	71석	33석	48석
확보 의석율	68.56%	12.98%	6.03%	8.78%
평균 지지율	50.4%	22%	15%	14.8%

지역에서 통합 러시아에 이어 2위의 결과를 냈으며, 이번 선거를 통해 경쟁 정당들에게 빼앗겼던 지지층 일부를 회복한 것으로 평가된다. 셋째, 정의 러시아가 최근 고조되고 있는 통합 러시아에 대한 대중의 부정적 심리를 바탕으로, 선거운동 기간 동안 현 권력당을 겨냥한 자극적 캠페인을 주도함으로써 자신의 지지세를 확장했다는 점이다. 이로써 정의 러시아는 자민당의 제3당 지위를 위협하며 '제2권력당'이라는 자신의 목표 달성을 위한 의미 있는 교두보를 마련했다고 평가된다.

■ 이중권력체제의 미래, 분절의 신호탄을 올리다!

이와 함께, 우리의 시선을 끄는 것은 이번 지방선거 결과가 메드베데프와 푸틴의 이중권력 체제의 향배에 어떠한 영향을 미칠 것인가 하는 문제이다. 헌법상 최고 지도자와 실세 총리의 정치적 동거로 시작된 소위 양두체제는 그 견고성에 대한 다양한 의심에도 메드베데프 집권 초기 동안 비교적 안정적으로 유지되어왔다. 그리고 2012년 대선은 메드베데프로부터 푸틴으로의 평화로운 권력이양을 위한 통과의례로 간주되었다. 러시아의 견고한 이중권력 체제의 분절 가능성에 대한 논의는 결과가 예정된 뻔한 게임에서 반전을 기대하는 호사가들이 그럴듯하게 꾸며낸 이야깃거리에 불과했다.

양두체제의 분절 가능성이 조심스럽게나마 점쳐지기 시작한 것은 2009년 5월 메드베데프가 "전진, 러시아! (Россия, вперед!)"라는 보고서를 통해 처음으로 '현대화(модернизация)'라는 전략적 과제를 제시한 이후였다. 그러나 압도적인 대중적 인기와 정치-경제 엘리트들에 대한 절대적 영향력, 그리고 러시아연방 하원 의석수의 2/3을 차지하고 있는 권력당 통합 러시아의 당수로서 푸틴의 실질적 권력은 메드베데프의 독립 의지의 실현 가능성을 제약하는 요소임이 분명했다. 그러나 시간이 흘러가면서, 직간접적으로 표현되고 있는 집권 2기에 대한 대통령 메드베데프의 열망은 보다 분명해지는 양상이다.

대표적 사례로, 최근(지난 3월 3일) 메드베데프는 차르 알렉산드르 2세의 농노해방령 선포 150주년 기념행사에 참가하여 "역사는 스탈린이 아닌 알렉산드르 2세가 옳았음을 증명했다. 자유를 미룰 순 없다."라며, 푸틴을 겨냥한 다분히 정치적 연설을 행한 바 있다. 상당한 격차를 보이던 푸틴과 메드베데프 사이의 지지율 격차도 레바다 센터 등 러시아 주요 여론조사 기관의 발표에 따르면 최근 모스크바 등을 중심으로 근사하게 좁혀지고 있는 것으로 나타났다. 그뿐만 아니라, 2008년 11월 친 메드베데프 계 정당을 자처하며 '시민의 힘(Гражданская сила),' '러시아 민주당(ДПР),' '우파세력연합(СПС)'의 3개 정당이 합당하여 창당한 '프로보에 젤로(Провое дело)'를 비롯해 2010년 10월 정의 러시아 소속 의원인 구드코프(Геннадий Гудков) 주도로 조속하고 효율적인 현대화 추진을 기치로 결성된 친 메드베데프 성향의 정치운동 '전진, 러시아!'의 발족 등은 미미한 수준에서나마 메드베데프의 조직적 동력이 마련되고 있음을 입증하고 있다.

이런 점에서 통합 러시아가 획득한 불만족스러운 지지율은 몇 가지 점에서 시사하는 바가 크다. 첫째, 국가두마 선거에서 통합 러시아의 개헌선 확보가 불투명해졌다는 점, 둘째, 최근 선거에서의 지지율 하락세가 가시화되었다는 점이 그것이다. 현재 하원 의석의 2/3을 점하고 있는 푸틴의 당 통합 러시아에게 과반 확보는 선거 승리를 의미하지 않는다. 더욱이, 이번에 주 의회 선거가 치러진 총 12개 지역 중 통합 러시아는 단 5개 지역에서 50% 이상의 지지율을 획득했다. 특히, 트베리 주(Тверская область), 키로프 주(Кировская область)에서는 각각 39.67%, 36.54%의 지지율로 40%도 넘지 못하는 결과를 거두는데 그쳤다. 지난 2007년 지방선거에서 12개 지역 중 통합 러시아가 50% 지지율을 얻지 못한 곳이 세 곳이었던 것에 반해, 이번 선거에서는 50% 지지율을 획득하지 못한 지역이 7개 지역으로 증가하였다. 또한, 2007년 국가두마 선거와 2010년 지방선거 결과와 비교할 때에도 통합 러시아의 지지율 하락세는 부인할 수 없는 사실이다.

지난해 연례교서 발표를 전후로 메드베데프는 '정치적 경쟁(политическая конкуренция)'을 강조해왔다. 이것은 정치적 경쟁을 통해 현대화 정책의 동력을 얻고자 하는 대통령 메드베드프의 자유주의적 성향의 발현이라는 해석과 함께, 자신에 대한 탄핵권 행사 및 대통령의 거부권에 대한 불승인 등의 문제를 야기하는 권력당의 개헌선 확보에 대한 부담감의 표현이라는 분석이 힘을 얻고 있다. 따라서 이번 지방선거 최대 수혜자는 선거에 참여한 특정 정당이 아니라, 메드베데프 대통령 자신일지도 모른다.

지방선거 결과 발표 직후인 지난 3월 15일 메드베데프 계 싱크탱크인 '현대발전연구소(Институт современного развития, Инсор)'는 "미래의 발견, 전략-2012(Обретение будущего. Стратегия-2012)"라는 보고서를 발표하였다. 연구소장 유르겐스(Игорь Юргенс)는 2012년 대선을 "안정(стабильность)" 대 "진보(прогресс)"의 대결로 규정하며, 이 보고서가 "메드베데프의 선거 프로그램이 되기를 희망한다."라고 언급함으로써 적잖은 논란을 촉발하였다. 그뿐만 아니라, 대(對) 리비아 군사작전을 승인한 유엔안보리 결의를 십자군 원정에 비유한 3월 21일 푸틴의 발언이 문명 간 충돌을 야기하는 부적절한 발언이라는 메드베데프의 즉각적인 반박은 매우 이례적인 것이었다. 지방 선거가 끝난 지 10여 일이 흐른 현재, 상기 두 사건을 매개로 러시아 내에서는 양두체제의 향방에 관한 논쟁이 뜨겁게 가열되고 있다.

메드베데프 운신의 폭을 넓혀주고 있는 일련의 주관적, 객관적 정세에도 불구하고, 현재까지 푸틴의 아성은 절대적 비교우위에 있는 것으로 보인다. 다만, 주목할 점은 이번 지방선거 결과가 푸틴이라는 강력한 챔피언에 맞서는 도전자 메드베데프의 응전 의지에 불을 지피는 신호탄이 될 것인가의 여부이다. 필자는 메드베데프의 야심 찬 도전의 성공 가능성 여부를 떠나 내년 대선을 1년여 앞두고 치러진 이번 지방선거를 기점으로 러시아의 이중권력 체제의 분절이 본격화되고 있다는 결론을 조심스럽게 내려본다.

헤겔의 표현을 빌리자면, 역사의 행정을 주도하는 절대정신이 체제전환의 기나긴 터널의 끝자락에 서 있는 러시아에서 어떤 시대의 영웅을 탄생시킬지 주목되는 순간이다.

(2011년 3월 28일 제104호)

17. 루시코프의 失權과 메드베데프 大權

김 선 래
세계경제 및 국제관계연구소 정치학박사
한국외국어대학교 러시아연구소 HK연구교수

전 모스크바 시장 유리 루시코프(74)가 모스크바 주재 영국대사관에 비자를 신청하고 두 딸을 영국으로 긴급 피신시킨 것으로 알려지면서 지난 3달간 모스크바에서 벌어졌던 모스크바와 상트페테르부르크 정치그룹 간 권력갈등의 명암이 더욱더 뚜렷해졌다. 18년간 모스크바 시민의 압도적 지지 아래 절대군주와 같은 지위를 유지했던 루시코프의 갑작스러운 몰락은 러시아 정치에서 한 획을 긋는 주요 사건임이 틀림없다. 루시코프와 메드베데프의 한판 대결이라는 측면에서 볼 때 메드베데프의 압승은 2012년 대선과 관련해서도 중요한 사건이다. 이것은 메드베데프 진영의 정치권 세대교체라는 요구와 맞물려 러시아 전역에 암울하게 드리운 부정부패세력에 대한 전면전을 의미하는 신호탄으로 볼 수 있기 때문이다. 러시아 정치전문가들이 2012년 대선까지 이 두 세력의 공고화 과정에서 러시아의 안정은 메드베데프에게, 테러 등 사회적 불안사태는 푸틴에게 유리하리라고 보는 것도 이와 같은 맥락이다.

9월 28일, 크렘린의 압력에도 불구하고 모스크바 시장직을 고수하려던 루시코프에 대해 메드베데프 러시아 대통령은 '신뢰의 상실'이라는 포괄적인 이유를 들어 전격적으로 그의 해임안에 서명하였다. 해임 직후 강하게 반발했던 루시코프는 하루 만에 소송계획을 취소하고 2012년 대선 출마도 포기한다는 입장을 밝히고 해임을 받아들였다. 최근 3달간 모스크바에서 진행된 여론 대결에서 루시코프는 가족과 연관된 부정부패와 정실주의 그리고 그의 측근인 모스크바 정치 그룹 내의 부정부패 탓에 공격 한번 제대로 하지 못하고 백기를 들어야만 했다. 그의 해임과정에서 러시아 주요 방송 중 하나인 NTV가 루시코프의 부인 바투리나의 부정과 비리를 폭로하면서 저항의 의지를 꺾어 버렸던 것이다. 바투리나는 러시아 최대의 여성재벌로 손꼽히고 있으며, 그녀가 소유하고 있는 건설회사 '인테코'는 루시코프의 비호를 받으며 모스크바 시가 발주한 건설 프로젝트를 수주하여 막대한 부를 쌓았다는 비난을 받고 있다. 그녀의 재산이 약 23억 달러에 달하고 전 세계 경제인 중 335위를 차지하는 러시아 최대의 여성갑부로 선정되었다는 러시아판 '포브스' 2010년 8월자 기사는 가뜩이나 궁지에 몰려 있던 루시코프에게 결정적인 타격을 입혔다.

루시코프는 지난 10여 년간 모스크바 중앙정계에서 대선후보로 자주 오르내렸던 거물 정치가로 1999년에는 유력한 대선후보로 정계의 스포트라이트를 받았었다. 이런 루시코프가 1999년 대선 이후에도 모스크바 시장 자리를 유지했던 가장 주요한 이유 중 하나가 푸틴 정부에 대한 지지에 있다. 푸틴과 루시코프의

메드베데프 대통령과 루시코프

출처 : http://www.dp.ru/a/2010/09/28/Boris_Nemcov_Primerov_ko/gallery/1701/14647

정치적 성향이 비슷하고 강력한 중앙권력과 권위가 정치적 안정을 가져오고 사회적 질서를 확립한다는 기본적인 가치관도 서로 같기 때문이다. 루시코프는 이후 푸틴의 '단일당'과 합당을 하고 그와 정치적 신념을 같이했는데, 이는 루시코프의 정치적 생명을 연장시키는 주요 요인이었다. 루시코프는 푸틴의 3선 정권 연장에 대해서도 러시아를 위한다면 푸틴이 권력을 연장하는 것도 가능하다고 말하는 등 친푸틴 성향을 띠었었다. 푸틴 총리도 현대 러시아에서 루시코프의 역할을 긍정적으로 평가하며 루시코프가 장악하고 있는 모스크바를 인정하는 모습을 취했었다. 루시코프의 모스크바 정부가 어느 정도 시의 발전과 성장에 기여했기 때문이다. 그러나 최근 들어 루시코프는 정치적 악수를 두기 시작했으며 그 패착으로 말미암아 그의 정치적 생명이 종언을 고하게 되었다. 그 주요 내용은 다음과 같다.

첫째, 좀 더 민주적이고 탈권위적인 통치형태를 선호하는 메드베데프 정부와 루시코프의 대립각이다. 루시코프는 메드베데프를 공개적으로 비판하면서 메드베데프의 전횡, 즉 타타르스탄 대통령과 바시코르토스탄 대통령의 해임과 같은 지방정부의 근간을 뒤흔드는 행위에 대해 강력하게 반발하고 나섰다. 연방정부의 강력한 중앙집권화를 경계한다는 명분 이면에는 루시코프가 자신의 권력을 겨냥한 연방정부의 칼끝을 느꼈기 때문이다. 이러한 중앙권력의 강화와 지방정권의 권력해체에 대한 루시코프의 반발 행보와 그의 정치적 지지성향이 메드베데프 현 대통령보다는 푸틴 총리에 마음이 기울어 있었다는 점도 그의 정치적 수명을 단축시켰다고도 볼 수 있다.

둘째, 측근 비리, 모스크바 시와 루시코프 부인의 유착문제이다. 부인 옐레나 바투리나의 막대한 재산은 시민들의 의혹을 사기에 충분하다는 점이다. 모스크바 시장인 남편의 지위를 이용하여 막대한 부를 일궜다는 점은 누구나 수긍할 수 있는 내용이다. 루시코프의 최측근이었던 알렉산드르 랴빈 부시장도 건설업자로부터 뇌물을 받은 혐의로 전 시장의 길을 따라 전격적으로 해임되었다. 연방검찰은 모스크바 시 고위관료들이 시 정부 이권에 개입되어 있고 관련 사업자로부터 막대한 뇌물을 받았다는 부분에 대해 대대적인 수사를 펼칠 계획이라고 한다.

셋째, 2010년 여름은 무척이나 덥고 길었다. 100년 만의 무더위와 더불어 모스크바 근교에서 발생한 산불은 모스크바 전 시민을 고통에 몰아넣었으며 시민 사망률이 평상시보다 2배나 높았다. 그런데 모스크바를 책임지는 자리에 있는 시장이 한가롭게 장기휴가를 즐긴 것은 모스크바 주민의 불만을 사기에 충분했다.

넷째, 이번 모스크바 시장 해임 파동은 장기집권이라는 정치적 부담을 세대교체라는 참신한 정치적 도구를 사용하여 앞으로 발생할 비판에 대처한다는 고도의 정치적 계산이 깔려 있다고 서방의 전문가들은 해석한다. 메드베데프나 푸틴은 2012년 대선에 방해되는 부분을 하나씩 제거하면서 장기적인 권력 로드맵을 그려가고 있다고 볼 수 있다.

루시코프 해임 이후 모스크바 시민의 루시코프 지지율이 13%대로 떨어진 것만 보더라도 이러한 여러 가지 요인들이 복합적으로 작용했다고 할 수 있다.

루시코프 해임 이후 새로운 모스크바 시장으로 세르게이 소뱌닌(52) 부총리가 임명되었다. 10월 21일 모스크바 시의회는 소뱌닌의 모스크바 시장 임명동의안 표결에서 반대표를 던진 공산당 소속 2명을 제외한 '통합 러시아 당' 의원 32명 전원이 찬성표를 던져 32대 2로 임명동의안을 통과시켰다. 이번에 모스크바 시장으로 임명된 소뱌닌은 2000년 우랄산맥 근처의 튜멘 주지사를 거쳐 푸틴 행정부에서 행정실장을 지냈다. 2008년 5월부터 부총리 및 내각 사무처장을 맡아오다가 이번에 모스크바 시장에 임명된 것이다. 소뱌닌은 취임식에서 관료들의 부정부패와 교통문제, 그리고 시민들의 생활수준 향상에 힘쓰겠다고 역설했다. 이는 모스크바 정부 내에 남아 있는 루시코프 세력을 부정부패 혐의로 정리하겠다는 포석이며, 이후 모스크바 시 정부를 장악하겠다는 의지의 표현으로 보여 앞으로 모스크바 시 정부 내에서 대대적인 인적 쇄신의 소용돌이가 있을 것으로 예상된다.

10월에 들어오면서 만년 2인자로 불렸던 드미트리 메드베데프 현 대통령의 지지율이 실세총리 블라디미르 푸틴의 지지율을 거의 따라잡았다는 여론조사 결과가 발표되었다. 러시아 여론조사기관인 레바다(Levada) 센터에 의하면 여론조사 결과 메드베데프 현 대통령의 지지율과 푸틴 총리의 지지율이 1% 내외로 근사하게 좁혀졌다. 이러한 결과는 지난 대통령 재임 기간을 통틀어 가장 근소한 차이를 나타내고 있다는 점에서 2012년에 있을 대선의 향방에 시사하는 바가 적지 않다. 이번 루시코프의 제거는 메드베데프 세력에게 모스크바 입성이라는 큰 기회를 가져다주었다고 할 수 있다.

(2010년 12월 13일 제89호)

18. 러시아 정계의 숨은 실력자 '소뱌닌'

장 세 호
상트페테르부르크 국립대학교 정치학박사
한국외국어대학교 러시아연구소 HK연구교수

2010년 가을, 철옹성처럼 견고해 보였던 유리 루시코프(Юрий Лужков)의 아성이 무너졌다. 9월 28일, 메드베데프 대통령이 '신임의 상실'이라는 포괄적 이유를 근거로 지난 18년간 모스크바를 통치해왔던 루시코프를 전격 해임한 것이다.

한 달여가 지난 10월 21일, 신임 시장 후보자에 대한 인준 의결을 위한 임시회의가 열릴 모스크바 시 두마(의회) 의사당은 특수작전 상황을 방불케 할 만큼 삼엄한 경찰의 통제 속에 겹겹이 둘러싸여 있었다. 회의가 시작되고, 시의회 의장 블라디미르 플라토노프(Владимир Платонов)의 소개로 한 중년의 사내가 연단에 섰다. 왠지 그해 여름 발생한 산불로 온 도시를 뒤덮었던 회색 연기를 연상케 하는 잿빛 머리카락 색과 미간에 깊이 파인 주름, 진한 갈색 눈동자, 그리고 굳게 다문 입술은 한눈에도 그가 과묵하고 완고한 인물임을 대변하고 있었다. 지극히 무표정한 모습으로 시정 운영 방향을 설명한 그는 곧이어 시행된 표결에서 사실상의 만장일치로 싱겁게(?) 신임 시장에 인준되었다. 러시아의 심장 수도 모스크바를 이끌어갈 새로운 선장이 탄생하는 순간이었다. 불명예 퇴진한 루시코프를 대체하여 러시아 정계의 핵심으로 급부상한 그의 이름은 바로 세르게이 세묘노비치 소뱌닌(Сергей Семенович Собянин)이었다.

소뱌닌은 러시아 정계에서도 가장 드러나지 않은 인물 중 한 명이다. 실제로,

서시베리아 소재 코갈림 시(г. Когалым) 시장, 한티-만시 자치구(Ханты-Мансийский автономный округ) 의회 의장, 튜멘(Тюменская область) 주 주지사 등 지방차원에서만 아니라, 대통령 행정실장, 부총리, 러시아연방 내각 사무총장 등 연방차원에서도 요직을 두루 거친 거물 정치인임에도 그는 국외에서는 물론 러시아 내에서도 상대적으로 잘 알려지지 않은 인물이다.

소뱌닌이 여론과 매체의 조명을 받기 시작한 것은 푸틴이 무명의 그를 대통령 행정실장에 전격 임명한 2005년부터이다. 당시 조각(組閣) 구상의 퍼즐을 맞추기 위해 푸틴 대통령은 2005년 11월 9일 밤, 흑해 휴양지 소치로 향했다. 이틀 후인 11월 13일, 소치에서 이루어진 푸틴과 소뱌닌의 면담 장면이 국영방송 전파를 타고 러시아 전역에 공개되었고, 다음날 소뱌닌과 한 비행기를 타고 모스크바로 돌아온 푸틴은 내각 핵심 인사들과의 회의에서 그의 행정실장 임명을 공표하였다.

비단 언론인과 전문가들뿐만 아니라, 크렘린 내의 고위 관료들조차도 예상치 못했던 파격적 인사가 결정된 후, "소뱌닌이 도대체 누구인가?"라는 의문과 함께, 그를 행정실장에 임명한 대통령의 의중을 파악하기 위한 분주한 시도가 이어졌다. 대통령의 고향인 상트페테르부르크 출신도, KGB 등 안보기관 출신도 아닌 서시베리아의 외딴 마을 태생인 지방 정치인 소뱌닌은 푸틴의 전형적 인력풀 범주와 조직구성 원칙에서 벗어난 예외적 인물임이 분명했다.

막후 실력자를 뜻하는 '회색 추기경', 크렘린 내 모든 이해집단으로부터 독립된 '대통령(푸틴) 의지의 실현자'로 평가받으며, 배경의 한계를 딛고 푸틴-메드베데프 시기에 러시아 중앙 정치 무대에서 드러나지 않게 확고한 위상을 정립한 입지전적 인물인 세르게이 소뱌닌의 과거를 추적해 본다.

1. '냐크심볼' 마을 출신의 엔지니어, 탁월한 실무형 행정가로서 명성을 쌓다!

소뱌닌은 1958년 6월 21일 튜멘 주 베레조보 지역 냐크심볼(Няксимволь) 마을에서 마을 평의회 의장이었던 부친 세묜 표도로비치 소뱌닌(Семен Федорови ч Собянин)과 회계원이었던 모친 안토니나 알렉산드로브나 소뱌니나(Антонина Александровна Собянина) 사이의 1남 2녀 중 막내로 태어났다.

아버지와 같은 마을 평의회 의장을 꿈꾸던 소년 소뱌닌은 1967년 부친이 베레조보의 유제품공장 공장장으로 취임함에 따라 가족과 함께 이주한다. 이곳에서 슈콜라(러시아의 교육 편제상 우리의 초·중·고교를 합한 것)에 입학한 그는 다른 시골 마을 출신 아이들이 주로 학업에 뒤처졌던 것과는 달리 꽤 조숙하고 영리했던 것으로 보인다. 학업 성적이 매우 우수했으며, 상급생 시절부터는 공산청년동맹(콤소몰) 조직활동가로 활동하였다.

1975년, 슈콜라를 마친 소뱌닌은 누이가 거주하고 있던 코스트로마(Кострома)주로 이주하여 코스트로마 공과대학 기계학부에 입학하였다. 대학에서도 그는 공산청년동맹 조직활동가로 적극적으로 활동하였으며, 1979년 우수한 성적으로 대학을 졸업하였다. 졸업 후 잠시 코스트로마 목재가공 공장에서 기술자로 근무하였고, 곧이어 첼랴빈스크(Челябинск)로 이주하여 튜브 공장에서 근무하였다. 소뱌닌은 그곳에서 선반 조장, 숙련공으로 승진하였을 뿐만 아니라, 사회활동에도 적극 참여하여 공장 공산청년동맹 조직활동가 대표가 된다.

1982년, 전 연방 레닌 공산주의청년동맹(ВЛКСМ) 레닌 지역위원회에서 복무하였다. 2년 후인 1984년, 지역위원회의 결정에 따라 코갈림으로 파견된 그는 1984~85년까지 코갈림 농촌 인민대의원회의 부의장, 1985~86년까지 코갈림 주택-공영 사업국장, 1986~1988년까지 코갈림 집행위 비서로 근무하였다.

1988년, 소련공산당 한티-만시 자치구위원회로 배속된 소뱌닌은 1988~89년, 소련공산당 한티-만시 자치구 조직부 부부장 지위에 오른다. 이 시기 동안 그는 학업을 병행하여 1989년 전 연방 법률 통신교육대학(ВЮЗИ)에서 법학 박사학위를 취득하였다.

격동의 1991년, 소뱌닌은 자신의 정치인생에서 새로운 전환점을 맞이한다. 1990년부터 코갈림에서 세무조사를 담당하던 그가 1991년, 코갈림이 촌락(поселек)에서 시(город)로 승격됨과 동시에, 당시 한티-만시 자치구 행정 책임자였던 알렉산드르 필리펜코(Александр Филипенко)의 지시에 따라 코갈림 시장으로 임명된 것이다.

극심한 국가적 혼란기의 여느 도시와 마찬가지로 코갈림 시는 단순히 '어려운 상황'이라는 말로는 설명이 어려울 만큼 절망적 상황에 처해있었다. 이 같은 상황은 소뱌닌에게 준엄한 도전인 동시에, 마음 깊숙한 곳에 숨겨져 있던 야심을 이룰 새로운 기회이기도 했다.

시장이라는 새로운 지위에서 그는 시정의 최우선 방향을 시의 핵심 기업인 '코갈림네프테가스(Когалымнефтегаз)'와의 공조에 맞추었다. 그 결과, 소뱌닌은 현격한 세입 증대를 가져올 수 있었고, 시의 현안이었던 공익사업, 교통문제 등과 같은 사회·경제적 문제들의 해결에서 상당한 진전을 이룰 수 있었다. 소뱌닌은 석유기업들과의 공조 과정에서 코갈림 시의 확고한 이해 관철에 관심이 없었었고, 석유회사가 동의한 만큼의 적은 과세만을 허용했다는 비판도 물론 있었다. 그럼에도, 코갈림 시를 비롯한 인근 지역에 걸쳐 그의 업무능력에 대한 긍정적 평가가 확산하여 갔다.

1993년, 소뱌닌은 자신의 행정능력을 높이 평가한 당시 한티-만시 자치구(XMAO) 행정 책임자 필리펜코에 의해 제1 부대표로 임명되었고, 이듬해인 1994년에는 필리펜코의 지원 아래 자치구 의원으로 선출되었다. 당시 필리펜코의 최대 관심은 한티-만시 자치구가 튜멘 주로부터 재무·재정적으로 완전히 독립하는 것이었다. 헌법에 따라 1993년, 한티-만시 자치구는 러시아연방의 주체로서 완전한 자격을 획득했지만, 행정적, 재무·재정적 관계에서는 실질적으로 튜멘 주에 종속되어 있었다. 자치구의 석유채굴에서 발생하는 세입의 일부가 튜멘 주로 유입되는 구조였기 때문에, 튜멘 주 소속의 한티-만시, 야말로-네네츠 자치구는 소속 주로부터의 실질적 독립이라는 목표를 공유하고 있었다.

같은 해, 자치구 연합(Ассоциация нацональных округов) 대표가 된 소뱌닌 앞에는 튜멘 주로부터 두 자치구의 실질적 독립을 위한 권리 옹호라는 핵심 과제가 놓이게 되었다. 실제로 1995년, 소뱌닌의 주도에 따라 두 자치구는 튜멘 주지사 선거를 보이콧하였다. 1996년, 이 문제에 관한 위헌심판이 소뱌닌의 주도로 청구되었지만, 헌법재판소는 이를 기각하였다. 그러나 소뱌닌은 이 과정에서 자치구 의회 의장에 선출되어 연방회의(Совет Федерации)에서 한티-만시 자치구를 대표하는 상원의원, 2000년 러시아연방 상원 '헌법 및 법제위' 위원장 지위에 오른다.

1990년대에 소뱌닌은 자력으로 탁월한 능력의 실무형 행정가로서의 입지를 강화할 수 있었다. 그뿐만 아니라, 그는 옐친 시기 이완된 연방구조 속에서 지역의 자치권과 권익을 수호·확대하는데 앞장서는 정치인이라는 이미지도 구축할 수 있었다.

2. 푸틴과의 운명적 만남, 지위 상승의 에스컬레이터에 오르다!

소뱌닌이 푸틴과 어떻게 개인적 인연을 맺게 되었는지는 현재까지 명확히 밝혀지지 않고 있다. 그러나 다양한 자료를 종합하여 볼 때, 그들의 첫 만남을 짐작하게 하는 단초를 찾을 수 있다. 1990년대 말, '수르구트네프테가스(Сургутнефтегаз)'와 밀접한 관계를 형성하고 있던 소뱌닌은 '레닌그라드 주(Ленинградская область)'의 '키리슈스키 석유정제 공장(Киришский нефтеперерабатывающий завод)'과 연계를 하게 되는데, 흥미로운 것은 당시 이 공장이 푸틴의 책임하에 있었다는 점이다. 어쨌든, 푸틴과의 개인적 유대가 형성되었을 개연성이 높은 이 시기를 기점으로 소뱌닌은 철저한 친푸틴계 정치인의 대열에 합류한다.

1999년, 소뱌닌은 콘스탄틴 티토프(Константин Титов)가 이끄는 정치운동 '러시아의 목소리(Голос России)' 창립에 참여하면서 정당 활동을 개시한다. 뒤이어 타타르스탄 대통령 민티메르 샤이미예프(Минтимер Шаймиев)가 이끄는 정치운동 '전 러시아(Вся Россия)'의 간부회와 집행위원회 위원이 된다. 이처럼 본격적인 정당 활동과 함께 소뱌닌의 철저한 친푸틴 노선은 가시화되기 시작한다.

소뱌닌은 1999~2000년에 연방 검찰총장 유리 스쿠라토프(Юрий Скуратов)의 해임 스캔들에 휘말리게 된다. 옐친 대통령의 측근들에 의해 촉발된 연방 검찰총장 해임문제와 관련하여 상원 헌법 및 법제위 위원장이었던 소뱌닌은 사건 초기 사퇴에 저항하던 스쿠라토프의 해임에 반대하는 상원의원들의 입장을 지지하였다. 그러나 대통령에 당선된 푸틴이 스쿠라토프의 해임을 지지한 후 곧바로 소뱌닌은 기존 입장을 바꾸어 상원이 그의 해임을 승인할 것을 주장하였다.

또한, 소뱌닌은 1999년 12월 옐친의 드라마틱한 대통령직 사임 직후인 2000년 1월 '조국-전 러시아'의 예브게니 프리마코프(Евгений Примаков) 대통령 후보 추대를 공개적으로 반대하였다. 동시에 그는 다가올 러시아 대통령 선거를 위한 푸틴의 입후보 발기인단에 합류함으로써 자신의 입장을 분명히 하였다. 결정적으로, 소뱌닌은 2000년 여름, 연방회의(상원)에 각 지방 행정수장과 의회의장이 당연직으로 상원의원이 되는 기존 상원 구성방식의 전격적 폐지 등을 담은 푸틴의 행정 개혁안에 반대해왔던 태도를 바꾸어 관련 법안 제정에 찬성하는 입장으로 급선회하였다.

이러한 소뱌닌의 노골적인 구애에 푸틴도 적극적인 화답의 제스처를 취했다. 2000년 6월 12일, 소뱌닌은 우랄 연방관구(Уральский федеральный округ)의 대표인 표트르 라티셰프(Петр Латышев)를 보좌하는 제1 부대표가 되는데, 당시 보도에 따르면, 이 임명에 대통령 푸틴의 의지가 직접적으로 개입되었다고 한다.

동년 11월, 소뱌닌은 튜멘 주 주지사 선거에 입후보하였다. 연임을 노리던 주지사 레오니트 로케츠키(Леонид Рокецкий)의 무난한 당선이 예상되던 선거전은 의외로 소뱌닌이 1차 투표에서 52%의 지지율을 획득함으로써 29%를 얻은 현직 주지사를 여유 있게 누르고 신임 주지사에 당선되는 것으로 마무리되었다. 선거에서 라티셰프는 물론, 대통령 행정실의 주요 인사였던 블라디슬라프 수르코프(Владислав Сурков), 에너지 기업 '수르구트네프테가스'와 '수르구트가스프롬', 그리고 한티-만시 및 야말로-네네츠 자치구 지도부 등도 그를 후원한 것으로 알려졌다. 특히, 전문가들은 크렘린, 한티-만시 및 야말로-네네츠 자치구의 행정대표들(필리펜코와 유리 네옐로프(Юрий Неелов))의 지지가 소뱌닌의 승리에 결정적 역할을 했다고 분석했다.

소뱌닌의 주지사 당선에 결정적 역할을 한 크렘린과 두 자치구의 행정대표들은 각기 다른 기대와 목적이 있었다. 2000년 여름, 푸틴은 장래에 튜멘 주와 두 자치구를 완전히 통합하는 계획을 선언하였다. 이런 점에서 볼 때, 크렘린 측에서는 이의 효과적 실행을 소뱌닌에게 기대했던 것이고, 통합을 원하지 않는 두 자치구 행정대표들로서는 자신들의 입장에 동조해줄 가까운 인물이 튜멘 주 주지사가 되는 것이 매우 중요한 문제였던 것이다.

흔히 "정치는 불가능을 가능으로 바꾸는 창조적 행위", "정치는 타협의 예술"이라고들 말한다. 이를 입증하기라도 하듯이, 소뱌닌은 한티-만시 및 야말로-네네츠 자치구를 튜멘 주로 흡수하라는 크렘린의 요구와 이를 받아들일 수 없는 필리펜코와 네옐로프의 입장이 상충하는 곤란한 상황에서 기발한 절충안을 이끌어 낸다.

그 결과 2003년 통합 중단에 대한 결정이 내려졌고, 대신 '3개 지역 행정대표 연맹(союз трех губернаторов)'과 '공동투자기금'이 조직된다. 그러나 필리펜코와 네옐로프의 바람과는 달리, 내용상 주요 연방 재정지원은 튜멘 주에만 집중되었다. 결정적으로 2004년 6월 민족 자치구들이 가진 자치권의 상당 부분을 추가로 상실할 가능성이 커진 가운데, 소뱌닌은 두 자치구의 자치권 유지를 조건으로 튜멘 주에 절대적으로 유리한 석유 관련 세입 재조정안을 관철했다.

이와 함께 튜멘 주 주지사 당선 직후인 2001년 2월 소뱌닌은 대통령의 임기를 4년에서 7년으로 연장하자는 제안을 발표하였고, 같은 해 6월 러시아의 핵심 석유기업 중 하나인 '테엔카(ТНК, ОАО Тюменская нефтяная компания)' 대표이사로 취임하여 2003년 6월까지 대표이사직을 맡는다.

이 시기 그는 주지사로서 본격적인 개혁정책을 추진한다. 푸틴의 중앙-지방 관계 개혁에 대한 실질적 호응으로, 소뱌닌은 2001년 촌락(поселки)으로부터 지역(районы)으로의 자치기능 이전에 관한 주민투표를 주도함으로써, 1990년대 지역 수준에서 획득한 지방자치 시스템을 사실상 붕괴시킨다. 그뿐만 아니라, 한티-만시에서 얻은 경험을 바탕으로, 소뱌닌은 루코일, 테엔카 등과 같은 석유기업들을 튜멘 주에 등록시키고, 이 기업들의 본사사옥을 유치하는 데 성공한다. 그 덕분에 세입이 현격히 증대했고, 사회적 수요, 지방공무원 임금, 주택-공영사업에 적절한 지출이 가능해졌다. 주택-공영사업체의 대규모 구조조정을 비롯하여 슈콜라와 병원에 대한 새로운 재정지원 원칙도 제시되었다. 이러한 지원은 지출예산과 직원 수가 아닌 재학생과 환자 수에 의해 결정되었다. 2002년부터 튜멘 주는 러시아 내에서 주택-공영사업, 보건복지, 교육 분야에서 개혁 수행을 주도하는 상징이 되었다. 많은 전문가와 언론이 튜멘 주지사로서 소뱌닌의 활동을 높게 평가하였고, 원유가격 인상에 따른 주 재정지출의 지속적 증대는 주지사로서 소뱌닌의 권위를 함께 증대시켰다.

2004년 소뱌닌은 '지방행정수장 직선제 폐지'를 지지한 최초의 지역 지도자 중 한 명이었다. 실제로 2005년 1월 제정된 법안이 효력을 발휘하자, 소뱌닌은 임기 종료에 앞서 대통령에게 자신의 신임 여부를 의뢰한 대표적 지역 행정책임자로 이름을 알렸다. 푸틴은 소뱌닌의 충직성을 높이 평가하면서 주 의회에 그의 주지사 인준을 요청하였고, 2월 주 의회는 사실상의 만장일치(24/25)로 소뱌닌을 새로운 임기의 주지사로 인준 의결하였다.

2005년 12월 푸틴은 부총리로 승격된 메드베데프를 대신하여 소뱌닌을 신임 대통령 행정실장으로 임명하였다. 전문가들은 예상 밖의 행정실장 인사에 대해 다양하게 평가했는데, 일부는 크렘린 내 주요 이해 집단으로부터 완전히 독립된 인물의 필요성으로, 다른 일부는 2007~8년 두마와 대통령 선거에 지역 엘리트들을 규합하기 위한 포석으로 분석하였다. 소뱌닌은 행정실장 취임과 동시에 러시아연방 안보회의(Совет безопасности РФ) 상임위원이 되었다. 이와 함께, 2006년 4월 그는 국제 원자력 시장의 약 17%를 차지하는 러시아 원자력발전 기업 '트벨(ТВЭЛ)' 이사회 이사로 취임하고, 같은 해 5월 이사회 대표이사로 선임되었다.

2007년 10월 푸틴은 연방 원자력청 산하에 국영기업 '로스아톰(Росатом)' 설립에 관한 법안 승인을 국가두마에 요청했는데, 이 법안은 11월 곧 승인되었다. 뒤이어 푸틴은 소뱌닌을 로스아톰 감사회 대표로 임명하였다. 이러한 소뱌닌 임명을 두고 일각에서는 크렘린이 지방 엘리트들과 석유 기업들을 통제하기 위해 전문관료를 필요로 했다고 보는 시각과 푸틴의 뒤를 이어 러시아 대통령직을 노릴 수 있는 역량을 가진 인사로 경험 많은 지역 행정책임자 및 중앙 고위관료를 필요로 했다고 보는 시각이 등장하였다. 그러나 2007년 12월 푸틴의 후계자가 메드베데프라는 사실이 분명해졌다.

2007년 12월 〈통합러시아〉는 다른 3개 정당의 지지 속에 메드베데프를 대선 후보로 결정하였고, 소뱌닌은 동월 20일 메드베데프의 선거캠프를 이끈다고 선언했다. 대선 이후 신임 대통령 메드베데프는 2008년 5월 소뱌닌을 부총리와 내각 사무총장에 임명하였다. 부총리로서 소뱌닌은 이른바 행정체계의 전산화를 위한 '정보사회' 프로그램을 총괄 감독함과 동시에, '2010 전 러시아 인구 총조사'를 이끌었다. 또한, 그는 대통령 직속 '러시아 경제 현대화와 기술발전 위원회' 부위원장에 임명되었다. 2009년 2월 17일, 대통령 행정실장직으로 자리를 옮긴 세르게이 나리시킨(Сергей Нарышкин)을 대신해 TV 방송국 '제1채널(Первый канал)'의 이사회 대표이사로 선출되었다.

2010년 9월 28일 메드베데프가 모스크바 시장 루시코프를 전격 해임하자 10월 9일 '통합러시아' 당은 메드베데프에게 신임 모스크바 시장 후보로 천거한 4인 중 한 명에 소뱌닌을 포함하였다. 10월 15일 메드베데프는 모스크바 시 두마에 소뱌닌을 신임 모스크바 시장으로 승인해줄 것을 요청하였고, 10월 21일 소뱌닌은 모스크바 시의회의 승인 의결에 따라 부총리직에서 공식 사퇴하고, 신임 모스크바 시장에 취임하였다. 소뱌닌은 자신의 시정 주요 방향을 모스크바 시의 사회적 안정 문제와 교통문제의 해결, 부패와의 전쟁으로 선언하였다.

3. 러시아 정계의 숨은 실력자, 무대의 전면에 서다!

소뱌닌이 연방 차원의 정치인으로 부상한 것은 앞서 기술한 바와 같이 2005년 푸틴이 그를 대통령 행정실장으로 임명하면서부터이다. 푸틴 자신이 수차례 밝힌 바와 같이, 소뱌닌의 행정실장 임명은 무엇보다 코갈림 시와 튜멘 주에서 검증

단호한 표정의 소뱌닌

출처 : http://armget.ru/2011/02/06/sobyanin-ozabotilsya-narkomaniej-v-moskve.html

된 그의 탁월한 행정 능력을 평가한 결과였다. 소뱌닌은 단 서너 시간만, 그것도 소파에서 잠을 청하는 것으로 하루의 수면을 대신할 만큼 지독한 일벌레로 알려져 있다.

또한, 업무수행에서도 부하 직원의 보고에 대해 소수점 이하 지표까지 바로잡을 만큼 치밀한 성격의 소유자라고 한다. "의사 결정의 단계에서는 어떠한 논쟁도 가능하다. 그러나 일단 결정이 내려지면, 소뱌닌은 이 결정을 어떤 대가를 치르고서라도 실현하며, 스스로 이 실행과정을 철저히 감독한다. 그를 돌려세우기는 매우 어려운 일이다. 그는 매우 완고한 사람이다."라는 측근의 평가는 행정가로서 그의 치밀한 면모를 짐작하게 한다.

그뿐만 아니라, 소뱌닌의 행정실장 임명은 1999년부터 보여준 푸틴에 대한 확고한 충직성에 대한 평가에서 나온 것임과 동시에, 크렘린 내 주요 이해 그룹들로부터 독립된 그의 출신 배경도 중요한 이유가 되었다. "메드베데프와 비교하여 그는 훨씬 자신을 드러내지 않았으며, 행정실 인사들과 일정한 거리를 유지하려 노력하였다. 흥미로운 것은 매주 월요일 정무회의에서 소뱌닌은 대통령을 바라보거나 서류만을 쳐다보았다. 그 외에는 회의에 참석한 그 누구도 바라보지 않았다."라는 크렘린 고위 관료의 말에서 알 수 있듯이, 소뱌닌은 푸틴의 기대에 부응

코자 노력하였다.

튜멘 주지사 재직 시절, "주지사실에 언제나 보드카 병이 놓여 있었지만, 그 속에는 물이 담겨 있었다."라는 한 관료의 회고처럼, 노르딕 스키로 30km를 달리며 사냥을 하고 테니스를 즐긴다는 소뱌닌은 흡연과 음주도 즐기지 않을 만큼 자기관리에 철저한 인물이다. 게다가 그는 자신의 부하직원들에게 매우 엄격한 사람으로 평가받고 있다.

조직적 배경이 취약했던 대통령 행정실장 재임 시절, 그를 제외하고 수르코프와 이고리 세친(Игорь Сечин) 두 부실장조차도 행정실의 이름으로 그 어떤 결정도 내릴 수 없었을 만큼, 소뱌닌은 행정실장으로서 확고한 통제력을 발휘했다. 소뱌닌이 업무상 출장으로 이틀간 자리를 비운 사이 부실장 세친이 푸틴 대통령에게 이러한 상황에 대한 개선을 건의했지만, 오히려 푸틴은 소뱌닌의 손을 들어주었다는 일화는 푸틴이 그를 얼마나 신뢰했는지를 입증해주는 좋은 사례라 하겠다.

2010년 9~10월 루시코프의 전격 해임과 뒤이은 소뱌닌의 모스크바 입성은 정치가 타협과 타이밍의 미학이라는 말을 다시금 떠올리게 한다. 필자는 이 사건을 둘러싼 일련의 다양한 분석에도 불구하고 이를 비교적 간명하게 평가한다. 최근 직간접적으로 차기 대선에 참여할 의사를 적극적으로 표명하고 있는 메드베데프 대통령은 이른바 '현대화(модернизация)' 노선을 통해 자신의 개혁적 이미지를 부각함으로써 푸틴과의 차별성을 꾀하고 있다.

이러한 행보는 정치영역에서 2009년 11월 연차교서 연설을 기점으로 추진된 '정치인 세대교체'로 표면화되었다. 푸틴의 노쇠한 측근 루시코프를 대체하여 수도 모스크바의 산적한 현안을 해결함으로써 자신의 정책적 성과를 가시화할 수 있는 인물을 시장으로 선임하는 것은 메드베데프에게 매우 중요한 문제였을 것이다.

푸틴으로서도 각종 부패 추문에 휩싸인 루시코프를 고수하기 어려운 상황에서 자신의 충직한 최측근 중 한 명인 소뱌닌을 통해 루시코프의 공백을 메우고자 했을 것이다. 결국, 개혁성과의 가시화를 원하는 메드베데프와 모스크바에서의 영향력 유지를 원하는 푸틴의 양두체제에서 공통의 이해를 충족시키는 인물로 소뱌닌이 낙점된 것이다.

자신의 후원자 푸틴에게 철저하게 충실하고, 수단을 가리지 않고 목적을 달성하는 엄격한 행정가인 소뱌닌은 모스크바 시장 취임을 통해 러시아 정치 무대의 뒤편에서 전면으로 화려하게 등장하였다. 정치적 야심을 뒤로 감추고 그동안 묵묵히 자신의 입지를 다져왔던 소뱌닌이 러시아의 주요 자원 기업들과 지방 정치인들에 대한 확고한 영향력을 바탕으로 향후 어떠한 행보를 보일지 주목된다.

(2011년 2월 23일 특별호)

19. 북캅카스 불안정 有感

김 선 래
세계경제 및 국제관계연구소 정치학박사
한국외국어대학교 러시아연구소 HK연구교수

24일 모스크바 도모데도보 국제공항에서 발생한 자폭테러 사건으로 35명의 무고한 목숨이 사라졌다. 사망자 이외에 2백여 명이 부상을 당했는데, 이 중 수십 명은 위중한 상태이다. 그리고 공항테러가 발생한 지 겨우 이틀이 지난 26일 북캅카스 지역 다게스탄공화국 내에서는 차량폭탄테러가 발생하여 4명이 사망하고 6명이 다쳤다. 이처럼 지난 20여 년간 러시아에 드리워졌던 암울한 기운이 다시금 고개를 들고 있다. 러시아 남부지방, 특히 북캅카스 지역은 체첸전쟁으로 전 세계에 많이 알려져 있다. 소련이 붕괴하자마자 독립을 선포한 체첸공화국은 러시아연방 편입에 대항하여 두 차례에 걸쳐 러시아와 전쟁을 벌였다. 이 과정에서 수많은 민간인이 죽거나 다쳤으며, 깊은 절망과 분노가 응어리졌다. 그중에서도 체첸전쟁 미망인들로 구성된 〈검은 과부〉의 연이은 자살 폭탄 테러는 최근 10년 동안 매년 수많은 무고한 피해자를 양산했다. 작년 모스크바 지하철 폭탄 테러로 40명이 사망하는 등 캅카스의 절망과 분노가 세대에서 다음 세대로까지 이어지며 아무 죄도 없는 민간인들이 피해를 보고 있는 것이다. 최근 들어 다게스탄, 잉구세티아, 체첸공화국을 포함한 북캅카스 지역은 정부와 경찰을 겨냥한 테러가 거의 매일 발생하고 있다.

이번 모스크바 국제공항에서 발생한 테러가 체첸과 직접적으로 관련되어 있는지는 아직까지 공식적으로 밝혀지진 않았다. 그런데 러시아 푸틴 총리는 테러

사건이 터지자마자 피의 복수를 다짐했고, 메드베데프 대통령도 악의 뿌리를 찾아내고 괴멸시켜야 한다고 말했다. 하지만, 복수와 증오의 정치는 결국 사회를 멍들게 하고, 그 암울한 기운은 사회를 짓눌러 국민의 눈과 귀를 막고 오도할 수 있다.

지난 2년 동안 북캅카스에서 발생한 일련의 불안사태는 그 이전과 다른 양상으로 전개되고 있다. 2차 체첸전쟁 이후 체첸 지역은 비교적 안정적인 상황을 유지하고 있었다. 무장세력 대부분은 괴멸되었거나 그루지야로 넘어갔고 남은 세력은 미미한 상태였다. 그러나 체첸에 인접한 잉구세티아에서는 2008년 KGB 출신이었던 무라트 자지코프(Murat Zyazikov) 공화국 대통령이 메드베데프 러시아 대통령에 의해 해임되고 군 장성 출신인 유누스베크 예브쿠로프(Yunus-bek Yevkurov)로 교체되면서 사태가 악화하였다. 취임 초기 그는 군경의 잔혹한 폭력행위와 이 지역에 일상화된 부정부패의 척결을 천명하며 군경에 의한 주민의 인권침해를 좌시하지 않겠다고 했다. 그러나 이러한 변화를 추진하는 과정에서 오히려 공화국 전체가 총체적 무질서에 빠져들었으며 신임 대통령은 폭탄 테러로 중상을 입는 등 여러 차례 암살의 위기에서 가까스로 살아남았다. 그는 테러의 배후에 연방 보안기구가 개입되어 있다며 이 지역의 불안사태에 대한 외부세력의 개입을 강력하게 비난하였다.

중요한 문제는 불안사태가 2009년 이후 북캅카스 전역으로 확산해 다게스탄 공화국 내무부 장관이 암살당하는 등 전반적으로 급속하게 불안정화하고 있다는 점이다. 캅카스전문가들은 이러한 일련의 사태에 우려를 표시하면서 북캅카스 지역에 팽배해 있는 부정부패와 빈곤의 악순환이 이 지역 젊은이들에게 절망과 고통을 주고 있으며, 이와 같은 사회적 토양이 폭력과 테러의 온상이 되고 있다고 지적하고 있다. 거기에 북캅카스의 불안을 외부세력이 조장하고 이용하려는 경향까지 더해져 이 지역에서 문제의 해법을 찾기가 더욱 어렵다고 말한다. 러시아의 저명한 이슬람문제 전문가 알렉세이 말라셴코(Aleksey Malashenko)가 언급했듯이 러시아가 북캅카스에서 지속적으로 시민의 인권을 짓밟고 있는 상황이 이슬람 테러리즘의 성장을 촉진하고 있다고 설명하는 것도 이와 맥락이 유사하다.

러시아를 혼란에 휩싸이게 한 자폭테러단 〈검은 과부〉와 이번 국제공항 테러범에게 과연 인권은 존재하지 않을까? 그들의 인권을 논하는 것 자체가 사회의 지탄을 받아야 하는 분위기라면 분명히 건강한 사회가 아닐 것이다. 국민 대다수가 전격적인 대응과 시원한 해결을 요구하는 상황에서 러시아 정부의 입장은 일정한 한계를 지닐 수밖에 없을 것이다. 하지만, 대중적 유약함과 어리석음을 교묘히 악용하려는 정치 엘리트들의 정치적 의도와 행위가 지속한다면 또 다른 절망과 분노를 재생산해 내는 악순환만이 반복될 것이다.

평범한 사람들을 테러범으로 내모는 어두운 사회가 북캅카스만의 문제는 아니다. 보복과 응징으로 점철된 이스라엘과 팔레스타인의 60년 역사를 돌이켜보면, 해당 정치인들이 자신과 다른 절망적인 처지에 있는 타자에게 어떻게 대응했는지를 보면 앞으로 러시아가 가야 할 길을 제시해 준다고 보겠다. 북캅카스 지역에서 평범한 삶을 살아가려고 했던 보통사람들이 폭탄을 들고, 집에서 밥을 짓던 아녀자가 폭탄을 몸에 부착하는 것도 단지 그들만의 잘못은 아닐 것이다. 러시아의 현재 상황은 정치 엘리트가 어떠한 도덕적 기준을 갖고 올바른 사고를 하고 사

전쟁으로 파괴된 체첸의 수도 그로즈니

출처 : http://poludin.moy.su/news/v_boj_idut_odni_pacany/2010-07-07-967

회를 이끌어 가느냐가 정말 중요하다는 것을 극명하게 보여주고 있다. 진정한 정치 엘리트는 국가를 통치하는 것만이 아니라 국민에게 희망과 비전도 보여주는 리더 역할을 하는 것이다.

정치는 경제만큼이나 중요하다. 먹고사는 문제도 중요하지만 인간답게 살 수 있는 사회를 만드는 것도 중요하기 때문이다. 누가 테러를 저질렀는가는 부차적인 문제이다. 러시아 정치가 북캅카스의 절망과 분노를 녹여내지 못한 것은 러시아 정치에 문제가 많기 때문이다.

북캅카스 지역은 지역정치의 부패와 혼란 그리고 빈곤으로 내몰린 민중의 고통으로 말미암아 테러활동이 날로 기승을 부리고 있다. 죽음이 죽음을 부르고 복수가 복수를 부르는 버려진 땅 북캅카스의 암울한 기운이 러시아인의 마음에 드리워지는 일이 없기만을 바랄 뿐이다. 북캅카스 지역의 불안이 내년에 있을 러시아 대선에 주요 이슈로 작용한다면, 북캅카스의 문제는 러시아 중앙정치 때문에 불안사태가 더욱더 깊어질 수도 있다.

(2011년 1월 31일 제96호)

20. 러시아연방의 국가이미지 提高에 대한 思惟

윤 익 중
글래스고우대학교 정치학박사
한림국제대학원대학교 교수

캐나다 밴쿠버 동계올림픽이 한창이던 지난 2월 중순 러시아 이르쿠츠크의 한 대학에서 어학연수 중이던 한국 학생이 러시아 현지 청년들에게 집단 폭행을 당한 뒤 병원으로 옮겨져 치료를 받던 중 사망하는 사건이 발생하였다. 언론을 통하여 이 사건을 접한 대부분 한국인들의 느낌은 러시아 사회에 대한 두려움과 불안 등 부정적인 이미지였다.

냉전 시대 소연방은 미국과 대결하는 세계 초강대국으로 국제사회에서 막강한 영향력을 발휘하였지만, 그 이미지에는 부정적인 요소가 강하였다. 소연방 붕괴 이후 그 계승국인 러시아연방의 국제적 위상은 체제전환의 극심한 혼란 속에서 현저히 약화될 수밖에 없었으며 동시에 경제적 혼란, 부정부패, 폭탄 테러 등 안전사고, 알코올 중독, 인종혐오범죄 등 여러 가지 부정적인 사회 혼란상이 극심하게 나타났다. 이러한 현상으로 인하여 한국인들에게 있어 러시아연방은 법질서 등이 확립되지 않은 불안한 국가로 인식하게 되었다.

2000년 푸틴 전 러시아 대통령 등장 이후 러시아연방은 국제유가 호재 등과 푸틴 대통령의 강력한 국정 리더십을 바탕으로 급속히 안정을 이루며 국정 목표인 '강한' 국가로 빠르게 재도약하였다. 그럼에도 불구하고, 러시아연방은 서방적인 관점에서뿐만 아니라 한국인들의 관점에서도 독특한 독재체제와 불안정이 혼재하는 부정적인 이미지로 깊이 인식되었다. 푸틴시대에도 여전히 러시아 사회는 부정부패, 불안정, 사고 다발 등이 만연된 사회로 묘사되었으며 심지어 러시아 대통령이 러시아 마피아의 총수(?)라는 조크가 있을 정도로 러시아 사회는 부정적인 이미지에서 벗어나지 못하였다.

그렇다면, 2008년 5월 출범한 메드베데프 정권의 러시아 국가이미지는 어떠한가? 메드베데프 현 러시아 대통령은 정권 출범 이후 러시아의 국가이미지를 개선하는 것을 주요 내용으로 하는 발언을 수차례 하였다. 메드베데프는 러시아연방의 국가이미지 개선 없는 국력 신장이 21세기 새로운 국제정치 환경에서 분명한 한계가 있다는 것을 잘 인식하고 있는 듯하다. 이에 따라, 외교 분야에 있어서 메드베데프 현 러시아 대통령은 전임 푸틴 대통령과는 달리 서방에 대하여서 보다 유화적인 태도와 부드러운 제스처 등 강온의 유연한 모습을 보이고 있다. 국내적으로도 메드베데프 러시아 대통령은 2009년 11월 초 러시아 내 조직범죄와의 전면전을 선포했다. 즉, 메드베데프 현 러시아 대통령은 전임자들과는 다른 차원에서 러시아 국가이미지 개선을 위한 신사고(?)를 하고 있다고 보겠다.

그러나 대통령 및 몇몇 각료들의 노력으로 국가이미지가 개선되고 향상될 수 있을까? 지난 반년 동안 발생하였던 러시아연방의 사건 및 사고 등 부정적인 이미지와 연관되는 사항을 정리해 보면 대략 다음과 같다.

카틴 숲에서 추락한 폴란드 대통령기

출처 : http://www.rian.ru/world/20100411/220901593.html

* 2009년 11월 - 모스크바 중심가에서 대낮에 괴한들의 총격으로 옛 소련 국가보안위원회(KGB) 요원 출신의 러시아 백만장자 샤브타이 칼마노비치(Kalmanovich)가 현장에서 사망.
* 2009년 11월 - 러시아 내무부 화물기(IL-76기)가 러시아 북동부 사하공화국(야쿠티아)의 미르니 공항에서 이륙 직후 추락해 탑승객 11명 전원이 숨짐.
* 2009년 11월 - 러시아 여성들을 유럽에 불법적으로 팔아넘긴 국제 인신매매 조직원 일당이 러시아 당국에 적발.
* 2009년 12월 - 우랄 지역 페름시의 한 나이트클럽에서 폭발과 그에 따른 화재로 약 300여 명 사상자 발생.
* 2010년 1월 - 러시아 다게스탄 공화국에서 차량을 이용한 자살 폭탄 테러가 발생.
* 2010년 2월 - 시베리아 이르쿠츠크에서 한국유학생 집단폭행 후 사망사건 발생.
* 2010년 4월 - 모스크바 지하철 자살 폭탄 테러 발생.
* 2010년 4월 - 폴란드 대통령기 스몰렌스크 공항에서 착륙 도중 사고 발생.

주지하다시피, 러시아연방은 지난 수년간 인종차별주의자들의 폭력과 외국인 혐오행위, 네오나치주의가 급속도로 퍼져 큰 사회문제로 대두되고 있다. 2009년 한 해 동안 러시아에서 인종혐오 범죄로 목숨을 잃은 희생자는 약 70여 명에 달한다. 러시아 이르쿠츠크에서 발생한 한국 유학생 피살사건에 대한 현지경찰의 수사가 부실하게 진행된다는 우려가 제기되는 가운데 러시아 법원이 여러 명을 살해하는 등 인종혐오 범죄를 저지른 네오나치주의자들에게 법정 최고형을 선고하지 않아 주목되고 있다. 이것은 러시아 내 외국인 안전 문제에 대한 부정적인 판결이며 더 나아가 국제적 문제로 확대될 여지가 있다. 이러한 러시아정부의 소극적 대응은 러시아연방의 국가이미지를 더욱 부정적으로 악화시키는 악재이기도 하다.

21세기 세계화시대 국제정치에서 중요한 화두 중의 하나는 문화 예술 등을 바탕으로 하는 국가브랜드 이미지 제고이다. 즉, 한 국가의 국력은 군사력, 경제력뿐만 아니라 문화, 예술, 스포츠, 그리고 사회 안전 등에서 종합적으로 평가되고 그것은 결과적으로 그 국가의 이미지로 결정된다는 것이다. 따라서 현재 각 국가는 국력의 신장이라는 개념보다는 국가브랜드 이미지(국격) 제고적인 차원에서 국가 발전을 도모하고 있다.

한국인들이 지난 밴쿠버 동계올림픽에서 한국 선수들의 선전에 그토록 환호하고 열광한 것은 아마도 그동안 우리가 해낼 수 없었던 종목에서의 선전이 가져다주는 자신감과 그에 따른 한국에 대한 새로운 이미지 제고일 것이다. 반면, 메드베데프 러시아 대통령은 러시아 팀의 밴쿠버 동계올림픽 성적 부진에 대하여 책임을 물어 자국 올림픽 관계자들에게 사임을 요구했다. 이는 러시아연방의 국가이미지(국격)가 떨어진 것에 대하여 책임을 지라는 뜻이다.

올해는 한국과 러시아연방이 수교를 한 지 20주년이 되는 매우 뜻 깊은 해이다. 지난 20년 동안 한국이라는 나라가 러시아 국민에게, 러시아라는 나라가 한국 국민에게 어떻게 인식되고 있는지 양국 간의 국가이미지(국격) 차원에서 차분히 생각해 볼 문제이다. 앞으로 메드베데프 대통령을 비롯한 러시아 지도자들이 국가이미지 향상을 위하여 러시아를 어떻게 '디자인'해 나갈지 매우 궁금하다.

(2010년 6월 7일 제62호)

21. 강한 국가와 러시아 대통령제에 대한 小考

박 수 헌
컬럼비아대학교 정치학박사
경희대학교 국제대학 교수

소련 붕괴 후 1992년에 출범한 현대 러시아는 옐친 대통령과 푸틴 대통령 시기를 거치면서 신생 민주주의가 계속 퇴보하고 있는 것으로 관측되고 있다. 일정 정도의 권력분립, 정당정치 전개와 함께, 그간 5번의 총선(1993, 1995, 1999, 2003, 2007)과 4번의 대선(1996, 2000, 2004, 2008)을 거치면서 선거 민주주의가 자리 잡는 것처럼 보였다. 반면에 옐친 대통령은 1993년 가을 폭력적인 불법 의회 해산으로 헌정질서를 파괴했으며, 또 대통령 포고령에 대한 지나친 의존과 자의적 권력 행사로 의회 민주주의를 약화시켰다고 비난받았다. 푸틴 시기에는 더 나아가 미디어 통제 강화, 재계 인사 억압, 시민사회 규제 확대, 공권력의 선거 개입 증대 등으로 러시아 정치가 권위주의로 회귀하는 것 아닌가 하는 우려도 낳았다. 그리하여 프리덤하우스의 민주주의 평가에서 러시아 민주주의는 1999년의 4.58에서 2008년의 5.96까지 줄곧 악화된 것으로 나타났다.

이러한 러시아 민주주의의 '후퇴'와 관련해, 대통령에 과도한 권력이 부여되는 러시아의 '초 대통령제(superpresidentialism)'가 주된 제도적 요인의 하나로 지목돼 왔다. 러시아에서 대통령제는 효율적이고 효과적인 체제 개혁이 강력한 행정력을 필요로 한다는 맥락에서 도입되었으나, 권력분립의 파괴, 의회·정당정치의 약화, 비공식 부패 네트워크의 확산, 시민사회의 억압 등을 유발해 여러 측면에서 민주주의 발전을 저해시켜 왔다는 것이다. 그러나 러시아 대통령제에

불라디미르 푸틴

출처 :http://www.newsprom.ru/news/114728339328333.shtml

대한 이 같은 일방적인 부정적 평가가 전적으로 정당한 것인지, 그리고 강력한 대통령제의 긍정적 측면은 전혀 없는 것인지 진지하게 다시 고찰해 볼 필요가 있다고 생각된다.

1993년 12월 국민투표에서 통과된 새 헌법에 기초하고 있는 러시아 헌정구조는 대통령제에다 의원내각제 요소들을 접목시킨 '준 대통령제(semipresidentialism)'의 한 형태로 간주할 수 있다. 프랑스 제5공화국 헌법을 모델로 한 것으로 알려진 이 권력구조의 세부 조항들을 보면 상대적으로 대통령에 권력이 집중된 '초 대통령제' 성격을 띠고 있다. 그 주요 내용을 보면 다음과 같다. 러시아 대통령은 행정부 수반으로서 총리와 각료 임명권을 가진다. 총리 임명은 의회의 승인을 필요로 하는데, 의회가 총리 지명자를 3회 부결시킬 경우, 대통령은 의회를 해산하고 새 선거를 치를 수 있다. 또 의회의 내각 불신임 시 대통령은 이를 거부할 수 있고, 의회가 3개월 내에 다시 불신임을 제기하면 대통령은 내각을 해체하거나 의회를 해산할 수 있다. 대통령의 의회 해산권에 비해 의회의 대통령 탄핵은, 상・하 양원 모두의 2/3 이상 찬성, 대법원과 헌법재판소의 승인 등 거의 실현 불가능할 정도로 조건이 까다롭다. 러시아 대통령은 입법 분야에서도 커다란 권한을 갖고 있다.

직접 의회에 법안을 발의할 수 있으며, 의회 법안에 대해 거부권을 가진다. 거부권은 상・하원 모두 2/3 이상의 표결로써만 기각될 수 있다. 대통령의 강력한 권한은 대통령 포고령에서 더욱 두드러진다. 대통령은 의회의 제약을 받지 않는 포고령 발동권을 보유함으로써 필요할 경우 임의로 유사 입법 조치를 취할 수 있다.

위의 헌법 규정들을 볼 때, 러시아 대통령은 프랑스 대통령은 물론 순수 대통령제의 미국 대통령보다 더 강력한 권한을 갖고 있다고 볼 수 있다. 또 유럽과 옛 소련 지역의 22개 준 대통령제 국가 중에서 카자흐스탄 다음의 강력한 대통령제로 평가되고 있다. 이와 같은 대통령으로의 권력 집중과 이로 인한 민주주의 저해에 대한 비판은 대체로 3가지 범주에서 이루어지고 있다.

첫째, 의원내각제(parliamentarism)가 대통령제보다 근본적으로 민주적 안정에 더 유리하다고 보는 사람들은 같은 논리를 러시아 사례에 적용한다. 러시아 대통령제도 다른 대통령제와 마찬가지로 대통령과 의회 사이의 '이원적 정당성(dual legitimacy)'에서 비롯되는 갈등, 대통령의 고정 임기 보장에 따르는 경직성, 대통령제의 다수결주의 속성에 의한 여야 정치세력의 대립 경향을 똑같이 보인다는 것이다.

둘째, 또 다른 비판자들은 러시아 헌정구조의 '위임민주주의(delegative democracy)' 속성과 이로 인한 민주주의 침해를 지적한다. 위임민주주의는 주민선거에 의하여 당선된 대통령이 직선에 의한 통치 위임을 명분으로 의회, 정당 등 다른 정치제도들 위에 군림하여 자의적으로 권력을 행사함으로써 민주주의 발전에 역행하는 것으로 이해된다. 비판자들은 러시아에서도 특히 의회를 무시하는 대통령 포고령의 빈번한 발동에서 위임민주주의 속성이 잘 드러난다고 지적한다.

세 번째 범주의 비판은 강력한 '초 대통령제'가 러시아 정치, 사회 전반에 가져오는 부정적 영향에 집중한다. 이에 의하면, 러시아의 초 대통령제는 정권과 지도자를 동일시함으로써 정당성 문제를 악화시키며, 대통령선거를 탈 정당화시켜 정당정치의 발전을 저해하게 된다. 또 대통령으로의 권력 집중은 권력의 개인화에 의해 국가 제도의 합리성을 저하시키며, 공직 관리들의 시민에 대한 책임성 약화 및 부패구조의 확산으로 이끈다는 것이다.

이러한 세 가지 범주의 비판은 모두 러시아 정치현실의 단면을 보여주는 것이지만, 일방적으로 그런 것인지 보다 더 꼼꼼히 따져 볼 필요가 있다.

첫째, 의원내각제 선호론자들의 지적처럼 러시아 대통령제 역시 대통령제의 일반적 단점을 드러냈지만, 소련 붕괴 후 체제 전환기의 러시아 상황에서 의원내각제를 도입했을 경우 대통령제보다 민주 발전에 더 유리했을 것이라는 보장은 없다. 의원내각제의 성공 요건으로 지적되는 잘 발달된 정당들과 강력한 정당 기율은 러시아 정치에서 찾아볼 수 없었다. 또 체제 전환기의 고도로 분열된 사회에서 의원내각제의 도입은 상황을 더욱 악화시켰을 수도 있으며, 강력한 대통령제는 사회분열에 대응하는 구심점 역할을 제공했을 수도 있다.

둘째, 위임민주주의론 적용자들의 주장처럼, 옐친 대통령과 푸틴 대통령의 행태에서 분명히 권력분립을 침해하는 자의적 통치 측면을 상당히 발견할 수 있다. 그러나 러시아식 위임민주주의의 대표적 표징으로 간주되는 대통령 포고령은 1994년 이후보다 소련 붕괴부터 1993년 헌법 채택 시까지 훨씬 더 빈번하게 발동되었다. 또 옐친 집권 2기에 들어서 행정부와 의회 간의 비공식적 타협 기제가 작동했으며, 이러한 경향은 푸틴 시기에 계속 발달하여 대통령 포고령 빈도수의 감소 및 행정부-의회 사이의 갈등 약화로 이끌었다. 2004년 이후 친정부 정당인 '통합러시아'의 두마 지배로 인해 민주 발전에 불리한 패권정당체제 형태로 진전되었지만, 이것은 의원내각제하에서 압도적인 원내 제1당의 존재에 의해서도 충분히 나타날 수 있는 정치적 구도였다.

셋째, 초 대통령제 비판자들에 의한 지적은 모두 러시아 정치 현실에서 발견된다. 하지만, 이러한 부정적 현상들이 러시아 대통령제 자체의 본질에 내재한 것인지 아니면 다른 요인들이 강력히 작용했는지는 보다 신중하게 규명할 필요가 있다. 같은 초 대통령제라도 서로 다른 리더십과 여건에 따라 다른 결과를 낳을 수 있기 때문이다.

옐친 대통령은 소련 붕괴 후 '약한 국가'의 여건 하에 자유주의적 시장경제개혁에 집중하면서 효과적인 국가구조의 재건설 문제에 큰 신경을 쓰지 않은 반면에, 푸틴 대통령은 '강한 국가'의 슬로건 아래 탈공산주의 체제전환 과제의 핵심적 부분을 차지하는 국가제도의 강화를 적극 추진했다. 특히 이 과정에서 옐친 시기에 이루어졌던 신흥 과두재벌의 '국가포획'을 타파하고 신봉건주의적 '비대칭적 협상 연방제'의 지나친 분권화를 극복해 나가는 데 있어서 강력한 대통령제는 중요한 역할을 한 것으로 평가할 수 있다.

(2010년 9월 27일 제78호)

러시아와 세계정치

22. 우크라이나, 러시아 주도의 집단안보조약기구(CSTO)에 가입할까? / 119
23. NATO와 러시아: 공동의 안보위협과 대응 / 123

22. 우크라이나, 러시아 주도의 집단 안보조약기구(CSTO)에 가입할까?

박 종 관
모스크바 국립대학교 정치학박사
크라스노야르스크 국립사범대학교 역사학부 정치학과 부교수

지난 2월 치러진 우크라이나 대선 결과로 향후 우크라이나 대외 정치 노선에 커다란 변화가 예상된다.

이번 대선에서 친러시아 성향의 지역당 당수인 빅토르 야누코비치(Viktor Yanukovych)가 기존의 우크라이나 오렌지 혁명가인 빅토르 유셴코(Viktor Yushchenko) 전 대통령과 율리야 티모셴코 (Yuliya Tymoshenko) 총리를 제압하고 대통령에 당선되었기 때문이다.

친러성향의 야누코비치는 대통령에 당선되자마자 우크라이나의 북대서양조약기구 (NATO) 가입 계획을 취소하였다. 이러한 우크라이나의 대 유럽정책의 변화에 대하여 NATO 사무총장 안데르스 포그 라스무센 (Anders Fogh Rasmussen)은 우크라이나 NATO 가입 계획에 대한 취소결정을 100% 존중한다는 공식의견을 제시하면서, 2008년 부다페스트에서 열렸던 NATO 정상회의 결정에 의거 항상 우크라이나에 NATO 가입의 문이 열려 있음과 우크라이나와 NATO의 관계는 우크라이나와 NATO 위원회 범위 하에서 계속 진행될 것을 언급하였다. 이러한 우크라이나 신정부의 결정은 1997년 이후 진행되었던 NATO의 동진이 교착상태에 다다르게 되었음을 의미한다.

2008년 4월 헝가리 부다페스트에서 개최되었던 NATO 정상회의에서 우크라이나의 NATO 가입 안건은, 미국의 강력한 지지를 받았음에도 불구하고 유럽지역의 NATO 연합 주축을 이루는 프랑스, 독일을 비롯한 러시아의 강한 반대로 성사되지 못했다.

우크라이나의 NATO 가입 추진은 러시아 견제 수단으로서, CIS(Commonwealth of Independent States) 동맹의 허리를 끊어 놓을 수 있다는 상징적 의미로 유셴코 전 우크라이나 대통령과 조지 부시 전 미국 대통령의 오랜 숙원사업이었다.

91년 갑작스러운 옛 소련 붕괴 이후로 러시아와 우크라이나 관계는 극도로 악화되었다. 러시아 주도하에 구성되었던 CIS 출범 당시 우크라이나는 러시아의 패권주의 재등장 우려로 CIS 통합에 강력하게 반대해 왔다. 특히, 빅토르 유셴코 전 우크라이나 대통령이 2005년 오렌지 혁명으로 집권하면서 양국의 긴장관계는 최고조에 이르렀다.

이후 러시아 천연가스관의 우크라이나 통과 문제 및 가스가격협상 문제로 양국의 갈등이 깊어졌으며, 러시아의 흑해함대 사용에 관한 중요한 군사 전략문제도 순탄한 해결방법을 찾지 못하였다. 양국관계는 단순한 경제적 갈등뿐만 아니라 정치, 군사, 안보 및 민족, 종교적 갈등을 야기하였고, 이러한 양국의 대외적 갈등이 대내적으로 반영되어 우크라이나 국내의 동, 서 지역 갈등으로 비화되어 나타났다. 또 러시아와 우크라이나로 둘러싸인 전략적으로 매우 중요한 흑해영역이 양국 간의 문제에서 러시아와 NATO의 지역 세력의 대립으로 발전하여 옛 냉전 시대를 방불케 했다.

야누코비치 우크라이나 대통령의 대외기본정책 변화는 이러한 과거정권의 양상과는 다르게 나타나고 있다. 야누코비치 대통령은 대선 당선 이후 첫 번째 중요 해외 공식 방문국가로 러시아를 선택하였다. 이는 우크라이나 신정부의 외교노선이 기존의 친서방 정책에서 친러 정책으로의 전환을 의미한다. 이에 화답하듯 메드베데프(Dmitry Medvedev) 러시아 대통령과 푸틴(Vladimir Putin) 총리의 잇따른 우크라이나 방문은 양국 간의 오랜 냉기를 순식간에 녹여 버렸다.

이러한 양국의 급진적 변화는 기존의 천연가스가격문제나 흑해함대 사용에 관한 문제 해결뿐만 아니라, 5월 메드베데프 러시아 대통령이 우크라이나를 공식 방문하여 우크라이나에 CSTO 가입을 제안하면서 향후 러시아는 이 지역에 있어 옛 소련 시기와 같은 국제적 위상변화를 꾀하고 있다.

옛 소련 국가들의 집단안전보장체제인 집단안보조약기구(Collective Security Treaty Organisation)는 92년 5월에 러시아, 아르메니아, 카자흐스탄, 키르기스스탄, 타지키스탄 및 우즈베키스탄 등 6개국이 참여하여 체결한, 옛 소련지역의 안보를 위해 결성된 집단안보조약(CST)에 기원을 두고 있다. 이후 아제르바이잔, 벨라루스를 비롯한 그루지야가 가입하였으며, 1995년 11월, UN에 국제기구로 등록했다.

특히, 지난 2009년 초 CSTO 모스크바정상회의에서 신속대응군 창설에 합의하였고, 이번 5월 키르기스스탄 사태의 해결을 CSTO 권역 하에 해결하려는 러시아 및 회원국의 의도는, 지난 시기 부진했던 CSTO의 역할을 강화하고 포스트 소비에트 공간에서의 CSTO 기구의 중요성을 부각시키는 것이다.

실제로 우크라이나 전 외무부 차관이며 현 우크라이나 경제, 정치연구센터 부소장인 발레리 라주움코프 (Valery Razumkov)은 향후 5년 이내에 우크라이나의 CSTO 가입 가능성을 시사한 바 있다. 그에 의하면, 우크라이나는 지리적으로 폭발하기 쉬운 완충지대에 위치해 있어, 인접한 타국과 군사, 정치 블록을 형성하는 것과 더불어 경제, 정치 연합이 반드시 필요하다고 말하면서, 그 연합국가의 중심에는 러시아가 있어야 함을 피력했다.

러시아의 입장에서 이러한 우크라이나의 대외정책노선 변경은 지리적으로 유럽으로 향하는 길목에 위치한 우크라이나가 종전의 NATO 가입이 아닌 러시아가 주축이 되는 CSTO 회원국 가입으로 방향을 전환한다는 점에서 중요한 의미를 가지고 있다.

러시아의 대 우크라이나 정책의 근간은 신 유라시아주의에 기반을 바탕으로 범 슬라브권 규합에 의미를 담고 있으며, 정치적, 민족적 규합과 더불어 러시아를 주축으로 옛 소련 지역뿐만 아니라 더 넓은 범위에서 유라시아 지역에 영향력을 확보하는 것이다.

따라서 향후 우크라이나의 CSTO 가입이 이 지역에 있어서 러시아를 주축으로 한 CSTO 회원국과 미국을 주축으로 하는 NATO와의 관계에서 새로운 지정학적 레짐이 구축되는 모티브가 될 것이다.

CSTO 정상회의에 참가한 각 국가 대통령들의 모습

출처 : http://old.gov.uz/repository/images/45873/45874

(2010년 8월 23일 제73호)

23. NATO와 러시아: 공동의 안보위협과 대응

정 은 숙
오하이오 주립대학교 정치학박사
세종연구소 수석연구위원

NATO (북대서양조약기구)는 '북대서양 조약'(1949)에 기인한 다자 군사동맹으로서 미국, 캐나다, 그리고 26개 유럽 국가들이 그 회원국이다. 본부를 브뤼셀에 두고 있으며 집단방위, 즉 특정 회원국에 대한 제3세력으로부터의 공격 시 상호방위협력을 원칙으로 한다(조약 제5조). 소련으로부터의 위협, 미국과 캐나다의 유럽 다자안보 참여, 독일 군국주의 재기방지 등 전후 복합적 국제환경을 배경으로 출범한 NATO(12개 창립국)에게 있어 1950년 발생한 한국전은 통합군 창출의 중요성을 알리는 촉매제가 되기도 하였다.

1989년 베를린장벽의 붕괴는 NATO로 하여금 전격적으로 새로운 역할을 부여하였다. 뜻하지 않은 발칸반도 내전에 개입해야 했고, 과거 적성국인 동구권 국가들과의 관계개선도 추진하여야 했다. 1999년 이후 현재까지 냉전기 적성국이었던 중동부 유럽 국가 중 12개국이 NATO의 회원으로 신규 영입되면서, 이 NATO의 동진(東進)은 국제안보의 큰 화두로 자리매김하여 왔다.

소련의 국제법적 승계국인 러시아와 NATO의 공식관계는 1991년 러시아의 '북대서양협력협의회' (1997년 '유로 아틀랜틱 동반협의회'로 개명) 가입으로 출범하여 1994년 '평화를 위한 동반자'로 이어졌다.

1996년 러시아는 NATO 주도 보스니아·헤르제고비나 평화유지활동에 군을 파견하였으며 1997년 NATO와 러시아는 '상호관계, 협력, 안보를 위한 기본령'

을 채택하여 오늘도 양자관계의 근간이 되고 있다. 1999년에는 코소보 위기를 둘러싸고 이견이 표출되었지만, 위기종식과 함께 러시아군이 NATO 주도 코소보 평화유지활동에 참가하면서 관계회복 기미가 보였었다.

그러던 중 2001년 미국에서 발발한 9·11테러 사건은 소련동구권 붕괴 이후 NATO·러시아 관계사에서 가장 큰 이정표가 되었다. 푸틴 대통령은 사건 후 세계지도자 중 최초로 부시 대통령에게 전화를 하였으며, 러시아는 아프가니스탄 전쟁을 위해 국제연합군에게 자국의 영공을 개방하는 한편, 관련정보를 공유하였다.

포스트 9·11 공조분위기 속에서 2002년 'NATO·러시아협의회'가 출범하였다. 동 협의회는 NATO+1의 양자 틀이 아닌, 개개 NATO 회원국과 러시아가 동등한 파트너라는 인식 하에 다양한 안보현안을 협의하고 공동의 이익을 모색하는 공식 대화 기제가 되어왔다. 협의회 의장은 NATO의 사무총장이며 적어도 월 1회 대사 및 군 대표급 회의, 연 2회 외무장관, 국방장관, 합참의장급 회의, 그리고 간헐적으로 정상회의를 개최하고 있다. 협의회 산하에는 25개 하위 실무그룹과 소위원회가 있으며 양자 간 매년 해당연도 실무프로그램에 합의하는 것을 원칙으로 한다.

그간 진척된 예로는 '테러리즘에 대한 행동강령' 채택 (2004), 러시아 해군의 NATO의 지중해 반테러작전 지원 및 참가 (2006, 2007), 아프가니스탄과 중앙아시아 특수요원을 대상으로 한 마약퇴치 훈련 (2005~2009년간 총 750명 피 교육), 아프가니스탄 국제군 비 군사물자의 러시아 육로수송 허용 (2008). 반 테러리즘에 주안점을 둔 항공관리의 투명성, 예측성, 상호 작전성 증진 (2005-2006), '군사력 상호 작전성 제고를 위한 정치-군사 가이던스' 채택 (2005), 러시아의 '평화를 위한 동반자 군사력 합의' (2004) 및 이에 대한 의회비준 (2007), NATO의 대규모 구난훈련에 대한 러시아의 참가 (2005, 2008), '합동 평화유지활동 기본개념을 위한 정치적 측면' 채택 (2002), 모스크바 소재 'NATO·러시아군 재교육 센터' 건립 (2002), 러시아 과학자들에 대한 NATO의 지원프로그램 등이 포함된다. 한편, 협력을 용이하게 하기 위해 러시아는 NATO에 대사관, NATO는 모스크바에 공보실을 각각 두고 있다.

그렇다고 해서 NATO · 러시아 관계가 순풍의 돛을 단 것은 아니다. 단적으로 2008년 8월, 러시아의 그루지야 군사작전에 대한 대응책으로 NATO는 NATO · 러시아협의회 공식회의 및 군사부문 협력의 일시중단을 선언한 바 있다. 1년여 소강상태가 유지되다가 2009년 12월 갈등 이후 처음 개최된 외무장관 회의에서 참석자들은 '21세기 공동 안보도전 요소'에 대한 공동연구 착수 및 협의회의 역할 강화에 합의하면서 다시금 관계개선을 시도하고 있다. 이에 따라 2010년 12월 NATO가 발표할 예정인 '신전략개념'에 그 연구결과가 어느 정도 반영될 것으로 보인다.

오늘날 NATO와 러시아의 협력관계에서 풀어야 할 문제는 무엇일까. 냉전기 불신의 잔재 혹은 지정학적 이견은 없는 것일까. 기본적으로 NATO와 러시아 앞에는 해결을 요하는 많은 문제가 남아 있다. 직접적인 문제는 오래된 상호불신이다.

예컨대, 러시아가 2010년 채택한 신(新) 군사독트린은 NATO의 동진을 주요 안보위협 중 하나로 보고 있다. 또한, 러시아는 북대서양조약 제5조 (집단방위)

러시아와 NATO 사이에서 갈등하는 우크라이나와 그루지야

출처 : http://free4now.wordpress.com/2008/08/19/nato-wonders-what-to-do-about-russia/

관련, NATO 회원국들이 여전히 러시아를 전략적 위협으로 상정하고 있는 것이 아닌가를 묻고 있다. 반면 NATO는 러시아의 '유럽재래식무기(CFE)' 조약의 일방적 이행중단 (2007.12 이후) 및 그루지야 내 압하지야와 남오세티야의 독립선언 지지에 대해 매우 우려하고 있다.

중요한 점은 이처럼 정치적 이견에도 불구하고 NATO와 러시아 간 21세기 '공동의 안보위협'에 처해 있다는 '공동의 인식'은 양자 관계 증진의 불가피한 토대가 될 것이다. 즉, NATO가 제 역할을 계속하기 위해서는 종전의 집단안보에 대한 전통적 이해를 21세기에 당면한 위협인 테러리즘, 대량살상무기 확산, 사이버 전쟁, 아프간주둔 NATO군에 대한 도전 등으로 확장할 필요가 있고 이러한 위협을 해결하기 위해서는 유로 아틀랜틱 영역 내 러시아와의 협력이 중요하다. 러시아 역시 복합화, 글로벌화되는 안보 위협 속에서 NATO로부터의 협력과 지원이 필요하다. 비근한 예로 러시아가 2009년 7월 아프가니스탄 병참 수송로를 허용한 것이 그러한 고려의 일부이다.

(2010년 9월 6일 제75호)

제2장 경제와 자원

러시아와 에너지

24. ESPO 원유 등장으로 아시아 원유 공동시장 가시화 / 131
25. 유라시아 대륙에서 펼쳐지는 21세기 '그레이트 게임' / 135
26. 러시아와 벨라루스, 4일간의 천연가스 분쟁의 진실은 무엇인가? / 140
27. 러시아 자원 기업과 러시아 자본주의의 운명 / 143

24. ESPO 원유 등장으로 아시아 원유 공동시장 가시화

이 성 규
모스크바 국립대학교 경제학박사
에너지경제 연구원

2009년 12월 러시아 동시베리아·태평양(East Siberia Pacific Ocean: 이하 'ESPO') 송유관 중 1단계 구간(타이셰트-스코보로디노)과 블라디보스토크 인근에 코즈미노 원유수출 터미널(일일 처리능력 30만 b/d)이 완공됨에 따라 아·태지역으로의 원유 수출을 본격화하기 위한 발판이 마련되었다. 2014년으로 예정된 ESPO 2단계 구간(스코보로디노-코즈미노) 공사가 마무리되면 더 많은 러시아 원유 물량이 아·태 지역으로 수출되어 역내 원유시장 구축이 가능하게 될 것이다. 러시아는 ESPO 송유관 2단계 공사가 마무리되는 2014년까지 원유 공급량을 120만 b/d까지 증대시킬 계획이다. 여기에 사할린 지역에서 생산되는 원유 공급물량까지 더해질 경우 러시아 동부지역에서 최대 140~150만 b/d까지 생산·공급되어 아시아 원유 수급시장에 상당한 변화가 예고되고 있다.

2009년에 러시아는 955만 b/d의 원유를 생산해서 이중 495만 b/d를 주로 유럽지역과 옛 소련지역으로 수출하였다. 그래서 러시아 정부의 대 아·태 원유시장 진출은 유럽시장 중심의 수출시장 다변화와 러시아 동부지역 경제 활성화라는 커다란 목표 하에서 추진되고 있다. 기존 서시베리아지역의 유전들이 빠르게 고갈되고 있는 상황에서 동시베리아·극동지역과 대륙붕지역은 러시아의 새로운 전략적 석유·가스 매장지역으로 급부상하고 있다. 동 지역은 인프라 미비와 열악한 개발 여건으로 인해 원유 단위당 개발비용이 상당히 높다는 단점을 갖고 있다. 반면에 동시베리아지역에서 생산되는 원유의 품질은 러시아의 대표적인 수출 원유인 Ural유에 비해 상당히 좋은 것으로 평가되고 있다.

ESPO 송유관 공사는 1단계 구간 2,750km, 2단계 구간 2,100km의 대규모 건설 사업이다. 현재 시베리아 및 극동지역 내 여러 유전들에서 하루 약 35.5만 배럴 정도가 ESPO 송유관 1단계 구간에 공급되고 있는데, 그중 일부 물량이 시베리아횡단철도(TSR)를 통해 코즈미노 수출터미널까지 운송되어 여기서 유조선을 통해 아·태지역으로 수출되고 있다. ESPO 송유관 건설은 그동안 수송 인프라 미비로 오랫동안 미개발 상태로 방치되어 있었던 동시베리아 및 극동지역 내 유전 개발을 촉진시키고 있다. 로스네프츠社의 반코르 유전(2014년에 원유 생산량 46만 b/d)과 유루브체노-토홈스코예 유전(2016년에 20만 b/d), 수르구트네프츠-가스社의 탈라칸 유전(2010년에 7.2만 b/d), TNK-BP社의 베르흐넨촌스코예 유전(2014년에 20만 b/d) 등이 러시아의 새로운 전략적 매장지로 부상하고 있다. 그러나 당초 공급 목표치인 160만 b/d까지 증대시키기 위해서는 더 많은 생산유전 확보를 위한 탐사 및 개발부문에 대한 대규모 투자가 요구되고 있다. 러시아 정부는 상대적으로 열악한 개발여건을 가진 동시베리아 지역 내 유전개발을 촉진시키기 위해 일정 기간 동안 세제혜택을 제공하고 있다.

러시아 정부는 자원개발과 지역경제발전을 연계시키기 위해 매장지 주변에 대규모 정제 및 석유화학단지 건설을 계획·추진하고 있다. 국영 석유기업인 로스네프츠는 러시아 연방정부와 지방정부의 지원 하에 나홋카지역에 40만 b/d의 정유공장 건설을 계획하고 있으며, 현재 외국기업과의 협력을 적극적으로 모색하고 있다. 러시아 정부의 계획대로 ESPO 송유관 전체 구간이 완공되는 2015년까지 총 100만 b/d의 원유가 동부지역에서 생산되면, 이중 30만 b/d는 파이프라인을 통해 중국으로, 30~40만 b/d는 코즈미노 수출터미널을 통해 아시아지역으로 각각 수출되고, 나머지 40만 b/d는 지역 내 정유공장으로 공급될 것이다. ESPO 송유관으로 공급되는 원유에 대한 초기 분석 결과, API 비중이 34.7도, 유황 함유율이 0.54%로 저유황 중질유로 분류되었다. ESPO 원유의 품질은 유럽

시장으로 수출되는 러시아 Ural유 보다 좋지만 사할린지역에서 생산되는 Sokol 유와 Vityaz유보다는 나쁜 것으로 평가되었다. 그러나 ESPO 원유는 아시아 국가들의 주요 수입원유인 중동산 원유와 비교해도 품질 면에서 전혀 손색이 없다. 더군다나 ESPO 송유관 자원기지로 꼽히는 반코르, 탈라칸, 베르흐넨촌스코예 등의 매장지에서의 공급물량이 증대되면 앞으로 ESPO 원유의 품질은 현재보다 더 향상될 것이다. 또한 수송거리 면에서 볼 때, 중동 오만에서 울산까지 총 수송거리가 9,400㎞인데 반해, ESPO 송유관 종착 지점인 코즈미노 터미널에서 울산까지는 850㎞에 불과하다. 때문에 중동산 원유를 수입하는데 통상 3주일 이상이 걸렸다면 ESPO 원유를 수입할 경우, 수송기간을 5일 이내로 획기적으로 단축할 수 있어 비싼 가격에 중동산 원유를 수입하고 있는 아시아 국가들의 입장에서는 엄청난 운송비용 절감 효과를 누릴 수 있다.

그러나 ESPO 원유의 아시아 시장 진출은 순탄치만은 않을 것으로 보인다. ESPO 원유의 등장으로 위기의식을 느낀 중동 석유업체들이 현 아시아 시장 점유율을 그대로 유지하기 위해 투자를 확대하고, 새로운 시장 판로 개척을 위해 이곳 기업들과의 전략적 제휴를 증대시킬 것으로 예상되기 때문이다. 그렇게 되면 아시아 원유 시장을 놓고 러시아와 중동 산유국들 간의 경쟁은 본격화될 것이다.

러시아는 수송기간 단축으로 원유 공급과 재고운영 측면에서 상당한 유동성을 확보할 수 있을 것이다. 품질과 지리적인 이점을 앞세워 아·태 시장으로의 ESPO 원유 수출이 늘어나게 된다면, 동지역에 대한 러시아의 경제적·외교적 영향력은 크게 증대될 것이다. 물론 ESPO 원유가 단기적으로 아시아 시장에서 두바이유를 대체하는 새로운 기준원유(marker crude)로 되기 어렵겠지만 중·장기적으로 역내 유가 결정에 상당한 영향력을 행사할 수 있을 것으로 예상된다.

향후 ESPO 원유의 수출 증대 차원에서 가장 요구되는 요소는 바로 자원개발 관련 조세제도와 투자제도라고 할 수 있다. 현재 ESPO 송유관 원유 공급기지인 동시베리아 지역 내 22개 유전에 대해 세제혜택이 제공되고 있다. 매장지 개발 투자를 장려하는 차원에서 제공된 세제혜택으로 원유 탐사 및 생산 활동이 활발해져 원유 공급량이 늘어나는 선순환 구조가 구축되었다. 또한 이는 결과적으로 ESPO 원유의 입지 증대에도 영향을 미칠 것으로 보인다. 하지만 러시아 연방정부 내 부처(에너지부와 재무부) 간에 세제혜택 유지를 놓고 마찰을 빚고 있어 언제 세제혜택이 없어질지 모르는 상황에 처해 있다. 세제혜택에 대한 내부 합의가 도출되지 않은 상태에서 중·장기 차원에서 정확한 ESPO 원유 공급물량을 예측하기 어려울 것이다. 또한 러시아 정부는 그동안 유망 매장지에 대한 외국기업의 참여를 크게 제한했었다. 그러나 최근 세계 경기침체 기간 동안 러시아 내에서 있었던 신규 매장지 입찰 실적은 상당히 저조한 것으로 알려졌다. 이러한 실적에 대해 러시아 정부는 자원개발에 있어 상당한 위기감을 갖고 있는데 반해, 러시아 기업들은 국내에서의 기득권을 계속 유지하기 위해 외국기업의 진출을 원치 않고 있다. 그러나 당초 계획을 달성하기 위해서는 어느 정도 러시아 동부지역 자원개발 부문에 대한 외국기업의 참여를 확대하는 조치가 있어야 할 것으로 판단된다.

2009년 12월 완성된 ESPO 1단계 구간

출처 : http://www.hani.co.kr/arti/international/international_general/396383.html

(2010년 7월 19일 제68호)

25. 유라시아 대륙에서 펼쳐지는 21세기 '그레이트 게임'

장 덕 준
뉴욕 주립대학교 정치학박사
국민대학교 국제학부 교수

2006년 1월 1일, 가스요금에 관한 협상결렬을 빌미로 러시아 국영 가스회사 가스프롬(Gazprom)은 우크라이나를 경유해 유럽으로 연결되는 천연가스 파이프라인의 밸브를 잠가버렸다. 러시아와 중앙아시아 국가들을 포함한 유라시아 에너지 생산국들과 미국, 유럽, 그리고 중국 등 주요 에너지 소비국들 사이에 에너지 자원을 둘러싼 경쟁과 각축이 본격화되는 신호가 울린 것이다.

우크라이나 가스 중단사태를 계기로 가뜩이나 러시아의 고압적 에너지 정책에 불만을 갖고 있던 유럽과 미국은 러시아에 대한 에너지 의존도를 줄이고 공급원의 다변화와 에너지 안보를 제고한다는 명분하에 대체 수송로 건설에 대한 논의를 본격화했다. 2008년 6월 이 문제를 다루기 위해 열린 미국 상원 외교위원회 청문회의 증인으로 출석한 브레진스키(Zbigniew Brzezinski)는 러시아와 서유럽국가 간의 에너지 협력 문제는 우크라이나에 대한 가스공급 중단 사태에서 볼 수 있는 바와 같이 러시아의 일방적 조치로 인해 유럽의 가스 수입국들만 손해를 보는 이른바 '비대칭적' 게임이라고 규정하고, 서방국가들은 고위급 레벨에서 직접 중앙아시아 국가들과 접근해 이 같은 문제를 해결해야 한다고 주장했다. 이를 위해 브레진스키는 미국과 유럽연합 등 서방측은 나부코(Nabucco) 파이프라인 프로젝트를 적극적으로 추진해야 할 것이라고 밝혔다. 21세기 유라시아 대륙에 '그레이트 게임'이 부활했음을 말해 주는 장면이다.

남부, 북부 및 나부코 파이프라인 예정도

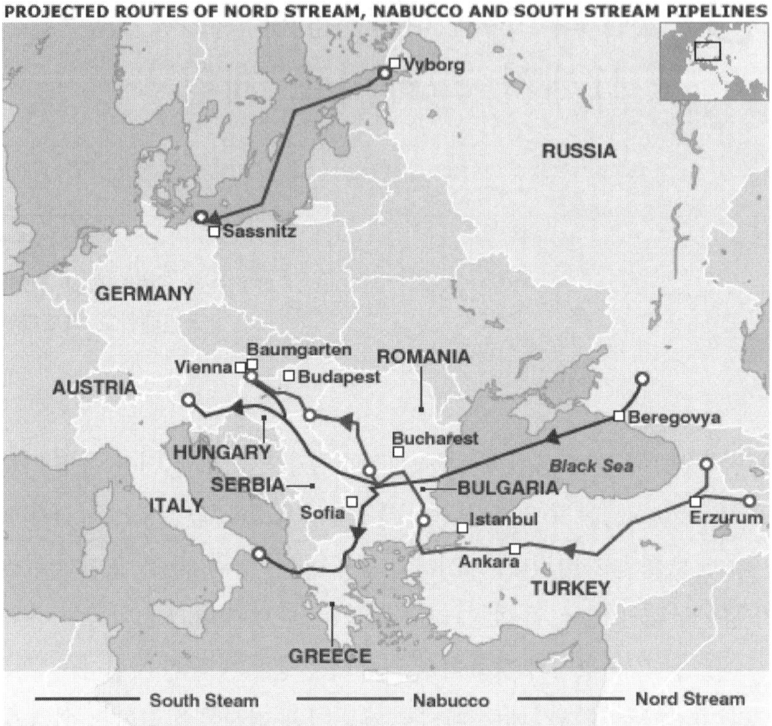

출처 : http://ceoworld.biz/ceo/2009/07/13/eu-countries-bulgaria-romania-hungary-austria-and-turkey-signs-nabucco-pipeline-project-in-ankara-aims-to-end-russias-monopoly

나부코 프로젝트는 터키에서 오스트리아에 이르는 3,300km 길이의 천연가스 수송 파이프라인 건설 계획으로서 무려 100억 달러가 넘는 돈이 들 것으로 추산되는 초대형 프로젝트이다. 2002년부터 터키, 불가리아, 루마니아, 헝가리, 오스트리아 등 파이프라인 통과국들이 주축이 되어 이 프로젝트를 추진해왔다. 그러나 이 건설을 실질적으로 주도하고 있는 세력은 유럽연합(EU)과 미국으로 알려져 있다. 나부코 프로젝트는 타당성과 실현 가능성뿐만 아니라 참여국의 범위 등에 대한 논란을 야기한 끝에 2009년 7월 터키의 앙카라에서 관련국 정부대표자간 협정이 성사되는 등 상당한 진척이 이뤄졌다. 이어 2010년 말 최종 투자결정을 거쳐 내년부터 가스관 건설에 착수해 2015년까지 가스 수송에 들어간다는 것이다.

그러나 천연가스 수송 파이프라인 건설계획인 나부코 프로젝트는 애초에 공급원을 확보하지 못한 채 소비국들의 주도로 이뤄짐으로써 본질적 한계를 지니고 있었다. 따라서 미국과 유럽연합은 중앙아시아와 카스피 해 연안의 가스 생산국들의 협조를 절실히 필요로 하고 있었다. 그 가운데서도 투르크메니스탄이 가장 중요한 협력 파트너로 떠올랐다. 투르크메니스탄은 확인 매장량만 8조 1천억 ㎥로서 2008년 기준 우리나라 연간 도시가스 소비량으로 환산하면 향후 400년 넘게 사용할 수 있는 엄청난 양의 천연가스를 보유하고 있는 자원 부국이다. 소련 해체 이후 투르크메니스탄은 최근까지 폐쇄적인 경제구조를 고수하면서 자국에서 생산된 천연가스의 80%를, 그것도 유럽의 시장가격보다 훨씬 저렴한 가격으로 러시아로 수출했다. 러시아는 이를 유럽에 재수출함으로써 짭짤한 재미를 보고 있었다. 이런 상황에서 서방의 러브콜을 받아 온 투르크메니스탄이 수출시장 다변화와 대체 수송로에 관심을 보이고 있는 것은 당연한 현상이라고 할 것이다.

이러한 서방의 대체 수송로 건설노력과 대 중앙아시아 접근시도에 맞서 러시아는 기존의 협력파트너들과의 연대를 한층 더 강화시키는 한편, 나부코 프로젝트를 무력화시킬 수 있는 대항마로서 기존의 우크라이나 경유 노선과 벨라루스 경유 노선을 대체할 수 있는 새로운 파이프라인 건설에 나서게 되었다. 우선, 2007년 5월에 푸틴 대통령이 카자흐스탄과 투르크메니스탄을 잇달아 방문해 3국 간에 서방측이 제안한 소위 카스피 해 횡단 파이프라인 가스관 건설(TCP)에 대항하는 새로운 카스피 해 연안선 파이프라인(PCP)의 건설에 대한 합의를 이끌어 냈다. 또한, 러시아의 가스프롬은 이탈리아의 가스회사 에니(Eni)와 공동투자 형식으로 흑해 해저를 통과해 불가리아를 거쳐 그리스, 이탈리아, 세르비아, 크로아티아 등 남유럽과 헝가리, 오스트리아 등 중·동유럽 및 서유럽 각국으로 천연가스를 수송할 있도록 하기 위해 우크라이나를 경유하는 기존노선을 대체할 수 있는 '남부 수송라인'(South Stream)을 추진하고 있다.

그 이후 2008년 7월에는 메드베데프 신임 대통령이 바쿠를 방문, 알리예프

(Ilham Aliyev) 아제르바이잔 대통령과 정상회담을 갖고 가스프롬이 샤 데니즈 가스전에서 생산되는 천연가스를 매입할 수 있도록 하는 데 합의했다. 이것이 실현되면 러시아는 일단 나부코 프로젝트에 필요한 천연가스의 주요 공급원 가운데 하나를 차단시키는 효과를 거둘 수 있다. 한편, 크렘린은 나부코 프로젝트의 성공에 열쇠를 쥐고 있는 투르크메니스탄에 대한 외교에도 상당한 공을 들이고 있다. 작년 한 해만 해도 메드베데프 대통령이 세 차례나 투르크메니스탄을 방문, 베르디무하메도프(Gurbanguly Berdymuhamedov) 대통령과 정상회담을 갖고 양국 간 가스협력을 비롯한 협력관계 증진을 위한 논의를 계속했다. 그리하여 지난해 12월 정상회담에서는 2009년 4월에 러시아에서 발생했던 투르크메니스탄 가스 수송 파이프라인 폭발사고 이후 한동안 소원했던 양국 관계를 털어내고 러시아로의 가스수출을 정상화하기로 합의했다. 하지만 투르크메니스탄측은 여전히 가스 수출에 있어서 러시아에 대한 과도한 의존을 줄이기 위한 노력을 계속하고 있다. 이란과의 가스협력과 나부코 프로젝트에 대한 관심을 지속적으로 표명하고 있는 것이 그것이다. 현재로서는 투르크메니스탄이 서방과 러시아 사이에서 양다리를 걸치고 있는 모양새이다.

하지만 시간은 러시아 편인 것처럼 보인다. 우선, 러시아는 스스로 세계 제1의 천연가스 매장량을 자랑하고 있는 에너지 자원의 강대국이다. 유럽과 미국이 그토록 원하고 있는 중앙아시아 국가들에 대한 영향력 확보의 측면에서도 러시아가 유리한 위치를 차지하고 있다. 또한, 위에서 언급한 '남부 수송라인' 이외에도, 기존의 우크라이나 및 벨라루스 통과 가스 파이프라인을 대체할 수 있는 '북부 수송노선' (Nord Stream) 파이프라인의 해저부분 건설이 올 4월에 착공됐다. 후자는 러시아와 비우호적인 국가들을 통과해야 하는 기존 노선에 비해 서시베리아산 천연가스를 발트 해 해저를 통과해 곧장 독일로 운송하는 노선으로서 2012년 완공예정이다. 이러한 사정을 의식했기 때문일까? 푸틴 총리는 지난 4월 오스트리아 빈을 방문했을 때 나부코 프로젝트에 대해 다음과 같이 한마디 했다: "공급 계약조차 이뤄지지 않은 상태에서 파이프라인 건설을 하는 것은 무모하고도 위험스런 행위이다.”

한편으로 미국에 버금가는 글로벌 파워로 성장한 중국 또한 에너지 자원을 둘러싼 ‘그레이트 게임’에 참여하고 있다. 중국은 1990년대부터 일찌감치 카자흐스탄, 우즈베키스탄, 그리고 투르크메니스탄 등 중앙아시아 국가들과 에너지 협력관계를 발전시켜왔다. 특히 지난 2008년 8월 타지키스탄의 수도 두샨베에서 열린 상하이 협력기구 정상회담에서 후진타오 중국 국가주석은 투르크메니스탄의 베르디무하메도프 대통령과 양국 간 에너지 협력문제를 깊이 있게 논의한 데 이어 2009년 12월에는 투르크메니스탄-중국 사이의 천연가스 수송 파이프라인이 완성됨으로써 향후 연간 400억㎥의 가스가 중국에 공급될 예정이다. 아직은 중국이 조용하게 조연의 역할에 머물고 있지만, 머지않아 이 게임의 판도를 뒤흔들 수 있는 핵심 주역이 될 가능성은 얼마든지 있다.

중앙아시아는 바야흐로 21세기 판 그레이트 게임의 각축장이 되고 있다. 이곳에서 벌어지는 강대국 간의 경쟁이 우리에게 그저 강 건너 불구경일 수만은 없다. 이를테면, 러시아와 정면 대립하지 않으면서도 수출시장을 다변화해야 할 필요를 느끼고 있는 투르크메니스탄으로서는 중국을 비롯해 아시아 국가들과의 에너지 협력을 적극적으로 모색할 가능성이 크다. 우리는 이러한 기회를 잘 잡아야 한다. 에너지 자원을 안정적으로 확보하기 위한 자원외교를 다변화하고 정교화해야 할 때다.

(2010년 7월 26일 제69호)

26. 러시아와 벨라루스, 4일간의 천연가스 분쟁의 진실은 무엇인가?

조 원 호
텍사스주립대 경제학박사
경상대 러시아학과 교수

러시아는 지난 6월 21일 벨라루스에 대한 천연가스 공급을 최대 85%까지 감축하기로 경고하면서 6월 21일 월요일 15%를 감축하고 연이어 화요일에 30%를 감축하였으며 수요일까지 60% 이상을 감축하였다. 그러나 6월 24일 목요일 러시아와 벨라루스가 가스요금에 대한 합의에 이르면서 즉, 벨라루스가 약 2억 달러의 미납가스요금을 지불하면서 벨라루스에 가스공급 재개를 선언하였다.

물론 여기에는 러시아가 벨라루스에 지급해야 할 가스관 사용료에 대한 이견이 남아 있다. 즉, 벨라루스는 러시아가 가스관 사용료로 2억 6천만 달러를 지급해야 하는데 목요일 2억 2천 8백만 달러만 지급하였다고 하여 이에 대한 이견이 남아 있는 것이다. 양국은 이번뿐 아니라 2004년, 2006년, 2007년, 2008년 등 거의 매년 가스 분쟁을 벌이면서 벨라루스를 통해 러시아산 가스를 공급받는 폴란드, 독일 등 유럽 국가들을 긴장시키고 있다.

앞서 언급한 바와 같이 이번 러시아와 벨라루스 간 가스공급 분쟁의 직접적이고 표면적인 원인은 양국 간의 가스공급가격에 대한 이견에 있다. 러시아는 벨라루스가 천연가스공급가격에 대해 올해 1분기에 1천㎥당 169달러, 2분기에 185달러로 인상된 가격에 따라 가스가격을 지불하여야 한다고 주장하는 반면, 벨라루스는 이에 동의하지 않고 작년에 결정된 150달러로 적용해 계속 대금을 지급해야 한다고 주장하고 있는 것이다.

푸틴과 루카셴코의 캐리커처

출처 : http://dpua.info/news/news-in-the-world/video-ub-et-li-putin-lukashenko-gazeta-ru.html

여기서 우리는 다시 한 번 이번 러시아와 벨라루스 간의 가스공급 분쟁의 원인을 되짚어 볼 필요가 있다. 비록 러시아가 유럽 가스 공급량의 4분의 1을 차지하고 있지만 그 중 80%는 우크라이나를 통해 공급되는 반면, 나머지 20% 정도만 벨라루스를 통해 유럽에 공급되며 만약 러시아가 가스공급을 중단한다고 하더라도 직접적으로 가장 크게 영향을 받는 나라는 라트비아 정도이며 폴란드와 독일이 어느 정도의 영향을 받을 수 있을 것으로 보인다. 이 또한 계절적인 요인으로 이 국가들에게 큰 영향은 미치지 않을 것이다. 따라서 러시아가 에너지를 무기로 한 이웃국가들에 대한 영향력 확대라는 종래의 관점에서 보면 이번 사태는 설득력이 떨어진다고 생각된다.

그렇다면 과연 감춰진 진실은 무엇일까? 이를 살펴보기 위하여 두 나라 간의 관계를 간단히 살펴볼 필요가 있다. 옛 소련 해체 후 러시아와 벨라루스는 통합을 위하여 노력하였다. 1996년 4월 '러시아 · 벨라루스 국가연합(Commonwealth of Russia and Belarus)'을 창설한 후 1997년 4월 '벨라루스 · 러시아 국가연합조약(Treaty on the Union between Belarus and Russia)'이 체결되었으며 1999년 12월 '러시아 · 벨라루스 연방조약(Treaty on the Creation of a Union State of Russia and Belarus)'이 체결되어 1999년 12월 러시아 국가두마의 비준을 받았으며 2000년 1월 벨라루스 의회의 비준을 받았으나 이후 단일 국가 출범에 따른 여러 조치에 합의를 보지 못하고 있다.

더욱이 러시아, 벨라루스, 카자흐스탄 3국은 2009년 11월 27일 관세동맹을 창설하기로 합의하여 단일 경제권을 형성하는 초석을 놓았다. 관세동맹은 2010년 1월 1일부터 발효가 될 것으로 예정되어 있었으나 공동관세법을 비롯한 주요 사안에 대한 3국 간의 이견이 해소되지 않자, 지난 5월 말 러시아 상트페테르부르크의 회담에서 이견을 해소할 예정이었으나 이 또한 벨라루스 대통령인 알렉산드르 루카셴코가 참석하지 않음으로써 해소되지 못하였다. 그러나 이에 비하여 러시아와 카자흐스탄은 7월 1일부터 관세동맹을 출범시키기로 합의하였다.

2010년 6월 18일 금요일, 벨라루스 대통령 알렉산드르 루카셴코는 한 걸음 더 나아가 만일 러시아가 석유제품 관세(petroleum products duties)는 즉시, 그리고 원유 관세(oil duties)는 2011년 1월부터 철폐하지 않는다면 벨라루스는 관세동맹에 서명하지 않을 것이라고 선언하였다.

또한, 그는 관세동맹을 포함한 어떠한 형태의 동맹이 창설된다면, 모든 가맹국들이 반드시 동등한 조건을 가지는 것이 가장 중요한 원칙임을 강조하였다. 이와 같이 벨라루스 대통령 알렉산드르 루카셴코가 러시아와 무역 분쟁 및 정치적 긴장관계를 유지하는 반면 유럽연합과 유대강화를 시도하려고 한다는 분석이 러시아 언론에서 제기되는 상황에서 이번 가스분쟁이 발생하였다는 것에 우리는 특히 주목할 필요가 있다.

따라서 우크라이나 일간지 키예프 포스트(Kyiv Post)의 지적은 의미심장하다고 할 것이다. 러시아와 벨라루스 간의 가스분쟁 이면에는 러시아 측의 벨라루스 정부 길들이기, 좀 더 적극적으로 표현하면 벨라루스의 알렉산드르 루카셴코 대통령 길들이기가 보다 진정한 의도라고 보도했다. 왜냐하면 러시아 정부는 더 이상 루카셴코를 신뢰하지 않기 때문이다.

(2010년 8월 9일 제71호)

27. 러시아 자원 기업과 러시아 자본주의의 운명

김 계 환
파리 고등사회과학연구원 경제학박사
산업연구원 부연구위원

한 나라의 경제 체제는 그 나라의 주력 산업의 성격에 크게 의존하지 않을 수 없다. 여러 가지 산업 중 양적으로나 질적으로 지배적인 위치를 차지하는 것이 있으며, 이 산업이 무엇인가에 따라 경제 전체의 특성이 크게 좌우된다.

러시아 경제의 주력 산업은 소련 붕괴 이전과 마찬가지로 지금도 여전히 석유가스 산업을 포함한 자원개발 산업이다. 1990년대 체제 전환의 혼란의 와중에도 가스프롬이라는 러시아 국영 가스기업은 '국가 안의 국가'로서 경제적으로나 조직적으로 안정성을 유지하여 러시아 경제 전체의 붕괴를 막는데 일조한 바 있다. 2000년대 국제 자원 가격 상승기에 러시아 자원 기업의 위상은 더욱 강화되어 러시아 국가는 중동과 유사한 페트로스테이트로 전환되고, 러시아 경제는 네덜란드 병에 걸린 것이 아닌가 하는 우려가 제기되기도 했다.

2000년대 중반 러시아 기업 중 연간 매출액 10억 달러 이상의 108개 기업 중 37개가 에너지 및 자원 산업에 속해 있다. 2000년대 중반 이후 폭증한 러시아 해외 투자를 주도한 것도 연료 및 금속 산업으로 전체 해외 투자의 40~50%를 차지한다. 국가 재정의 상당 부분이 자원 및 에너지 산업에서 나온다는 것은 물론이다. 결국 이러한 자원 부문이 국가와 어떤 관계를 맺는가가 앞으로 러시아 자본주의의 향방을 결정할 것이며, 중장기적 경제성장 전망에도 큰 영향을 미칠 것은 분명하다.

러시아의 자본주의를 풍자한 삽화

출처 : http://www.vestnikcivitas.ru/docs/323

이에 대한 국가의 대응 방식은 크게 세 가지로 대별된다. 국가가 소유와 경영을 전적으로 지배하던 소비에트 방식은 비효율성과 환경 변화에 대한 부적응으로 스스로 붕괴하고 말았다.

이에 대한 반작용으로 이른바 옐친 시대를 지배했던 방식은 자원 부문에 대한 국가 개입의 최소화였다. 그러나 이 방식은 러시아 경제 전체의 거시적 안정성과 제도적 일관성을 이루는 데 실패하여 99년을 기점으로 국가의 복귀를 핵심으로 하는 새로운 방식이 모색되기에 이른다.

소위 푸틴 시대는 이러한 실험 방식의 실험기로 보인다. 많은 학자들이 소련 시대로의 회귀, 산업 봉건주의 등의 용어를 사용하면서 이 새로운 방식의 복고적 성격을 강조하고 있으나 국가 주도의 민·관 파트너십이라는 새로운 형태로도 해석된다. 재(再) 국유화에 대한 우려와는 달리 국가 소유 확대는 크게 늘어나지 않았으며 기업 운영의 자율권도 크게 축소되지 않았다.

단, 국가의 금융기관과 경영진 인사권 개입을 통한 전략적 의사 결정이 더 체계화되고 강화되었다. 그리고 과거의 국유 기업과는 구별되는 지주회사 체제라는 새로운 기업조직 형태가 실험되고 있다.

이러한 절충형의 방식은 소련 시대로의 회귀라기보다는 오히려 제정 말기 러시아 경제체제에 가깝다고 볼 수 있다. 100여 년 전 러시아 초기 자본주의 형태를 연상시키는 21세기형 러시아 자본주의는 하나의 경제 체제가 뿌리내리고 있는 문화적, 혹은 문명적 토양이 70여 년이라는 다소 이질적인 사회주의 체제하에서도 뿌리 뽑히지 않고 이어져 온 것이 아닌가 하는 생각을 하게 한다. 러시아식 절충형 자본주의의 생존 가능성은 러시아의 문화적 특수성이라는 깊은 역사적 뿌리를 고려해서 평가해야 할 것이며, 선진국에서 지배적인 자본주의 형태를 언제 어디에나 적용되는 표준으로 삼아서는 안 될 것이다.

(2010년 8월 16일 제72호)

러시아와 CIS

28. 러시아, 카자흐스탄, 벨라루스 3국 간 관세동맹의 정치경제적 의미 / 149
29. 러시아, 벨라루스, 카자흐스탄 3국 관세동맹과 영향 / 153

28. 러시아, 카자흐스탄, 벨라루스 3국 간 관세동맹의 정치경제적 의미

김 영 진
고려대학교 경제학박사
한양대학교 HK연구교수

러시아, 벨라루스, 카자흐스탄의 3개국 대통령은 2009년 11월 27일 관세동맹의 발효에 관한 일련의 공동문서에 조인했다. 그리고 이러한 공동문서에 근거하여, 2010년 1월 1일부터 역외국에 대해 3개국 공통의 수입관세율이 도입되었다.

3국 간에는 1990년대 중반에 각각 양국 간 협정이 체결되어 이미 상호 간의 상품무역에 대해 기본적으로 수입 관세가 적용되지 않는 자유무역지역이 실현되어 있었다. 이에 따라, 2010년 초부터의 공통 수입관세율 도입은 지금까지 자유무역지역에 머물러 온 3개국의 경제통합이 관세동맹이라는 다음 단계로 크게 전진한 것으로 볼 수 있다.

2010년 초부터 발효된 3개국 관세동맹의 직접적인 기원은 2000년 10월 10일의 러시아, 벨라루스, 카자흐스탄, 키르기스스탄, 타지키스탄 5개국 간에 조인된 유라시아경제공동체(Eurasian Economic Community: EurAsEC) 창설협정으로 거슬러 올라간다. 동 협정의 조인은 당시 CIS 12개국을 포괄하는 경제통합 구상이 교착상태에 빠진 가운데, 러시아를 중심으로 경제통합에 적극적인 국가에서만 통합을 우선 진행시키려는 움직임에 따른 것으로, ① 역내의 모든 무역장벽을 철폐하는 자유무역지역(Free Trade Area: FTA)의 창설, ② 나아가 역외국과의 무역장벽이나 통상규칙을 통일하는 관세동맹의 결성, ③ 재화뿐만 아니라 서비스, 노동력, 자본의 역내 이동을 자유화하는 공동시장의 실현을 목표로 내걸었다.

그러나 이들 5개국 간에도 경제통합에 두드러진 진전이 보이지 않았으므로 5개국 중에서도 상대적으로 경제통합이 진전되었던 러시아, 벨라루스, 카자흐스탄 3개국에 의한 통합이 유라시아경제공동체의 범위 내에서 선행되게 되었다. 즉, 2007년 10월 6일 이들 3개국 정상회동에서 관세동맹 창설협정이 체결되고, 그 후 2009년 11월 27일 일련의 공동문서의 조인을 거쳐, 2010년 1월 1일부터 3개국 공통의 수입관세율이 도입되기에 이른 것이다.

그렇지만 러시아의 야심은 이러한 관세동맹의 창설과 그 발효에 한정되어 있지 않다. 러시아, 카자흐스탄 및 벨라루스의 정상들은 이미 2012년 1월 1일을 목표로 '단일경제공간'(상품, 투자 및 노동력의 공동시장)을 창설하기 위한 문서에 서명했다. 크렘린에의 복귀를 예정하고 있는 푸틴은 러시아를 중심으로 과거의 구소련 공화국들을 통합함으로써 새로운 제국을 창설하는 것을 목표로 하고 있으며, 관세동맹과 단일경제공간은 그것을 위한 경제적 기초가 될 것이다.

옛 소련의 붕괴를 "20세기 최대의 지정학적인 참사"라고 부른 푸틴이 2012년에 크렘린에의 복귀를 염두에 둠에 따라 새로운 제국의 부활이 서서히 진행되고 있다. 이에 대한 가장 최근의 증거는 올해 3월 11일 푸틴 정부 시절 제1부총리였

왼쪽부터 메드베데프(러), 루카셴코(벨), 나자르바예프(카) 대통령

출처 :http://www.rosbankjournal.ru/news/11459

던 이고리 슈발로프가 행한 발언이다. 그는 러시아가 루블을 폐지하고 카자흐스탄, 벨라루스와 공통통화를 창설할 수도 있다고 말했다. 슈발로프가 말한 것처럼, 3개국 간의 관세동맹은 '그다음의 논리적인 단계'로서 통화동맹 창설의 가능성을 배제하지 않으며, 그에 따르면 통화동맹으로의 발전은 유로를 모델로 할 것이라 한다.

푸틴은 최근 모스크바에서 친러 성향의 빅토르 야누코비치 우크라이나 대통령과 회담했을 때, 빠른 시간 내에 우크라이나가 관세동맹에 가입할 것을 촉구했다. 만약 우크라이나가 이 관세동맹에 가입하게 되면, 2억 1,300만 명의 인구 규모를 가지고 있는 옛 소련 공화국의 "빅 4"를 포괄하게 되며 동시에 EU와 중국을 연결하는 단일경제공간이 생겨나게 되는 것이다. 그 정치적, 군사적, 경제적 중심에 러시아가 위치하게 될 것이며, 그러한 상황에서 2012년 푸틴은 임기 12년의 대통령직에 오를 것으로 예상된다.

공통통화는 지역준비통화의 위상을 차지함으로써 미국의 달러와 EU의 유로에 도전할 수 있는 경제적 지렛대를 푸틴에게 제공하게 될 것이다. 올해 2월 알렉세이 쿠드린 재무장관은, 러시아는 세계 최대의 에너지 공급국으로서 조만간 석유를 루블로 판매할 수 있다고 말했다. 또한, 동맹의 부활은 EU와 중국이라는 두 거인 사이에서 존립을 위한 투쟁을 벌이고 있는 러시아에 자국의 가치를 높일 수 있는 중요한 기회를 제공한다. 러시아의 산업은 유럽에 비해 낙후되어 있고 노동력 비용은 중국에 밀리고 있으므로, 러시아는 두 경제권에 대한 에너지 · 원료 공급국으로서 확고한 지위를 차지할 필요가 있는 것이다.

다른 옛 소련 공화국도 단일통화와 단일경제공간이라는 중력의 힘에 저항하기는 어려울 것으로 보인다. 아르메니아 경제는 이미 러시아 기업에 의해 완전히 장악되었으며, 아제르바이잔은 아르메니아에서 분리된 영토인 나고르노-카라바흐를 둘러싼 "동결된 분쟁"에 러시아가 개입할 위험성을 잘 알고 있다. 경제난에 시달리고 있는 키르기스스탄은 이미 러시아로부터 20억 1,500만 달러의 구제금융을 받았다.

알렉산드르 루카센코 벨라루스 대통령의 3번째 임기는 내년에 끝나는데, 만약 푸틴이 자신의 4번째 임기를 보장할 수 있는 유일한 국제지도자라는 사실을 확인하면 친러 성향을 더욱 강화하고 푸틴에게 강한 충성을 보이게 될 것이다. 올해 70세가 되는 카자흐스탄의 나자르바예프 대통령은 확실한 후계자를 두고 있지 않은데, 그의 종신 대통령 임기가 끝날 때 푸틴은 거의 확실히 크렘린에 복귀하여 후계자 선택에 가장 큰 영향을 미치는 위치에 있게 될 것이다. 따라서 이들 양 국가는 러시아가 주도하는 단일경제공간에서 독자적인 단일통화를 사용하고 새로운 유라시아 연방의 회원국이 되는 것이 명목상의 독립을 위해 치러야 할 대가로 여기게 될지도 모른다.

올해 초에 발효된 3개국 간의 관세동맹은 이러한 상황전개를 향한 중요한 중간단계로 볼 수 있다.

(2010년 4월 26일 제56호)

29. 러시아, 벨라루스, 카자흐스탄 3국 관세동맹과 영향

김 학 기
산업연구원 국제산업협력실 연구위원

러시아, 벨라루스, 카자흐스탄 3국의 대통령이 2009년 11월 27일 관세 동맹에 관한 공동 문서에 조인하여, 2010년 1월 1일부터 역외국에 대해서 3국 공통의 수입 관세율을 적용하기로 하였다. 1990년대 중반에 체결된 2국 간 조약에 따라 상호 간 자유무역이 실현되고 있었지만, 공동의 수입 관세율 도입으로 3국의 경제통합은 한 단계 더 진전되게 되었다.

소연방 해체 후 CIS(Commonwealth of Independent States) 12개 국가는 경제통합을 이루고자 하였으나 진전이 없었다. 이에 러시아를 중심으로 하는 경제통합에 적극적인 벨라루스, 카자흐스탄, 키르기스스탄, 타지키스탄 등은 2000년 10월에 러시아와 함께 유라시아경제공동체(Eurasian Economic Community)를 구성하기로 하였다. 유라시아경제공동체는 역내 FTA 형성, 역외국에 대한 관세동맹 구축, 물품, 서비스, 노동력, 자본의 역내 이동을 자유화하는 공동 시장의 실현을 목표로 하였으나 역시 큰 진전을 보이지 못하였다. 유라시아경제공동체 내에서도 상대적으로 경제통합이 상당히 진행되고 있던 러시아, 벨라루스, 카자흐스탄 등 3국이 2007년 10월 관세 동맹 창설에 관한 조약 체결과 2009년 11월 27일의 공동 문서의 조인 등을 거쳐 2010년부터 3국 공통의 수입 관세율을 도입하기로 한 것이다.

2010년부터 적용되기 시작한 공통 수입 관세율은 대체로 러시아의 기존 수입 관세율 체계를 따르는 것으로, 평균 세율은 10~11% 정도인 것으로 평가되고 있다. 러시아 경제발전성은 관세 동맹 체결로 3국이 역외로부터 수입할 때 적용하는 「공통 수입 관세율표」에 대해 기존 관세율보다 러시아는 전체 품목에서 4% 정도의 품목이 인상되는 대신 14% 정도는 인하되는 데 비해, 벨라루스는 그 비중이 각각 18%와 7%, 카자흐스탄은 45%와 10% 정도인 것으로 평가하고 있다. 결국, 카자흐스탄이 러시아나 벨라루스보다 훨씬 많은 품목의 관세율이 큰 폭으로 인상되는 효과를 낳아 카자흐스탄 수요자들이 해당 상품의 수입 가격 상승에 따른 불이익을 당하게 될 것으로 예상되었다.

이 때문에 카자흐스탄에 대해서는 특례 조치로서 1만 1,000여 개 품목 중 약 400개에 대해서는 공통 수입 관세율의 적용을 일정 기간 유예하기로 하였다. 예를 들어 0%~5%의 낮은 세율이 적용되던 의약·의료품, 플라스틱, 구리제품, 목재·펄프, 알루미늄 제품, 기계류, 전기 기기, 철도 차량, 광학 기기 등에 대해 2011년 6월 말~2014년 말까지 공통 관세율의 적용을 유예하기로 한 것이 그 예다. 기타 2010년 4월 1일부터 3국의 수입 관세 수입을 통일적으로 징수·분배하는 메커니즘을 도입하고, 7월 1일부터는 3국 관세동맹의 세관 행정이나 통관 업무 전반을 다루는 「세관 기본법」을 시행하는 등 몇몇 조치를 거쳐 2011년 6월 말까지 관세 동맹을 완성시킨다는 목표가 설정되어 있다.

결과적으로 관세동맹에 의한 공통 관세율 적용에 따라 러시아는 동물, 육류 등의 관세율이 인상되고, 가전제품류가 주로 인하되게 되었는데, 에어컨은 기존의 15%에서 곧바로 무관세로, 청소기나 믹서 등은 15%에서 5%, 전자레인지는 20%에서 15%, 헤어드라이어, 토스터, 다리미 등은 15%에서 10%, DVD 플레이어는 10%에서 5%로 인하되었다. 벨라루스의 경우는 농산품 수입 관세율이 소폭 인상되고, 비농산품의 경우 소폭 인하되지만, 수입액 규모 자체가 작아 영향이 미미할 것으로 예상되었다. 반면 카자흐스탄의 경우는 여타국에 비해 관세율이 상대적으로 크게 인상되고, 광물 · 금속, 화학품, 기계류, 전기 기기, 수송기기 등은 수입 규모도 크기 때문에 공통 수입 관세율 도입에 따라 이들 상품의 역외 수입이 감소할 것으로 예상되고 있다.

우리나라의 대러 수출에서 전기 · 전자 품목(HS 85)이 차지하는 비중은 2007년 15.4%(12.3억 달러), 2008년 13.6%(13.2억 달러), 2009년 18.4%(7.6억 달러) 등으로 자동차에 이어 두 번째로 높다. 이들 품목에 대한 러시아의 관세 인하로 우리의 대러 수출은 늘어날 것으로 예상된다. 대러 수출의 가장 많은 부분을 차지하는 자동차와 수송기계(HS 86~89, 2007년 대러 전체 수출의 57%인 46억 달러, 2008년은 56.5%인 55억 달러, 2009년은 35.3%인 14.6억 달러)의 관세는 러시아 자동차 산업 육성을 위한 보호 관세 정책으로 당분간 현재의 높은 관세율이 그대로 유지되어 관세동맹에 따른 직접적인 효과는 없을 것이다.

벨라루스에 대한 우리나라의 수출은 2008년 5,300만 달러, 2009년 2,300만 달러 등으로 미미한 수준에 그치고 있고, 주요 수출품도 러시아와 마찬가지로 자동차와 수송기계가 약 40%, 기계와 설비류(HS 84)가 약 20% 내외 수준이다. 관세동맹에 의한 벨라루스의 관세 자체가 큰 변화가 없고 우리의 수출 규모 또한 미미한 수준이라 벨라루스의 관세동맹이 우리에게 미치는 효과는 거의 없다고 보아

2008년 4월 23일 모스크바에서 개최된 ЕВРАЗЭС 회의

출처 : http://www.mfa.gov.by/ru/404/

도 무방할 것이다.

반면, 카자흐스탄에 대한 우리나라의 수출은 2007년 5.4억 달러에서 2008년 3.4억 달러, 2009년 3억 달러 수준으로 감소하고 있는데다가, 우리의 주요 수출품인 플라스틱·고무류(HS 39~40, 전체 수출에서 2008년 19.6%, 2009년 24.5%), 기계와 설비(28.5%, 18.5%), 전기·전자(13.8%, 17.5%), 자동차·수송기계(16.4%, 10.4%) 등은 관세동맹에 의해 관세가 높아지는 품목들이다. 따라서 카자흐스탄에 대한 우리의 수출은 관세동맹에 따른 마이너스 효과가 상대적으로 클 것으로 예상된다. 3국 동맹 역내 생산 기지 건설 등을 통한 수출 확대책 등 대응책 강구에 보다 관심을 기울여야 한다.

(2010년 5월 17일 제59호)

러시아와 세계경제

30. 소생한 축복의 통로 '북극권' / 159
31. 멀고 먼 '스마트 러시아'의 꿈-스콜코보 프로젝트 / 164
32. WTO 가입에 임박한 러시아 / 168

30. 소생한 축복의 통로 '북극권'

한 종 만
뮌헨 국립대학교 경제학박사
배재대학교 러시아학과 교수

북극권은 북위 66° 33′에서부터 북극점까지 펼쳐진 지역으로 그 면적은 약 2,000만㎢에 이르고 있다. 이 총면적은 지구 육지 면적의 약 2분의 1에 해당되며, 총면적 중 육지 면적은 북극양 섬을 포함해서 2분의 1이며, 나머지 반은 북극양으로 구성되어 있다. 북극양 인접국으로는 러시아, 노르웨이, 미국(알래스카), 캐나다, 덴마크(그린란드) 5개국이며, 아이슬란드는 아북극권이며, 북극양을 갖지 못한 스웨덴과 핀란드도 북극권에 속해 있다.

2007년부터 지구온난화와 관련하여 매스미디어에서 북극이 화제에 오르내리고 있다. 2007년 여름에 캐나다 북극해의 빙하가 녹으면서 태평양과 대서양을 연결하는 북서항로의 해운로가 처음으로 열리게 됐다. 시베리아의 북극해(카라 해, 랍테프 해, 동시베리아 해, 추코트카 해) 지역도 아태지역과 유럽의 연결 해운로인 북동항로가 열릴 가능성에 대해 언론이 관심을 보이고 있다.

북극양의 해상운송뿐만 아니라 19세기 중반 이후부터 계획하고 있었던 러시아 추코트카 반도와 알래스카를 연결하는 베링해협 육로운송 프로젝트도 다시금 활기를 띠고 있다. 가시에 찔려 100년 동안 잠들었던 동화 속의 장미공주처럼 북극권이 소생하고 있는 것이다. 과거 북극양 해수면의 80~90%는 두꺼운 빙하층을 형성하고 있었다. 기후 온난화가 북극 빙하를 녹게 하고 있다. 세계기후위원회는 북극양의 빙하는 지난 50년 전보다 2분의 1이나 줄어들었다고 전하고 있다.

북극해 자원개발 현황

출처 : http://news.mk.co.kr/newsRead.php?year=2010&no=537462

북극양 빙하면적이 10년 단위로 10%(연간 7만 2,000㎢)씩 줄어들 경우 2050년경(혹자는 2030년경) 북극양의 빙하는 완전히 사라질 것으로 예측하고 있다. 이로 인해 북극양을 가로지르는 항로 가능성이 점증적으로 높아져 가고 있다. 동시에 북극권은 냉전 시대에 존재했던 군사적 가치보다 더 중요하게 지정 및 지경학적 가치가 상승하고 있다.

2000년 미국지질조사국은 북극권에 세계 화석연료의 4분의 1이 매장된 것으로 추정하고 있다. 주요 매장지로는 바렌츠 해, 러시아에 속해 있는 북극 해, 그린란드 동쪽 해안 지역이다. 천연가스 매장량도 2조㎥로 추정되고 있다. 노르웨이 슈타트오일(Statoil)사는 2007년부터 바렌츠 해에서 천연가스를 생산하고 있으며, 러시아는 이 지역에서 슈토크만 천연가스 프로젝트를 진행하고 있다. 캐나다 북극권은 고가치의 광물, 예를 들면 납, 다이아몬드, 금, 구리, 은, 아연이 매장되어 있는 것으로 추정하고 있다. 빙하 층이 녹으면서 지하자원의 채굴도 용이한 상태로 변모하고 있는 것이다.

현실적으로 과거보다 북극양의 진입과 북극양 자원 획득이 상대적으로 용이해졌으며, 중기적으로 볼 때 자원채굴과 이용이 가능할 것으로 예측되고 있다. 이로 인하여 북극양 인접국들은 대륙붕의 외연적 확대를 통한 영토 요구를 주장하고 있다. 과연 북극은 누구에게 속해 있는가? 이 문제와 관련해서 북극양이 공해인지 아닌지 혹은 일정 해저 면에 대한 특정 국가의 주권 및 독자적 자원채굴권 행사가 가능한지에 대한 사항 등이 중요한 국제문제로 급부상하고 있다. 또한 이용과 개발과정에서 발생할 수 있는 북극권 생태환경의 훼손 방지를 위한 시스템적 틀을 어떻게 만들 수 있는가 하는 문제 역시 주요 글로벌 이슈로 부각되고 있다.

국제해양법협정에는 북극양에 대한 규정이 정해져 있지 않다. 그 이유는 첫째, 국제해양법 내 북극권 협정에 대한 관심대상국의 수가 적었기 때문이다. 둘째, 미국과 소련은 군사적 요충지(전함, 잠수함, 핵탄두)인 북극권의 문제가 다자간 협정시스템에 종속되는 상황에 대해 부정적인 입장이었기 때문이다. 그러나 최근 북극 인접국들은 일련의 북극탐사와 대륙붕 확장을 위한 조사 등을 하고 있으며, 캐나다는 레절류트 만(Resolute Bay)에 북극 심해 항의 구축을 고려하고 있다. 북극해와 연결된 가장 긴 해안선을 가진 러시아는 2007년 여름에 러시아의 북극해저탐사 팀이 러시아 잠수정 미르-1을 통해 북극 심해 바닥인 로모노소프(Lomonosov) 해령에 티타늄으로 만든 국기를 설치했고, 2008년 이후 북극해의 일부와 북극점에서 800km 떨어진 자국 영토 프란츠-이오시프 군도와 빅토리아 섬을 묶어 국립공원으로 만드는 계획을 추진하고 있다.

2007년 7월에 실행된 북극양 해저면의 러시아 국기게양 사건은 국제법적으로 중요하지는 않다. 오히려 2001년 12월 러시아정부가 46만 6,000㎢ 상당(북극점에 인접한 바렌츠 해와 베링 해)의 확장 대륙붕의 요구를 2001년 12월에 '대륙붕한계위원회'에 제출한 것이 법적으로 더 큰 의미를 지니고 있다. 러시아의 확장 대륙붕 지역에는 최대 100억 톤 상당의 화석연료가 매장된 것으로 추정되고 있다. 국제해양법 내 대륙붕 확정 부분은 '대륙붕한계위원회'의 추천과 그 근거 하에서만 이루어질 수 있다고 규정되어 있다. 최근 러시아 탐사 팀의 탐사목적은 2001년 제출한 대륙붕 확장 제안서에 대한 더욱 더 확실한 논거 구축의 근거를 마련하는데 초점을 맞추고 있다. 2006년에 노르웨이도 '대륙붕한계위원회'에 대륙붕 확장 제안서를 제출했다. 제안서들에서 북극 대륙붕의 확장 증명을 위해 로모노소프, 알파(Alpha), 멘델레예프 해령을 제시하고 있다. 이와 같은 지질학적 논거는 대륙붕이 연속적으로 북극양의 일부까지 이어진다는 것을 증명해야만 한다. 이에 대하여 제3국(일본, 덴마크, 미국, 노르웨이, 스페인)들은 러시아와 노르웨이의 대륙붕 확장 요구 제안서에 대하여 항의와 법적 타당성에 대한 문제를 제기했다. 여타국들의 항의에도 불구하고 대륙붕 확장 요구 제안서가 2013년까지 법적으로 효력이 발생할 여지가 많기 때문에 캐나다도 자국의 영토 요구를 위해 서(西)북극의 해저 면을 탐사하고 있다.

국제해양법(부록 II, 제4조)에 의거하면 확장 대륙붕 요구 제안서는 각 국가 개별 해양법 비준이 통과된 이후 10년 이내에 제출되어야 하기 때문에 북극 관련 모든 당사국들은 시간적 압박 하에 놓여 있다. 이 법안에 의하면 아이슬란드는 2005년 노르웨이는 2008년, 러시아연방은 2009년으로 이미 기간이 경과된 상황이며 캐나다는 2013년, 덴마크는 2014년까지 제안서를 제출해야 하는 촉박한 상태이다. 미국은 마음에 들지 않는 국제해양법 비준을 위하여 2007년부터 상원 청문회를 시작하였다. 이와 더불어 청문회에서 북서항로와 북극에서 대륙붕의 확장 문제, 특히 러시아의 적극적 공세에 대한 대비 문제 등을 논의하고 있다. 미국 국무부는 안보, 주권, 지속성의 장점이 있는 국제해양법 비준을 기대하고 있으며 미국이 해양법 조약을 비준하면 향후 10년간의 시간적 여유를 가질 수 있을 것이다.

북극 빙하의 수량이 지구 온난화에 결정적으로 영향력을 미치는 북극은 한국과 밀접한 관계가 있다. 비록 북극과 직접적 관계가 없다고 할지라도 한국은 북극양을 '인류의 공동유산(common heritage of mankind)'* 이라고 강력하게 주장

---

* 인류공동의 유산이라는 명제는 19세기에 이미 알려졌으며, 현재 인류의 공동유산이라는 국제관습법의 근본조항은 1967년에 몰타 UN 대사 아르비드 파르도(Arvid Pardo)가 제기했다. 파르도는 인류의 공동유산을 개별 국가주권이 미치지 않는 우주와 해저 면도 관련되어 있으며, 그

하는 독일의 주장을 지지해야 하며, 가능한 한 다자간 결정이 필요하다는 점을 강조해야만 한다. 한국의 북극권에 대한 구체적 이해관계는 한국 항구(부산, 울산 등)들과 선적회사들이 북극 해운 루트를 이용한다는 점에 있다. 또한 북동항로와 북서항로가 국제해운로로 이용될 경우 시베리아 북극양과 북태평양의 주요항구 개발과 쇄빙선 기능을 갖춘 여러 형태의 선박 수요에 대비하는 등, 우리의 진출 대응책이 필요하다고 본다.

잠에서 깨어난 '장미공주(북극)'가 한국, 북극권 인접국 더 나아가 인류사회에 분쟁과 갈등을 안겨 줄지 또는 행복과 축복의 통로가 될지 국제사회의 관심이 집중되고 있다. 장미공주의 운명은 북극 이용과 개발과정에서 환경생태 문제, 북극 원주민을 포함한 생물종 다양성의 보호 문제, 세계평화에 달렸다고 생각된다.

(2010년 6월 21일 제64호)

곳에 존재하는 자원은 매각할 수 없다면서 이 자원은 전 인류에 귀속되어야 한다고 주장했다. 인류의 공동유산은 국제해양법 전문과 136조와 137조에 명백하게 명시되어 있다. 북극양 해저 면의 상당부분의 분할과 북극양 인접국의 소영역 식으로의 분할은 기후 정책적으로 약정될 수 없는 상황이라고 볼 수 있다.

31. 멀고 먼 '스마트 러시아'의 꿈-스콜코보 프로젝트

김 성 휘
머니투데이 국제부 기자

소리 없는 아우성, 불타는 얼음.

반대말, 또는 병립 불가능한 표현을 붙여 놓으면 언뜻 말이 안 되는 것 같지만 그 의미가 보다 강렬해진다. 논리학, 수사학에서 널리 쓰는 형용모순(оксюморон)이다. 러시아에서도 형용모순은 자주 발견되는 모양이다. 오죽하면 '되는 것도 없고 안 되는 것도 없는' 나라일까. 요즘 러시아의 작은 동네가 국제적 관심을 끌면서 형용모순을 떠올리는 이들이 많다. 드미트리 메드베데프 대통령이 추진하고 있는 러시아판 실리콘밸리 사업, 스콜코보 프로젝트 때문이다.

러시아에 '스콜코보'는 확인 가능한 것만 4곳이 있다. 모스크바주의 오딘초보, 아프토바즈의 고향인 사마라 주에 각각 한 곳이 있고 니즈니노브고로드 주엔 스콜코보가 두 군데나 있다. 이 가운데 모스크바 외곽순환로(МКАД)의 서쪽 2km에 있는 오딘초보 스콜코보가 그 주인공이다. 메드베데프 대통령은 2008년 취임 후 혁신(innovation)을 러시아의 주요 과제 중 하나로 제시했다. 이른바 '4I'다. 메드베데프 대통령은 그 혁신의 요람이자 시험대로 스콜코보를 낙점하고 지난 3월 '스콜코보 혁신센터' 건립 구상을 밝혔다. 이곳을 에너지, 원자력, 우주, 바이오, 컴퓨터 분야의 첨단기술과 산업을 접목하는 연구개발(R&D) 중심지로 만들겠다는 구상이다. 투입되는 국가재원만 8,500만 루블에 이르고 석유재벌 빅토르 벡셀베르크가 스콜코보재단의 책임자로 임명돼 무게감을 더했다. 계획대로라면 스콜코보엔 1~2년 안에 러시아와 세계 각국 IT 두뇌가 집결하고 5~7년 뒤엔 성과를 낼 전망이다.

러시아 정부는 스콜코보 입주기업에 세제 혜택을 주는 등 전방위 지원을 펼치고 있다. 메드베데프 대통령은 올해 외국을 방문할 때마다 스콜코보라는 화두를 놓지 않았다. 지난 6월 미국 방문 때는 워싱턴에 앞서 실리콘밸리의 시스코, 애플 본사 등을 찾았고 이들의 스콜코보 입주를 타진했다.

그런데 '러시아판 실리콘밸리'에 대한 미국과 유럽의 시각은 메드베데프 대통령의 열정이 무색할 만큼 냉정하다. '러시아'와 '실리콘밸리'는 너무 이질적인 단어라서 함께 쓰면 영락없는 형용모순이 된다는 인식이다. '스마트 러시아'도 마찬가지다. 실제 미국 실리콘밸리의 특징에는 러시아와 어울리지 않는 면이 있다. 캘리포니아는 사계절 기후가 온화해 한파나 폭설은 상상하기 어렵다. 구글, 애플이 세계에서 가장 다니기 좋은 회사라는데 이들은 급여나 복지수준은 물론 환경 여건 자체가 좋다. 게다가 실리콘밸리는 태평양 연안에 있어 접근성이 좋고 캘리포니아 공과대학(캘텍) 등에서 젊은 인재들이 배출된다. 미국에선 다양한 아이디어와 실험정신이 벤처 캐피털을 만나 꽃피울 가능성도 충분하다. 이처럼 실리콘밸리의 성공은 IT 허브로서 완벽한 조건을 갖췄기 때문이지 정부 지원이나 육성 정책 때문이 아니다. 러시아는 어떤가. 고급인재를 유치하려면 주거와 문화생활 기반이 있어야 하는데 변변한 인프라도 없는 곳에 대통령의 의지만으로 세계적 R&D 센터가 가능한가. 제2의 실리콘밸리를 꿈꿨던 전 세계 연구단지 가운데 성공한 곳이 얼마나 되는가. 이런 주장들이 회의론에 무게를 싣는다.

그럼에도 스콜코보 프로젝트에 희망을 거는 것은 형용모순이 때론 현실이 되기 때문이다. '철보다 단단한 실'은 표현 그대로는 모순이지만 첨단 기술 덕에 이미 주변에서 찾아볼 수 있다. 강철보다 인장강도가 높은 특수섬유는 항공기, 선박 제조 등 무수한 분야에 쓰인다. 불타는 얼음도 문학적 표현이 아니라 대체 에너지원으로 관심을 모으는 '가스하이드레이트'의 별칭이다. 그렇다면 러시아판 실리콘밸리도 불가능한 일은 아니다. 정부 주도의 대규모 프로젝트는 자유주의 경제학에선 무모해 보이겠지만 성공사례도 적지 않다. 결국 스콜코보 프로젝트에 대해선 비판도 지지도 각각 근거가 있어 어느 한 쪽 손을 들기 어렵다.

일단 메드베데프 대통령의 의지는 확고하다. 올해 여러 차례 해외순방에서 스콜코보 프로젝트를 적극 홍보하고 기업을 유치했다. 지금까지 미국에선 마이크로소프트(MS), 시스코, 인텔 등이 스콜코보에 R&D 투자를 약속했고 유럽에선 노키아, 지멘스, 필립스가 합류했다. 시스코는 10년간 10억 달러를 러시아에 투자하기로 했다. 메드베데프 대통령이 12월 20~21일 인도를 방문한 가운데 인도의 타타그룹도 스콜코보에 동참하기로 했다. 러시아 국영기업(гос-корпорация) 중에선 원자력기업 로스아톰이 맨 먼저 스콜코보 재단과 협약을 맺었다. 로스아톰은 스콜코보 센터에서 원자력 및 핵의학 기술을 개발할 계획이다. 스콜코보 프로젝트는 한국기업에도 기회다. 지난 10월 방한한 아르카디 드보르코비치 대통령 경제보좌관은 한국에 스콜코보 투자를 요청했다. 스콜코보에 터를 잡으면 러시아의 과학인력을 활용할 수 있고 러시아와 유럽시장으로 가는 거점을 마련할 수 있다.

메드베데프 대통령이 스콜코보를 성공시킨다면 2012년 대선을 앞두고 국내 정치적 입지 강화는 물론 국제사회에서 '러시아는 안 된다.'라는 편견을 보기 좋게 깰 수 있다. 하지만 바로 이 지점에서 스콜코보의 정치적 리스크가 제기된다. 인내와 투자가 필요한 R&D 분야에서 일관된 정책이 보장되지 않으면 성공을 기대하기 어렵다.

러시아의 투자환경 개선도 시급하다. 지난해 국제투명성기구(TI)의 부패인식지수 조사에서 러시아는 180개국 중 146위에 머물렀다. 경제규모에 비해 부끄러울 정도로 투명성이 낮다. 실상은 그렇지 않다 쳐도 러시아를 따라다니는 이런 꼬리표는 해외기업들의 대러 투자를 위축시키는 큰 장벽이다. 이 점을 고려한 듯 메드베데프 대통령은 지난 6월 시스코와 양해각서(MOU)를 체결하면서 정부의 간섭을 최소화하겠다고 약속했다. 다만 부패든 관료주의든 오래도록 형성된 관습과 문화 차원이므로 하루아침에 개선하기는 어려운 과제다.

스콜코보 MBA 로고

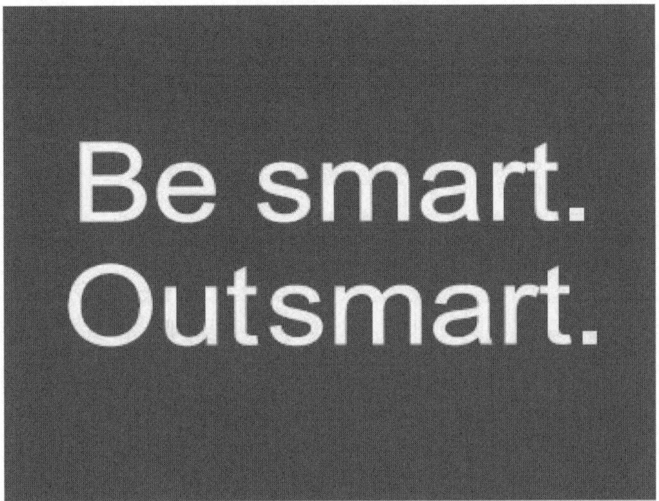

출처 :www.i-gorod.com

스콜코보 프로젝트는 이처럼 일견 불가능해 보이는 러시아판 실리콘밸리를 지향하고 있다. 2011년은 그 성패를 가늠할 중요한 해가 될 전망이다. '스마트 러시아'의 꿈은 과연 이루어질까.

(2010년 12월 27일 제91호)

32. WTO 가입에 임박한 러시아

고 상 두
베를린 자유대학교 정치학박사
연세대학교 지역학 협동과정 교수

러시아의 WTO 가입이 또다시 목전에 다가왔다. 러시아는 옛 소련 붕괴 직후인 1993년부터 WTO 가입협상을 하였다. 그동안 여러 차례 러시아의 가입이 예견되었으나, 최종 협상에서 늘 가입이 무산되었다. 가장 최근의 경우는 작년 여름으로 러시아는 WTO 가입을 포기하였다.

러시아가 WTO 가입을 주저하는 데에는 나름대로의 이유가 있다. 첫째, 정치지도자 간에 견해차가 있다. 메드베데프 대통령은 가입에 찬성하는 편이지만, 경제를 책임지고 있는 푸틴 총리는 조심스러운 입장이다. 둘째, 가입의 득실에서 러시아가 이득을 본다는 확신이 없다. 러시아 정부는 경제에 대한 국가개입을 쉽사리 포기하지 못하고 있다. 세계금융위기로 러시아 자동차 산업이 불황에 직면하였을 때, 푸틴 총리는 수입차에 대한 관세 인상으로 자국의 자동차 산업을 보호하였다. 러시아 기업들은 국가의 보호 없이 외국기업과 경쟁하는 것을 우려한다. 따라서 기업차원에서 WTO 가입에 대한 강한 추동력이 나오지 않고 있다.

WTO에 가입하기 위해서는 153개 회원국 전원의 동의를 얻어야 한다. 이것이 가입협상의 최대 난관이다. 러시아는 약 60개 회원국으로 구성된 대표단과 협상해 왔는데, 협상 결과에 대해 이의를 제기하는 나라가 끊임없이 나타났다. 일반적으로 가입협상에는 약 5~7년의 기간이 소요된다. 소국은 가입협상이 빠르게 진행된다. 이들 국가의 가입에 큰 관심을 가지는 나라가 별로 없기 때문이다. 반면에 러시아와 같은 대국의 가입에는 많은 나라의 이익이 걸려 있다. 중국의 경우에는 15년이 소요되었다. 러시아의 가입협상 기간은 현재 최고 기록을 세우고 있다.

WTO 가입은 미국과 유럽연합의 승인이 무엇보다도 중요하다. 최근 유럽연합이 러시아의 WTO 가입을 승인하였다. 연말을 앞두고 러시아와 유럽연합이 브뤼셀에서 정상회담을 하고 WTO 가입에 필요한 전제조건에 합의하였다. 유럽연합은 러시아인의 무비자 입국을 약속하였고, 러시아는 목재에 대한 수출관세를 인하하고, 시베리아 철도를 통해 유럽으로 수송되는 아시아 상품에 대한 수수료를 인하하기로 약속하였다.

미국의 오바마 대통령은 이미 지난 10월에 러시아의 WTO 가입을 승인하였다. 그동안 미국은 러시아에게 경제 자유화 수준을 좀 더 끌어올릴 것을 요구하였으나, 이제 러시아의 가입을 더 이상 지연할 수 없는 시점이 되었다고 판단한 것이다. 이제 러시아의 가입을 가로막는 대부분의 장애물이 제거되었고, 러시아와 WTO의 최종 협상만 남은 셈이다.

내년 초에 러시아가 WTO에 가입한다면 세계자유교역에 참여하는 마지막 경제 대국이 되는 것이다. 이로써 러시아와의 국제교역이 한결 간편해지는 것이다. 러시아는 가입 후 WTO 기준에 맞추어 관련 국내법을 수정하게 된다. 보호주의

러시아와 WTO

출처 : http://fin.gismeteo.ru/news/article23F96/default.asp

적 경제정책, 수출관세, 부정부패, 외국인 투자자의 법적 보호 등에 대한 손질이 있을 것으로 보인다.

하지만 무엇보다도 러시아의 가입이 세계경제에 주는 의미는 거대 신흥시장이 개방된다는 점이다. 1998년 금융위기 당시 러시아의 경제규모는 5% 감소하였고, 인플레이션은 84%에 달했으며, 국민의 40%가 최저 빈곤선 이하에 있었다. 그러나 10년 만에 러시아의 GDP가 1조 달러를 넘어서 세계 10위의 경제규모가 되었다. 러시아는 매년 평균 7% 이상의 경제성장을 보였다. 이러한 경제적 역동성 덕분에 빈곤계층이 12%로 줄었고, 인플레이션은 한 자리 수로 감소하였고, 외채의 90%가 상환되었다.

세계 경제적 관점에서 러시아의 부상이 가져다주는 이득은 세계시장의 확대이다. 러시아에서는 고유가 덕분에 유입된 오일달러가 전 국민, 전 국토로 확산하여 거대한 구매력을 가진 계층이 형성되고 있다. 중산층이 생겨나고 이들의 소비가 러시아 경제에 새로운 활력을 제공하고 있다. 따라서 러시아 소비시장의 개방은 경제위기를 겪고 있는 세계경제의 회복에 큰 보탬이 될 것이다.

메드베데프 대통령은 러시아 산업의 다변화를 원한다. WTO 가입으로 자원수출국이라는 불명예를 극복하려는 것이다. 러시아 총 수출액에서 석유, 가스가 약 2/3를 차지한다. 러시아가 WTO에 가입하게 되면 외국인 투자 증대, 경제구조 조정, 기업 경쟁력 제고 등으로 IT, 금융 등 많은 경제영역이 활성화될 것으로 기대하고 있다.

러시아의 WTO 가입은 한국기업의 대 러시아 교역 및 투자환경에도 상당한 변화를 가져올 것이다. 러시아의 평균 수입관세율이 13%에서 10% 수준으로 낮아지고, 상품과 서비스 시장은 가입 이후 점진적으로 개방될 것이다. 또한, 한국이 추진하고 있는 러시아와의 자유무역협정이 속도를 내게 될 것이다. 그동안 러시아 소비시장이 커지면서 한국의 대러 수출이 매년 30% 이상의 증가추세를 보여왔다. 관세가 인하되면 수출상승 효과가 매우 커질 것이다. 특히 러시아 내수시장을 겨냥한 현지투자가 확대될 것이다. 현재 한국의 대러 현지투자는 28위로서 전체 투자액의 0.5%에 불과하다. 이러한 점에서 현지투자의 확대 잠재력이 매우 크다고 하겠다. 새해에는 러시아가 WTO에 반드시 가입하길 기대한다.

(2011년 1월 17일 제94호)

제3장 사회 · 문화 · 역사

러시아 사회

33. 러시아식 사회적 자본: 부패와 신뢰-뇌물과 선물 사이 / 177
34. 러시아의 인구학적 위기, 사실상 지금부터 본격화 / 181
35. 세계화 조건에서 현대 러시아 사회계층체계 변화 양상은? / 184
36. 캅카스의 유대인, 아르메니아 디아스포라 / 188
37. Donde Voy(어디로 가야 하나요), 무국적 고려인 / 191
38. 러시아연방 사법기관 방문기 / 196

33. 러시아식 사회적 자본: 부패와 신뢰 - 뇌물과 선물 사이

김 우 승
연세대학교 사회학박사
배재대학교 러시아학과 교수

흔히 러시아를 "되는 일도 없고 안 되는 일도 없는 나라"라고 말하기도 한다. 정상적으로 일을 진행해서는 여기저기서 막히는 반면 요소요소에 적당히 뇌물을 찔러주면 모든 일이 일사천리로 진행되는 현상을 빗대는 말이다. 특히 시장경제로 이행하면서 부패는 더욱 만연하고 있다. 뇌물수수 관련 범죄자 수는 인구 1,000명당 1990년의 2.4명에서 2001년에는 6.8명으로 3배 가까이 늘어났다. 국제투명성기구의 조사 결과에 따르면 2008년도 러시아의 뇌물공여지수는 10점 만점에 5.9로 22개국 중 최하위였으며 2009년도의 부패인식지수는 2.2로 180개 국가 중 146위를 차지하였다.

고골이 〈검찰관〉에서 보여주듯이 러시아 일상에서의 부패는 중앙집중적이고 무소불위의 권력을 휘두르는 권위적인 관료체제가 가장 큰 원인이라 할 수 있다. 또한 소비에트 시기의 재화의 부족 역시 뇌물수수의 한 원인이었다. 그러나 시장경제로의 이행과 함께 '절대적 빈곤'이 '상대적 빈곤'으로 바뀌고 약한 국가와 부패관리에 대한 미흡한 처벌, 불안정한 경제상황과 낮은 급료, 개인적 탐욕 등이 어우러지면서 러시아의 부패는 1990년대 이후 오히려 증가하기 시작하였다.

러시아의 비정부기구인 INDEM(Information Science for Democracy) Foundation이 2001년과 2005년의 러시아 부패에 대해 조사한 바에 따르면 2005년도 러시아의 부패규모는 약 30억 달러 수준으로 부패의 만연도는 50.4%에서

뇌물을 받고 있는 러시아 경찰

출처 : http://www.rufront.ru/materials/4C7BADF3BE936.html

54.9%로 증가하였으며 부패가능성 역시 25.7%에서 35.0%로 증가하였다. 건당 뇌물수수 액수 역시 2,780루블로 늘어났으며 연평균 뇌물수수 액수 역시 2,162루블에서 2,452루블로 늘어났다.

아울러 INDEM은 러시아 부패시장에 대한 영역별 순위와 규모의 변화까지도 자세하게 조사하고 있는데 2005년도의 경우 부패가능성이 가장 높은 영역은 교통경찰과의 문제 해결이 59.6%로 1위, 병역문제 해결이 57.7%로 2위, 고등교육기관에서의 문제 해결(입학, 전학, 시험 등)이 52.1%로 3위를 차지하였다.

그러나 부패시장의 영역별 규모 순위는 조금 다르게 나타난다. 같은 해의 경우 가장 규모가 큰 부패시장은 고등교육기관에서의 문제해결이 5억 8,340만 달러로 가장 크며 2위가 의료기관으로 4억 110만 달러, 3위가 3억 5,360만 달러인 병역문제 해결로 나타났다. 반면 부패가능성이 가장 높은 교통경찰과의 문제 해결은 1억 8,330만 달러로 6위에 불과하였다. 그 이유는 교통경찰 관련 뇌물수수는 사람들이 일상생활에서 가장 많이 접하지만 건당 평균 뇌물액수가 920루블로 총 14개 영역에서 13위의 낮은 액수이기 때문일 것이다.

평균 뇌물 액수가 가장 큰 영역은 병역문제 해결로 2005년도 경우 15,409루블로 2001년도(3위)에 비해 4.7배로 뛰었으며 부패 규모 역시 2001년도에 비해 가장 높은 비율인 27배로 확대되었다. 2위는 법정에서의 승소 영역으로 9,570루블이며 3위는 거주지 재산권 관계 영역의 5,548루블이었다.

국가기관 간의 부패비율은 행정부가 압도적으로 높아 2001년도에는 90.2%, 2005년도에는 76.6%를 차지하였다. Public Opinion Foundation이 2006년도에 행한 조사에서는 러시아인들이 생각하는 가장 부패한 기관은 경찰, 세관, 법집행기관이 56%로 1위이며 2위가 교통경찰(45%), 3위가 의료기관(33%), 법원 및 검찰(26%), 직업알선기관(21%) 교육기관(18%) 순이었다.

그렇다면 부패에 대해 정작 러시아 인들은 어떻게 생각하고 있을까? Public Opinion Foundation이 2006년도에 행한 조사에 따르면 70%가 뇌물을 받는 것에 대해 부정적인 태도를 보였다. 그런데 흥미로운 것은 뇌물을 주는 것에 대해서는 34%만이 부정적인 태도를 보였다는 점이다. 주는 자보다 받는 자가 더 나쁘다는 인식이다. Gallop이 2008년도에 행한 조사에 따르면 66%가 소비에트 시기보다 더 부패하다고 응답하였으며 69%는 부패근절을 위한 정부의 노력이 불충분한 것으로 생각하고 있다. 또한 67%는 러시아에서의 부패근절이 불가능하다고 생각하고 있다. 작년 5월 메드베데프 대통령은 러시아 부패의 대명사격인 러시아 경찰의 재산과 소득을 신고토록 하는 조치를 통해 부패척결 의지를 나타낸 바 있다. 하지만 그것이 성공하리라고 믿는 러시아인들은 아무도 없다.

그런데 신기한 것은 러시아인들은 공식적 기관에 대해서는 낮은 신뢰를 보여주고 있으면서도 비공식적 네트워크를 통한 개인적 신뢰는 높게 나타나고 있다는 점이다. 로저(Roger Sapsford)와 파멜라(Pamela Abbott)가 신뢰(trust)의 측면에서 러시아를 비롯한 8개 CIS 국가의 사회적 자본을 비교분석하였는데 개인간 신뢰는 러시아가 8개국 가운데 가장 높은 것으로 나타났다.

이러한 결과가 의미하는 바는 무엇인가? 그것은 바로 러시아인들이 가지고 있는 '블라트'(блат)라는 일상에서의 비공식적 네트워크 때문이다. 레데네바

(Alena Ledeneva)에 따르면 '블라트'는 부족한 재화와 서비스를 얻을 수 있는 공식적 방법을 얻기 위해 개인적 네트워크와 비공식적 접촉을 사용하는 것으로 소비에트 시기부터 자연스럽게 만들어진 러시아 식 '연줄 만들기'이다. "러시아에서는 되는 것도 없고 안 되는 것도 없다."라는 말은 바로 이 '블라트'를 활용한 생활방식에서 나온 것이다. 평소에 인맥과 연줄을 만들어 놓고 간혹 대가 없이 선물을 주면서 일상에서의 신뢰를 만들어 가는 것이다. 하지만 뇌물과 '블라트'는 비슷하면서도 분명 다르다. 뇌물이 수직적 관계에서 오가는 것이라면 '블라트'는 비공식 네트워크에서 서로 호혜적이고 수평적으로 이루어지는 관계이다. 그리고 이를 통해 개인이나 지역 등의 한정된 수준이기는 하지만 사람들 사이의 신뢰가 유지된다. 이 때문에 '블라트'는 공식적 네트워크에서의 낮은 신뢰에도 불구하고 러시아 사회가 움직일 수 있도록 하는 러시아식 사회 작동기제가 되는 것이다.

'블라트'는 러시아인들이 역사적으로 만들어 온 일종의 '사회적 자본'이다. 물론 후쿠야마 등의 학자들이 말하는 서구의 '사회적 자본'과는 정반대의 의미이다. 서구학자들이 말하는 '사회적 자본'은 공공성과 도덕성, 투명성을 바탕으로 한 사회적 신뢰를 의미하지만 러시아의 '블라트'는 개인적인 이득을 목적으로 지속적으로 선물을 주고받고 눈 맞추기를 하면서 만들어진 러시아식 상호신뢰이다.

"100루블을 가지기보다는 100명의 친구를 가져라."라는 사회주의 시기의 말이 시장경제로 바뀐 요즈음에는 "100명의 친구보다는 100달러를 가져라."라는 말로 바뀌었다고 한다. 그럼에도 불구하고 '블라트'는 여전히 중요한 러시아인의 일상이며 기본적인 사회관계의 출발점이 되고 있다는 점에서 이를 '러시아식' 사회적 자본으로 연구할 필요가 있다. 러시아의 부패와 신뢰문제는 뇌물과 선물 사이의 어느 한 지점에 그 해결책이 있을 것이다.

(2010년 4월 5일 제53호)

34. 러시아의 인구학적 위기, 사실상 지금부터 본격화

최 우 익
모스크바 국립대학교 사회학박사
한국외국어대학교 러시아연구소 HK연구교수

최근 몇 년간 러시아의 인구 감소세가 다소 누그러지고 있다. 하지만 이것은 현상적인 모습에 불과할 뿐 속사정을 들추어 보면 사실 러시아의 인구 위기는 이제 본격적으로 시작되었다고 해도 과언이 아니다. 이것은 러시아 국민들 스스로도 피부로 느끼는바, 전 러시아여론연구소(Всероссийский центр изучения общественного мнения)의 2009년 국민의식에 대한 설문조사에 따르면, 오늘날 러시아의 안정을 위협하는 요소로서 첫 번째, 경제위기, 다음 두 번째로 각종 사회문제인 알코올중독 및 마약중독과 더불어 바로 인구감소 문제를 꼽고 있는 데에서 잘 알 수 있다. 과도기 사회의 심각한 문제 중 하나였던 저출산율 현상은 오늘날 학생들의 수를 줄게 하여 최근에는 대학의 정원조차 채우지 못하는 사태가 발생하고 있으며, 3~4년 이후에는 지금보다 대학생 수가 절반으로 줄어들 게 될 것이라고 푸르센코(Андрей Фурсенко) 러시아 교육부 장관이 최근 지적하고 있을 정도이다.

러시아 인구는 2009년 기준 약 1억 4,190만 명이다. 러시아는 20세기 몇 차례의 인구격변기를 극복하고 20세기 후반에는 인구가 점진적으로 증가했다. 하지만 1993년 약 1억 4,860만 명을 정점으로 인구가 감소하기 시작하여 현재까지 약 670만 명의 인구가 줄었다. 전쟁, 전염병, 자연재해 등이 아니라 사회적 과도기의 후유증으로 단기간에 이렇게 많은 인구가 감소된 것은 현대사에서 유래를 찾기

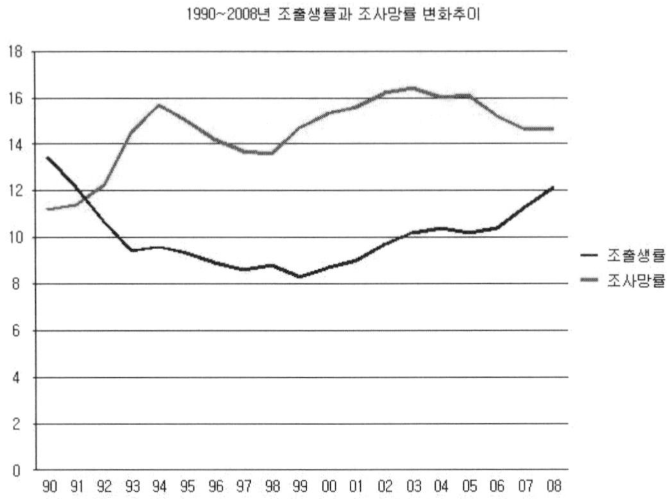

출처 : 러시아통계청

힘들다.

러시아 인구가 급속히 감소한 것은 기본적으로 낮아진 출생률과 높아진 사망률로부터 기인한다. 사실 출생률은 20세기 후반 계속 낮아지고 있었던바, 1960년대 이후 연간 1,000명당 출생자 수치인 조출생률이 20‰ 이하로 떨어지고 1980년대에는 10‰로 낮아지고 있었다. 결국 1993년부터는 10‰ 이하로 낮아져 1999년에는 8.3‰까지 떨어졌다가, 2008년 시점에는 12.1‰로 어느 정도 회복하였다. 선진국들의 경우도 현대 사회에서 출생률이 낮아지고는 있지만, 러시아의 1990년대 8‰ 수준의 조출생률은 매우 낮은 것이었다. 한편 조사망률은 1980년대 10‰ 남짓의 수준을 보이다가 1992년 12.2‰, 1993년 14.5‰로 올라가 2008년 시점까지 15‰ 내외의 비율을 보이고 있다. 따라서 1992년부터는 인구의 자연 증가율이 마이너스를 기록하고 있으며, 2000년대 초반 -6.6‰까지 떨어졌다가 최근에는 출생률이 좀 높아지면서 2008년에는 -2.5‰이 되었다.

사망률이 높아진 것에는 여러 가지 원인과 배경이 있지만, 유년이나 노년층보다도 노동연령 인구(남성: 16~59세, 여성: 16~54세)에서의 심각한 사망률을 꼽을 수 있다. 특히 40~50대 연령층의 사망률은 다른 연령대에 비해 훨씬 높이 상승하여 2000년대 초반 최고조에 달했다가(2003년에 40~44세는 9‰, 45~49세는 12.5‰, 50~54세는 17.5‰, 55~59세는 22.2‰) 그 이후 다소 낮아지고 있다. 그중에서도 남성은 여성에 비해 3~4배에 달하고 있는데, 그 원인은 과도한 노동, 산업재해, 알코올중독 등으로 알려져 있다.

하지만 노동연령 인구는 전체 인구 중에서 1990년 56.7%에서 2006년 63.4%로 6.7%가 상승하였다. 1970년대 중반에서 1980년대 후반의 출생자들은 현존하는 러시아 연령층 중 가장 두터운 집단인데, 바로 이들이 1990년대에 노동연령 인구로 차츰 진입하면서 계속 이 비율을 높인 것이다. 또한 노년 인구도 1990년에서 2008년까지 19%에서 21.2%로 증가하였다. 반면 유년 인구는 동 기간 24.3%에서 15.9%로 약 1,350만 명이 축소되었다. 이것은 바로 1990년대부터 한동안 지속된 러시아의 심각한 저출산율 현상 때문인 것이다. 따라서 증가하던 노동연령 인구의 비율은 결국 2006년을 정점으로 2007년 63.2%, 2008년 62.9%로 최근에는 계속 낮아지고 있다. 즉, 1990년대에 출생한 연령층이 이제 노동연령 인구로 진입하면서 본격적으로 영향을 주기 시작한 것이다. 따라서 향후 러시아 노동자원은 심각하게 부족해질 전망을 보이고 있다.

최근 인구의 양적인 감소세가 다소 완만해지고 있지만 내용적으로는 사실 지금부터 러시아의 인구학적 위기가 본격화되고 있다고 할 수 있다. 인구의 감소는 현재 직접적으로 노동자원의 부족 현상을 일으키고 있고, 저출산 현상으로 인한 유년 및 취학인구의 감소는 인구의 원활한 재생산 구조를 허물고 있으며, 향후에는 고령화 사회에서 나타나는 여러 가지 심각한 부작용도 나타날 전망이다. 만약 인구문제를 해결하기 위한 제도적 방안이 시급히 개선되지 않는다면, 러시아는 이에 대한 심각한 비용을 치러야 할 것이다. 개혁을 거치며 약 20년간 진통을 겪었던 인구문제의 상흔은 매우 깊어서 러시아가 인구학적으로 정상의 상태로 회복되고 정리되기까지는 앞으로도 많은 시간과 노력이 필요할 것으로 보인다.

(2010년 4월 12일 제54호)

35. 세계화 조건에서 현대 러시아 사회계층체계 변화 양상은?

림마 카밀리예브나 탄갈리체바
상트페테르부르크 국립대학교 사회학박사
상트페테르부르크 국립대학교 사회학부 동서사회연구소 소장

20세기 선진 자본국가 및 신흥 산업국가에서 불평등 축소에 영향을 준 기본적인 요인으로 산업혁명과 인구변화를 들 수 있다. 서구 선진국 엘리트들은 파이 전체를 차지하려다 자칫 누리고 있던 우월한 위치를 잃느니 차라리 훨씬 더 큰 '파이'의 작은 부분에 만족하는 것이 더 좋다는 결론에 도달했다. 그 결과 선진 자본사회의 생활수준은 역사상 유례없을 정도로 향상되었고, 사회계층 대다수도 생활수준을 대폭 개선할 기회를 얻게 되었다.

제2차 세계대전 이후부터 1980년대 중반까지 서구 선진사회는 보편적 복지국가 건설을 발전 목표로 삼았는데, 보편적 복지라는 개념은 사회 불평등 구조를 수정했을 뿐 아니라 독자적인 계층체계이자 사회적 관계를 정립하는 적극적인 힘으로도 나타났다. 이러한 서구 선진사회의 사회정책은 실업수당, 극빈 가정 지원금, 저소득근로자 보조금, 고령연금, 전면적 의료지원, 무상교육 및 국민주택 확보를 위한 지원금 제공을 통해 국민을 빈곤으로부터 보호하는 것을 지향하는 것이었다. 그런 국가 서비스에 대한 재정 지원은 국가의 보험 프로그램이나 과세 제도를 통해 이루어졌다. 보편적 복지 국가는 국민의 사회계층구조가 보통 마름모꼴로 표현되는 '이상적인 형태'를 보인다. 이 구조에서는 국민 15~20%가 상층, 60~70%가 이른바 '중간계급,' 그리고 15~20%가 하층에 속한다. 그리고 강력하고 독립적인 중간계급이 사회 내에서 중요한 기능을 수행한다고 여겼다. 즉, 중간계급이 상층과 하층 간의 분쟁 '해소'자, 가정의 전통적 가치 전달자, 민주적 가치 선도자, 정치적 성향이 유사한 사회적 안정의 담지자 등으로서 기능을 수행한다고 여겼다.

이러한 사회계층구조는 서구사회에서뿐만 아니라 일본과 한국 등 동양의 선진 산업사회에서도 전형적이었다. 비록 이 두 나라가 서구에 비해 뒤늦게 현대화 과정을 거쳤고, 아직도 발전된 사회 보장망을 갖추고 있지는 못하지만, 그럼에도 특히 한국은 경제성장과 소득분배를 어떻게 조화시켜야 하는지를 보여주는 예로 자주 거론되고 있다. 1980~1990년대 양국의 중간계급은 국민의 65~70%였으며, 상층과 하층 간 소득 격차도 그렇게 크지 않았다. 이에 따라 문헌에는 '인도주의적 자본주의'라는 용어가 등장하기도 했는데, 학자들은 이 용어를 주로 일본에 대해 사용했다. 일본 회사들이 전통적으로 인적자원을 가장 중요한 전략적 요소로 보았기 때문이다.

그런데 이런 상황은 1980년대 중반에 변화를 맞이했다. 당시 경제선진국들의 모임이라 할 수 있는 OECD 가입국들에서는 사회계층 양극화 경향과 더불어 그 이전 수십 년에 걸쳐 형성된 사회계층체계에서 중간계급이 줄어드는 경향이 나타났다. 그리고 생산과 금융이 지속적으로 글로벌화, 초국가화되고 경제활동이 점차 탈지역화되면서 새로운 글로벌 사회계층 모델이 등장하게 되었다. 이와 같은 글로벌화 과정에서 국가 경제는 그 공간이 국가의 영토와 일치하지 않게 되는 방향으로 재편되었다. 이런 초국가적 생산, 교환, 금융 체계라는 글로벌 경제에서 다양한 대륙에 기반을 두고 있는 공동체들과 그들의 경제구조는 서로 더욱 밀접하게 얽혀가고 있다. 바우만은 사회적인 입장에서 "회사들이 자신들에게 필요한 도로건설이나 하수도 정비를 지원하기 위한 지방세는 기꺼이 납부하면서도 지역의 실업자, 장애인 또는 기타 '잉여인간'들을 지원하기 위한 재원은 제공해야 할 이유가 없다고 생각하게 되면서 권력이 의무로부터 이탈하게 되었다."라고 지적했다. (Bauman Z., 2004)

이처럼 새로운 시대가 도래하자 많은 학자들은 글로벌 구조를 동심원 3개로 구성된 3층 구조로 보았다. 이 구조에서 각 원은 다양한 국가들을 포괄하며, 각각 엘리트, 유권자, 주변인을 의미한다. (Held D. et al, 2004) 이런 조건에서는 국가 공무원 및 국가의 보편적 복지 수혜자들이 특히 좋지 않은 상황에 부딪히게 된다. 〈월드비전〉의 부이사장은 세계적인 사회계층구조 재편과 관련하여 발생 가능한 분쟁들에 대해 다음과 같이 지적하였다. "우리는 빈자와 부자 간 충돌에 직면하고 있다. 우리는 이미 그런 충돌이 난민의 물결, 국가 내의 집 없는 사람들, 도시 교외의 폭력 등 다양한 형태로 발생하고 있는 것을 목격하고 있다. 그리고 이런 문제들은 점차 커질 것이다." (Hunter J. & J. Yates, 2004) 한편, 앞서 언급했던 동서양 선진국 사회 내의 불평등 심화 경향에도 불구하고, 경제적 세계화가 강력한 사회보호 프로그램들을 완전히 해체한 것은 아니라는 점을 밝혀두고자 한다. 그리고 동서양 선진국들에서는 사회계층체계의 안정성이 장기간에 걸쳐 점진적으로 발전하면서 구축되었기 때문에 그 체계의 해체와 재편 과정 역시 장기간에 걸쳐 점진적으로 진행될 것으로 보인다.

그렇다면 현대 러시아의 사회계층체계 변화 양상은 어떤가? 세계적인 경향과는 별도로 이루어지고 있을까, 아니면 반대로 세계적인 변화의 선두에 서 있을까?

러시아 컨설팅 전문회사 FBK가 제출한 〈러시아의 빈곤: 경제적 분석〉 보고서에 제시된 자료를 보면, 달러화 기준 억만장자 숫자 면에서 러시아의 순위는 지속적으로 상승하고 있으며, 〈포브스〉 지의 최근 순위에 따르면 이미 미국에 이어 세계 2위를 차지하고 있다. 그러나 러시아는 국민 1인당 GDP에서 세계 97위에 머물고 있으며, 부유층과 극빈층 간 소득격차도 점점 커지고 있다. 2004년 상위 10%의 소득은 하위 10%의 소득보다 14.8배 많았다. 2003년에는 그 차이가 14.5배, 2002년에는 14.3배였다. 반면, 1990년에는 4.4배에 불과했다. 실질소득 수준이 향상되고 있는데도 이처럼 국민의 소득 불균형은 지속적으로 심화하고 있다.

살기 좋은 지역일수록 그 차이가 크다는 점도 흥미롭다. 2003년 말 현재 모스크바의 상위 10%의 소득은 하위 10%의 소득에 비해 약 52배가 많았는데, 당시 러시아 전체 평균 격차는 14.5배였다. 튜멘 주의 경우, 소득 격차가 모스크바에 비해 작기는 하지만(2/5수준), 거의 21배로 극히 높은 수치를 보인다. 한편, 경제가 침체한 지방에서는 지역주민 전체가 다 같이 가난하다. 2010년 러시아 국민의 실질소득은 몇 배 증가했지만, 그런 경향은 이전과 마찬가지로 유지되고 있다. (스테르킨 F.)

이처럼 최근 러시아의 사회계층체계 변화는 러시아 내에서도 다양한 세계화 경향이 나타나고 있지만, 러시아에서는 이 경향이 나름대로 글로벌한 '변종' 형태를 띠고 있다. 이런 의미에서 러시아 사회는 "미래에 가서야 완전히 글로벌한 형태를 갖추게 될 경향들의 '실험장'"(포크롭스키 N., 2003)이라고 말할 수 있다.

러시아의 빈부격차

출처 : http://www.newsland.ru/Index/news/tag/30891/ord/26/page/189/

(2011년 2월 28일 제100호)

36. 캅카스의 유대인, 아르메니아 디아스포라

김 혜 진
모스크바 국립대학교 역사학박사
한국외국어대학교 러시아연구소 HK연구교수

오늘날과 같은 세계화 시대에 모국을 벗어난 다른 지역에서 새로운 둥지를 틀고 있는 사람들을 만나는 것은 더 이상 어려운 일이 아니다. 우리의 경우 역시 현재 7백만 명의 한인들이 세계 각지에 거주하고 있다. 남캅카스에 위치한 아르메니아 또한 상당수의 재외 동포들을 가지고 있는 국가이다. 아르메니아 디아스포라는 여타 디아스포라와 비교해 볼 때 독특한 특징들을 가지고 있다. 그 중 가장 흥미로운 점은 아르메니아 본국의 인구수보다 훨씬 많은 수의 아르메니아인들이 해외에 거주하고 있다는 것이다. 아르메니아 본토에 사는 인구수는 3백만 명 남짓인 데 비해 해외에 거주하는 아르메니아인 수는 8백만 명에서 9백만 명에 다다른다고 하니 아르메니아 인구의 약 3배 정도 많은 수가 모국 밖에서 살고 있는 셈이다. 해외에 거주하는 아르메니아인들의 분포를 살펴보면, 러시아에 약 2백만, 미국에 150만으로, 이 두 국가에 가장 많은 아르메니아인들이 살고 있다. 이외 그루지야에 35만, 프랑스에는 45만, 우크라이나에 15만, 레바논에는 12만, 이란과 시리아, 아르헨티나, 캐나다에 각각 8만 명의 아르메니아인들이 거주하고 있다.

아르메니아 디아스포라의 형성은 아르메니아의 역사와 밀접한 관련이 있다. 아르메니아는 성경에도 언급이 되었을 만큼 오랜 역사를 지닌 고대국가 중 하나이다. 이는 '노아의 방주'와 관련이 있는데, 노아가 대홍수를 피한 곳이 바로 아르메니아의 아라라트 산악지대이다. 백두산이 한민족을 상징하듯이, 아라라트 산은 비록 현재는 터키 영토에 속해 있지만, 여전히 아르메니아 민족의 영산(靈山)으로서 의미를 가지고 있다. 아르메니아는 세계 최초로 301년 기독교를 국교로 받아들였으며, 405년에는 그들의 문자를 창조하였다. 그러나 4세기 후반부터 근대에 이르기까지 계속된 외세의 침입은 많은 아르메니아인들로 하여금 자신의 영토를 떠나 타국으로 이주하게 하였다.

특히, 1915년 터키에 의해 자행된 아르메니아인 대학살을 기점으로 아르메니아 디아스포라는 본격적으로 확대되게 된다. 19세기 초부터 아르메니아의 서부를 지배하고 있었던 오스만 튀르크는 1차 세계대전 당시 그동안 독립운동을 펼쳐왔으며, 적국인 러시아와 연합할 가능성이 컸던 자국 내 아르메니아인들에 대한 경계를 늦추지 않았다. 러시아와의 전투에서 참패한 터키군은 1915년 4월 터키 내 아르메니아 지도자와 지식인 총 325명을 연행, 처형하였으며, 나머지 성인 남자들은 군대에 소집하거나 건설현장에 투입시켰다. 공사장에서 이들에 대한 집단학살이 이루어졌으며, 부녀자, 노인, 어린이 60여만 명이 시리아, 메소포타미아 사막으로 추방되었다. 아르메니아 측은 쫓겨난 이들의 대부분이 사막에서 추위와 기아로 죽어 시리아에 도착했을 때 생존자는 35명뿐이었으며, 이로써 당시 터키 영토 내 약 300만 명의 아르메니아인 중 절반 이상이 사망하였다고 주장하고 있다. 훗날 히틀러는 자신의 저서 '나의 투쟁'에서 "오늘날 누가 아르메니아인 대학살을 기억하는가?"라며, 나치의 유대인 학살을 계획하였다고 한다.

외세에 끊임없이 시달려온 아르메니아의 순탄치 않은 역사 외에도 아르메니아 디아스포라를 형성시킨 요인은 아르메니아인들이 유대인 못지않은 상인 기질을 가지고 있기 때문이다. 그들은 일찍부터 교역을 목적으로 이곳저곳을 떠돌며 경제적인 부를 쌓을 수 있었다. 아르메니아 디아스포라의 또 다른 특징은 높은 교육열이다. 그들은 어느 곳에서든지 새로운 거주 국가에서 인구수 대비 높은 교육 수준을 보이고 있다. 거주국의 언어를 완벽하게 구사하고 현지에 빠르게 적응

아르메니아 디아스포라 - 색이 진할수록 분포도가 높다

(■10만~300만의 아르메니아인 거주)

출처 :http://draxt.ru/news/2009-02-16-426

하는 동시에, 모국에 대한 남다른 애착을 가지고 있다. 이들이 가지고 있는 모국에 대한 충성심, 혹은 애국심은 곧잘 정치적 로비활동으로 이어진다. 특히 미국 내 아르메니아 디아스포라는 미국 의회에는 이미 친아르메니아파(약 130명의 의원)가 형성되어 있을 정도로 적극적인 로비활동으로 유명하다. 이들은 미국 정부가 아르메니아에 관심을 기울이게 하고 지속적으로 경제적 원조를 제공할 수 있도록 영향력을 발휘하고 있다. 이는 미국에서 막강한 정치적, 경제적 파워를 행사하는 유대인들의 모습을 연상시킨다.

타민족에 의해 행해진 대학살, 오랫동안 모국을 떠나 세계 곳곳에 이들의 공동체가 퍼져 있다는 사실은 쉽게 유대인과 아르메니아 디아스포라를 연결시킨다. 이 외에도 상술에 능하고 경제적인 부를 추구하고 있다는 점, 높은 현지 적응력과 거주국에서의 성공, 그렇기 때문에 동시에 현지 내 주변 민족들 사이에서 호감을 얻지 못하거나 좋지 않은 평판을 받고 있다는 점, 오랜 유랑에도 불구하고 민족문화와 전통의 보존, 그리고 거기에는 종교의 강력한 역할이 있다는 점, 모국을 위한 지원 등은 아르메니아 디아스포라를 '캅카스의 유대인'이라 불리게 한다.

(2010년 5월 3일 제57호)

37. Donde Voy(어디로 가야 하나요), 무국적 고려인

이 채 문
미네소타대학교 사회학박사
경북대학교 사회학과 교수

최근 국회에서 조금 특이한 법이 통과되었다. 바로 독립국가연합의 '무국적 고려인'의 국적 취득을 돕는 특별법이 바로 그것이다(2010년 4월 28일). 이범관 의원을 비롯한 국회의원 22명이 발의한 이 특별법에는 무국적 고려인 지원을 위한 정책을 수립하고, 이들에 대한 경제적 자립 그리고 한국어 및 IT 교육을 지원하기 위한 한인문화센터를 건립하는 등의 내용이 포함되어 있다.

무국적 고려인들의 수는 전체 고려인 약 53만 명의 10%에 해당하는 5만여 명에 이른다고 알려져 있다. 연해주의 경우에도 공식발표 된 재이주 고려인 수 17,800명 이외 무국적자 1만 명이 숨어 지낸다는 보고도 있다. 이들은 불법체류 또는 무국적 때문에 자녀의 교육 및 취업, 그리고 의료보장 등 사회보장혜택에서 큰 제한과 차별을 받고 있다. 국적이 없기 때문에 이들은 원 거주지로 귀환할 수 없어 가족과의 생이별을 겪고 있는 경우도 많다. 더 큰 문제는 고려인들의 무국적 문제는 당대에 끝나는 것이 아니라 대물림될 수도 있다는 점이다. 부모가 무국적자인 경우 자녀들 또한 무국적자로 남게 되면서 이들은 취학, 취업, 의료 서비스에서 전혀 혜택을 받지 못하게 되는 악순환이 계속된다.

무국적 고려인의 발생은 다양한 요인에 기인한다. 1991년 12월 옛 소련의 붕괴를 전후로 하여 중앙아시아 지역에 거주하던 고려인들이 현지의 언어, 종교, 경제적 상황 및 민족 문제로 인하여 러시아와 여타지역으로 이주하면서 발생하였

CIS 국가 체류 중인 고려인 현황(2007년 기준)

주요 독립국가연합(CIS) 국가에 체류 중인 고려인 현황

국가명	고려인 총계	체류국 국적을 가진 고려인 수	타국적을 가진 고려인 수 (비공식 통계)	
			타국적 소유자	무국적자
러시아	19만	15만	4만	
우크라이나	3만4000	1만2000	2만	2000
우즈베키스탄	17만	15만5000	1만5000	
카자흐스탄	10만	10만	(집계 안 됨)	(집계 안 됨)

출처 : 주 우크라이나 한국대사관

다. 이들은 주로 예전에 조상들이 거주하였던 연해주나 옛 소련 시절 소비에트 연방에서 소비되는 농산물의 50%를 생산하는 세계적 곡창지대 우크라이나 또는 러시아로 이주하였다. 타 지역으로 일시 이주한 이들은 옛 소련시절 각 공화국을 비교적 자유롭게 옮겨 다닌 기억에 따라 국적 취득에 별 어려움이 없으리라고 생각하였으나, 각 공화국이 독립하면서 자민족주의 정책을 강화하는 과정에서 전에 없던 새로운 국적 및 민족 정책을 시행하여 이들 고려인 대다수들이 불법 체류 상태로 전락하게 되었다. 또 다른 고려인들은 독립국가연합의 국적을 취득했다가 러시아 또는 우크라이나에 들어와 여권이 만료되었거나 여권을 분실하게 되어 무국적 상태로 된 경우도 있다.

고려인의 무국적 문제는 옛 소련의 해체라는 배경 속에서 국적의 개념 변화에 주목하고, 국가와 그 거주자 간의 수동적 관계를 넘어서는 국제법의 실제적 차원에서도 매우 중요한 함의를 띤다. 특히 국가승계의 성격을 띠는 독립국가연합에서 선행국인 소비에트 연방의 권리의무가 승계국인 러시아와 우크라이나 내 고려인 거주 지역에서 어떻게 나타나는가는 매우 중요한 문제이다. 이는 국적문제가 단순히 자연인과 문제 국가 간의 단순한 형식 관계를 규율하는 차원을 넘어, 국적 판별에서 중요하게 간주되는 국가와 거주자 간의 '진정한 유대관계(genuine link)'의 실제적 존재 여부를 판단할 수 있는 중요한 사례가 될 수 있기 때문에 더욱 그러하다.

무국적 고려인들이 집중적으로 거주하고 있는 우크라이나와 러시아는 같은 독립국가연합에 속해 있다고 할지라도 무국적 고려인에 대한 양국의 정책은 엄청난 차이를 보여주고 있는데, 이 차별성을 규명하는 것이 무국적 문제 해결에 매우 중요하다. 단적인 예로 1992년 키르기스스탄의 수도 비슈케크에서 독립국가연합 국가들이 "강제이주자, 소수민족 및 국민의 권리를 회복하는 문제"에 대한 합의(СОГЛАШЕНИЕ ПО ВОПРОСАМ, СВЯЗАННЫМ С ВОССТАНОВЛЕНИЕМ ПРАВ ДЕПОРТИРОВАННЫХ ЛИЦ, НАЦИОНАЛЬНЫХ МЕНЬШИНСТВ И НАРОДОВ)를 하였음에도 불구하고 잘 이행이 되지 않고 있는 점에도 알 수 있다. 이는 현재 우리 정부에서 옛 소련 지역의 독립국가연합을 모두 단일지역으로 취급하여 추진해온 획일적인 정책이 효과를 거두지 못하는 중요한 이유이다. 따라서 우크라이나와 러시아의 무국적 고려인에 대한 현지 정책의 차이점을 규명하는 것이 무국적 고려인 문제를 해결하는 선결과제 중의 하나이다.

실제로 우크라이나에서는 극소수에 해당하지만, 무국적 고려인의 경우 국적 취득보다 영주권 취득이 더 많은 것으로 나타나고 있다. 이는 우크라이나 정부의 '이민노동허가제'와 밀접한 관련을 맺고 있는데 이 제도는 우크라이나 노동부가 해외의 노동력을 수입하기 위해 일정 쿼터를 확보하여 노동을 허가하는 방안이다. 우크라이나의 경우 2007년 유셴코 우크라이나 대통령 방한 당시 무국적 고려인에 대하여 매우 전향적인 태도를 보여주었으며, 우크라이나 정부 또한, 국적이 없는 고려인 신분을 한국대사관이 증명해 준다면 국적회복절차를 돕겠다는 언급을 한 적이 있다. 따라서 무국적 고려인의 경우 이러한 우크라이나 정부의 '이민노동허가제'를 어떻게 이용할 수 있는가를 분석하는 것이 무국적 고려인 문제 해결에 매우 중요하리라고 생각된다.

그러나 러시아의 경우에 이러한 선례를 적용하기는 매우 힘들다. 러시아에서는 'CIS 지역 국적자'들의 불법체류 사례가 급증하면서 고려인들을 위한 특별한 정책을 기대하기는 어려운 실정이다. 러시아의 경우 국적 취득은 '임시체류허가증→영주권→국적취득'의 과정을 거치게 되는데 먼저 체류허가를 얻기 위해서는 정부가 정해놓은 쿼터에 들어가야 하는 것으로 알려져 있다. 그러나 고려인들의 상당수가 증빙서류를 갖추기 어렵고, 경비부담이 상당히 크기 때문에 고려인들이 쿼터에 들어가기는 거의 어려운 것으로 알려져 있다.

우크라이나와 러시아는 다민족 국가로서 140여 개 이상의 민족이 공존하고 있는 지역이다. 이러한 점에서 고려인과 유사한 성격을 지닌 옛 소련 거주 타민족의 국적문제 해결사례에 대한 분석 및 검토는 매우 중요한 함의를 지닌다. 대표적인 사례가 크림 타타르족(Крымские татары)이다. 일본제국의 스파이로 취급되어 강제 이주된 고려인과 마찬가지로 크림 타타르인들은 우크라이나의 크림반도에 거주하던 소수민족이었다. 18만 5천~20만 명에 달하는 타타르인 대부분이 제2차 세계대전 당시 크림반도를 점령하였던 나치에 협력하였다는 혐의로 우즈베키스탄을 비롯한 소련의 여타 지역으로 강제이주를 당하였다. 이렇게 강제이주 당하였던 크림 타타르인들은 1989년부터 러시아 연방법에 의해 고향인 크림반도로 귀환하는 것이 허용되었으나, 1991년 우크라이나 독립으로 인하여 고려인들의 경우와 유사하게 이들의 국적취득은 여러 가지 난관에 부딪쳤다. 타타르인들은 이전의 거주지였던 우즈베키스탄, 타지키스탄, 카자흐스탄, 키르기스스탄, 러시아, 그루지야의 국적을 포기하고 우크라이나의 국적을 취득하는 과정에서 이전 거주지의 국적을 포기하는 데 필요한 원 거주국의 협력 부재, 관련 서류의 미비 및 신청비용의 마련 등 여러 가지 문제가 발생하였다. 이로 인해 약 80,000명의 옛 소련 거주 크림 타타르인들은 유엔난민고등판무관(UNHCR), 우크라이나 의회, NGO 단체, 중앙아시아 각국 정부 등의 협력으로 문제가 해결되기까지 약 10여 년간 무국적 상태로 생활하여야 하였다.

따라서 무국적 고려인 문제는 고려인과 유사한 상황에 놓여 있었던 크림 타타르 민족의 무국적 문제 해결이 방향을 제시해 준다고 볼 수 있다. 크림 타타르민족의 국적 취득과정에서 우크라이나 의회에서 어떠한 법안이 필요하였으며, 유엔난민고등판무관과 NGO 역할이 무엇이었는가를 분석하고, 이를 무국적 고려인에게 어떻게 적용할지를 검토하는 것이 시급하다. 이러한 과정에서 우크라이나 정부와 이전의 거주지였던 중앙아시아 각국 간의 마찰을 어떻게 해결하였는가 하는 점도 중요한 포인트가 될 것이다. 특히 민족문제에서 국가가 적극적으로 개입하게 될 경우 문제가 민감하게 될 수도 있기 때문에 크림 타타르인의 무국적 문제 해결에 NGO가 어떠한 역할을 하였는가에 대한 검토는 고려인 무국적 문제 해결에 매우 중요할 수 있다.

무국적 고려인 문제의 해결은 단순히 민족적인 정체성 확인을 넘어서는 국가의 자존심과도 직결된 중요한 문제이다. 경제규모로 볼 때 세계 10~15위권에 속하는 대한민국에서 5만여 명 이상의 무국적 동포가 떠돌아다닌다는 것은 큰 수치임에 틀림이 없다. 고려인의 국적문제는 1800년대 후반기부터 한반도 내부 및 외부 정세를 둘러싸고 발생한 이주로 민족적인 비극에 대한 우리 민족의 자아 성찰적 성격을 지니고 있다. 국적문제를 해결하는 과정에서 고려인들의 존재, 성격 및 지향점 등에 대한 정보를 제공, 공유함으로써 모국과의 연계성을 한층 강화할 수 있을 것이다. 무국적 고려인에 대한 문제해결노력은 현재 대한민국이 다민족 사회로의 진입에서 직면하고 있는 탈북자, 외국인노동자 및 국내 거주 결혼이민자 등의 무국적 문제에 대해서도 중요한 시사점을 제공할 수 있을 것이다.

(2010년 5월 31일 제61호)

38. 러시아연방 사법기관 방문기

임 태 혁
사법연수원 교수, 서울고등법원판사

사법연수원 러시아법학회는 2009년 사법연수원 교수회의의 심의를 거쳐 사법연수원장의 결정으로 결성되었고, 현재 1년차 연수생 30여 명, 2년차 연수생 20여 명으로 구성되어 있다.

필자는 2009년부터 현재까지 러시아법학회 지도교수를 맡고 있는데, 학회 해외연수의 하나로 올해 7월 1일부터 12일까지 사법연수생 6명과 함께 상트페테르부르크에 있는 연방 헌법재판소, 모스크바에 있는 연방 대법원, 연방 최고상사법원, 모스크바 특별시법원 등 러시아연방 사법기관을 공식 방문하였다.

제일 처음 방문한 러시아연방 헌법재판소는 상트페테르부르크의 상징인 네바 강변에 있다. 내부로 들어가니 국가기관 특유의 딱딱한 느낌이 없고 샹들리에와 큰 화폭의 그림으로 장식이 된 것이 우리나라의 관공서나 법원의 내부와 많이 달랐다. 현 헌법재판소 건물은 이전에는 연방 상원이 사용하던 곳이었다고 한다. 세미나 룸에 들어가서 연방 헌법재판소의 판사님 1분과 간단히 인사를 나눈 후 연방 헌법재판소의 주요한 특징에 대하여 간단히 설명을 듣고 1명씩 돌아가며 의문이 나는 것에 대하여 1개씩 질문을 하기로 하였다.

체제 전환 후 러시아연방이 구소련 하에서 인민대표기관인 '최고 소비에트 회의'에 국가권력이 집중되는 권력구조를 입헌주의로 재편함에 따라 헌법재판 제도의 도입이 필요하게 되었는바, 러시아연방은 법률의 해석, 적용에 국한되었던 일반 법원의 한계를 인식하고, 헌법해석에 통일성을 기하기 위해 별도의 독립된 기구로 하여금 헌법재판을 담당하게 하는 집중형 제도를 채택하기로 하였다. 2004년에 연방 헌법재판소의 근거가 되는 법률이 개정되어 연방 헌법재판소의 소재지가 변경되었고, 연방 헌법재판소의 재판관이 13명에서 19명으로 증원이 되었다.

연방 헌법재판소의 재판관은 연방 상원의 동의를 얻어서 대통령이 임명하며 정년이 70세로 정해져 있지만, 임기의 제한은 없다. 재판관의 요건을 간단히 살펴보면, 첫 번째, 40세 이상이어야 하고, 두 번째, 법학교육을 많이 받은 자이어야 하며, 세 번째, 15년 이상의 법조인 경력이 있어야 하고(법조인 경력에 대학교수도 포함되는 것이 우리나라와 차이점이다), 마지막으로 실력에 대한 평판이 좋아야 한다는 것이다.

러시아법학회 회원들의 질문은 대부분 우리나라의 헌법재판제도와 비교하여 차이점과 공통점에 관한 것이었다. 우리나라의 헌법재판제도와 러시아연방의 헌법재판제도는 약간의 차이가 있지만 비슷한 것이 많은 듯했다.

연방 헌법재판소에 관한 설명을 듣고 질의, 응답이 끝난 후에는 건물 내부를 구경하였다. 연방 헌법재판소의 역사와 관련된 소규모의 박물관, 판결이 내려지는 법정(우리나라의 법정과는 조금 다른 형태였다), 국제세미나가 열리는 콘퍼런스룸, 각국에서 연방 헌법재판소를 방문하면서 주고 간 선물이 전시된 곳 등을 둘러보았다.

선물이 전시된 곳에는 얼마 전 우리나라 이용훈 대법원장님께서 연방 헌법재판소를 방문하셨을 때 주신 선물도 전시되어 있어 뿌듯함을 느낄 수 있었다.

페테르부르크에서 고속철도 삽산(САПСАН)을 타고 모스크바로 이동하여 모스크바 시내 중심에서 북동쪽에 위치한 모스크바 특별시법원을 방문하였다. 그곳에서는 부 법원장님이 나와 법정과 시설 등에 관하여 설명을 해주었다. 법정에서는 모니터가 설치되어 있었는데 피고인이 구치소나 유치장에서 카메라를 통하여 재판을 받을 수 있다고 한다. 과거 피고인을 법정의 쇠창살에 가두어 놓고 재판을 진행한 것에 비해 개선되었다고 하는데 법정에서 직접 피고인을 대면하지 않고 재판하는 것이 옳은 것인지 의문이 들었다. 법원 내부에는 법원의 역사와 관련된 문서와 사진들이 전시된 소규모의 박물관이 있었으며 소비에트 연방 시절 판사의 집무실이나 법정을 그대로 보존해 놓은 방도 있었다.

모스크바 특별시법원은 민사, 형사, 행정사건을 모두 다루고 있지만, 우리나라에서는 일반 법원이 담당하고 있는 상사사건은 상사법원에서 다루고 있는 점이 특이하였다. 또한, 러시아의 연방체계는 주, 특별시, 공화국 등 83개의 연방구성주체로 이루어져 있고 이에 따라 심급제도도 매우 복잡하여 모스크바 특별시법원은 연방대법원의 하급심으로서 1심을 담당하기도 하고, 지역법원에서 항소된 사건을 담당하기도 하며, 일정한 사건에 대하여는 감독심으로 3심을 담당하기도 하였다. 이는 모스크바 특별시가 연방의 구성주체 중 하나이기 때문에 위와 같이 다양한 심급관할이 생기게 된 듯하다.

다음으로 방문한 최고상사법원은 경제 및 특정한 행정 분쟁을 심리하기 위해 설립된 독립적 법원으로서, 연혁적으로 구소련에서 국영기업 간의 경제 분쟁을 처리했던 준사법기관인 국가 중재에 근거한 것이다. 이 법원은 보통 '중재법원'

3심이 열리는 법정의 법대 모습

출처 : 필자 제공

으로 번역되었지만, 당사자들이 중재인에 의해서 중재 될 것을 요구하는 사적인 중재와는 다른 상사 분쟁을 담당하는 곳이므로 '상사법원'이라고 부르는 것이 타당할 것이다.

상사법원답게 화상 자료를 이용하여 상사법원이 담당하는 일과 심급제도 등에 관한 설명을 들을 수 있었다. 상사법원은 1993년 연방헌법에 의하여 독립적인 지위를 부여받아 탄생한 법원이고, 담당하는 사건은 기업 및 경제활동의 수행과 관련이 있는 경제 분쟁(채무불이행으로 인한 손해배상청구, 소유권에 관한 소송, 계약의 변경 및 파기 등), 법인 및 개인사업자와 관련 있는 소송, 사경제주체로서의 러시아연방과 연방구성 주체 사이의 분쟁 등이다.

한편, 러시아연방의 경우 피보전채권의 보전을 위하여 보전처분을 인정하고 있고, 보전처분의 남용을 억제하기 위하여 원고가 본안소송에서 패소한 경우 피고는 원고에게 손해배상을 청구할 수도 있다고 한다. 우리나라의 경우에도 보전처분을 한 후 본안소송에서 패소한 경우 부당한 보전처분으로 인한 손해배상청구의 요건은 쉽게 인정되고, 심지어 가압류채권자의 고의나 과실까지 추정되지만, 현실적으로 인정되는 손해배상 금액이 현실적이지 않은 문제점이 있는데 이러한 문제점을 러시아에서는 어떻게 해결하고 있는지는 연구할 과제인 것 같다.

마지막으로 방문한 연방 대법원은 얼마 전 우리나라 이용훈 대법원장께서 방문했었던 곳인데, 우리를 맞이한 연방 대법원 국제협력관도 그 사실을 잘 알고 있었다. 우리는 연방 대법원의 법정과 사무실 등을 둘러본 후 세미나실에서 연방 대법원의 역할 등에 관한 설명을 들었다.

러시아연방의 심급구조는 매우 복잡하여 대법원에서 1심으로 재판하는 사건과 2심으로 재판하는 사건도 있어 연방 대법원에는 재판을 담당하는 판사(우리나라의 재판연구관이 아닌)가 무려 120명 이상 근무하고 있다고 한다. 연방 대법원 판사에 결원이 생길 경우 신문이나 TV에 모집공고를 한 후 엄격한 심사를 거쳐 선발한다고 하는데, 러시아와 우리나라 대법원은 근본적으로 다른 구조이기 때문인 듯하였다.

연방 대법원에 대한 설명이 끝난 후 우리나라와 러시아 연방 사법제도에 관한 간담회가 있었다. 간담회 중 러시아의 국제협력관은 갑자기 우리나라가 유럽인권규약에 가입하고 있는지, 그 인권규약에 따라 재판을 하고 있는지 물어왔다. 너무나 엉뚱한 질문에 다소 당황했는데 그 국제협력관은 아마도 우리나라를 북한과 혼동하여 그와 같은 질문을 하고 러시아가 국제인권규범을 잘 준수하고 있다는 점을 강조하고 싶었던 것 같다.

12일이라는 짧은 기간이었고 러시아법학회의 첫 번째 해외 연수였기 때문에 시행착오도 많았지만, 러시아의 여러 사법기관을 방문한 것은 러시아 및 러시아의 사법제도에 관한 이해를 넓힐 수 있는 좋은 경험이었다. 우리에게는 아직 낯선 러시아라는 나라를 직접 보고 느끼고 그들의 생활방식과 문화를 체험해 본 것은 러시아법과 러시아 사법제도를 보다 잘 이해하고 전문 법조인으로서 새로운 영역을 개척해 나아갈 밑거름이 될 것이다. 다만, 현지에 진출한 우리나라 기업을 방문하여 현지에서 겪고 있는 법률문제 및 고충, 러시아의 기업 환경 등을 접할 기회를 갖지 못한 것은 아쉬움으로 남는다.

(2010년 11월 22일 제86호)

러시아 문화

39. 러시아 음식으로 다가서 보기 / 203
40. 현대 러시아의 결혼 풍속도 / 206
41. 러시아 영혼의 쉼터, 바냐 / 211
42. 〈러시아 88〉: 영화 속의 스킨헤드 / 216
43. 『변방』의 풍경: 자아와 타자의 탈 경계 공간 / 220
44. 러시아 볼쇼이 발레 〈스파르타쿠스〉:
정치적 선전과 자유로운 표현의 역학관계 / 225
45. 우리가 사랑한 미국의 러시아인 / 229
46. 러시아 현대 미술: 새로운 도약의 근거 / 236
47. 문화 패러다임과 소비에트 작가 / 241
48. 『롤리타』와 '로리콘 문화' / 244

39. 러시아 음식으로 다가서 보기

김 근 식
한국외국어대학교 문학박사
중앙대학교 노어과 교수

음식에는 민족의 슬기가 응축되어 있다는 말이 있다. 이 때문에 섣불리 어느 나라 음식이 가장 훌륭하고, 어느 나라 음식이 가장 형편없다고 단정 짓는 것은 슬기롭지 못하다. 음식이란 그 나라의 고유한 환경에 따라 발전해 왔기 때문에 그러한 주변 조건을 고려하지 않고 단선적으로 평가한다는 것은 나무 한 그루만 보고 숲을 보지 못하는 것과 다름없는 것이다. 그런 맥락에서 신토불이란 말은 우리 민족에게만 통용되는 것이 아니라 전 세계의 모든 민족에게 다 통용될 수 있는 말이다. 그 말을 조금 더 확대해석하자면 자신이 자라온 토지에서 생산된 음식이 자신의 몸에 가장 적합하다는 뜻이다. 경우에 따라서는 아무리 비싸게 수입해온 프랑스산 또는 중국산 음식이라도 토종음식을 먹고 자라온 우리의 신체 대사에는 적절하지 않을 수 있다는 말이다.

하지만, 그 또한 이국 음식에 대해 극단적이고 배타적인 견해가 될 우려가 있다. 중요한 것은 서두에 표현했듯이 민족의 슬기가 담겨 있는 타자의 음식을 어떻게 나의 것으로 만들어 그러한 슬기를 공유할 수 있는가이다. 즉 우리 것이 아닌 타민족의 음식을 입맛에 맞지 않는다고 배척할 것이 아니라, 그것을 타민족이 즐겨왔듯이 우리도 어떻게 즐겨보느냐가 더 중요하다는 의미이다. 특히 슬라브 족의 언어와 문화를 배우는 우리로서는 이질적으로만 보이는 그들의 음식을 우리의 것으로 섭렵해보는 노력도 기울여볼 만할 것이다.

우리나라의 제사음식에서 500년 전 우리 음식의 문화전통을 캐낼 수 있듯이 현재의 러시아 음식에서도 유구한 슬라브 민족의 전통을 엿볼 수 있다. 또 그러한 전통을 캐내다 보면 그들과 우리가 비슷한 전통을 가지고 있었다는 사실도 부분적으로 엿볼 수 있다. 그것은 이들도 과거에는 다른 유럽민족들보다 채식 위주의 식사를 해왔다는 것이다. 물론 이들의 복합적인 환경이 채식을 이끌었던 점도 없지 않아 있었고, 채식의 컬러 또한 우리와는 다른 것이 사실이다.

고대부터 현대까지 러시아 식탁을 끊임없이 차지하고 있는 주요한 음식은 러시아 음식의 근간으로서 발효한 귀리 반죽으로 만든 흑빵, 전통적 수프(보르시), 곡물로 만든 죽 까샤, 피로기라 불리는 러시아식 파이, 발효된 밀가루 반죽으로 만든 무수한 파이와 빵류, 러시아식 팬케이크인 블린, 그리고 꿀로 만든 음료수, 보리나 꿀을 발효시켜 만든 청량음료 크바스, 보드카였다. 수프라는 말은 18～19세기경 유럽에서 도입한 외래어이고 원래 러시아어로는 흘레보바(хлебова)라 했으며, 흘레보바는 재료에 따라 쉬이(Щи), 보르시, 우히, 솔랸끼로 나뉘지만 흔히 배춧국이라 일컬어지는 쉬이만 해도 60～70여 가지가 되었다고 할 정도로 다양했다.

러시아 음식의 역사 또한 러시아의 역사와 그 운명을 같이 해왔다고 할 수 있다. 러시아 역사에서 가장 획기적인 사건은 기독교의 도입, 표트르 대제의 개혁, 러시아 혁명을 대표적으로 들 수 있다. 러시아 음식은 이러한 역사적 변화에 따라 일대 변신을 해왔다. 특히 기독교 도입 이후 러시아인의 정신세계가 변화했듯이 음식도 그러한 변화에 순응했다. 이때부터 러시아 음식은 금식기의 음식과 비금식기의 음식으로 양분되기 시작했다. 비(非)금식 기간은 부정한 기간이라 칭해졌다. 금식 기간에 먹어야 하는 음식은 채소, 생선, 버섯 종류였다. 부정한 음식으로는 우유, 계란, 육류였다. 이들은 음식을 조리하는 데 금식기의 음식과 비금식기의 음식을 섞어 먹는 것을 허용하지 않았다. 그래서 러시아 음식은 응용하는 데 있어서 단조로웠다고 볼 수 있다. 반면 금식기의 음식은 매우 발달했었다. 해마다 날 수가 다르지만, 금식 기간은 보통 1년에 192일에서 216일까지 되었기 때문에

1년의 절반 이상은 육식을 하지 않는 날이었다. 그 대신 러시아 음식에서는 버섯과 생선 요리가 많고, 곡식, 채소, 야생 딸기와 엉겅퀴, 명아주 같은 풀의 다양한 식물성 원료가 자주 사용되었다. 채소로서는 10세기부터 배추, 순무, 무, 콩, 오이가 있었으며, 이런 것들을 날로 먹거나 소금에 절이고, 삶아 먹고, 끓여 먹고, 구워 먹기도 했다. 러시아식 샐러드는 한 가지 종류로 된 오이 샐러드, 사탕무 샐러드, 감자 샐러드 등이 있다. 이와 같은 금식과 비금식 기간을 가려가며 음식을 먹는 전통은 혁명이 일어나기 전까지 계속되었다.

과거 우리 민족의 음식이 육류보다는 러시아인의 금식 기간에 섭취했던 음식과 비슷한 곡식과 채식 위주였다는 점과 일반 대중의 음식이 두 나라 모두 소박하고 절제되었다는 점에서 공통분모를 찾을 수 있을 것이다. 그러한 소박함과 절제 정신은 꽉 찬 화려함보다는 흑과 백의 검소한 묵화 속에서 여백의 미를 즐겼던 우리 선현들의 여유와 맥을 같이 한다고 볼 수 있을 것이다.

연어 알을 곁들인 블린

출처 : http://www.liveinternet.ru/users/alakazia/post140145218/

(2010년 4월 19일 제55호)

40. 현대 러시아의 결혼 풍속도

김 은 희
모스크바 국립대학교 문학박사
한국외국어대학교 강사

U. I. 피메노프(1903~1977)의 〈내일의 거리에서의 결혼〉(1962)은 예식을 막 끝내고 '흐루쇼프식 아파트'의 건설 현장을 걸어가는 신랑 신부를 묘사한 작품이다. 이 작품은 '해빙기' 시대를 배경으로 밝은 미래 건설에 대한 테마를 반영한 것으로 해석되고 있다. 1960년대 구소련은 정치, 사회, 문화 등에서 스탈린(1953년 사망) 격하 운동이 활발히 진행된 시기였고, 1961년에 유리 가가린이 최초로 우주 비행에 성공함으로써 서방 사회에 대한 자신감으로 충만했던 상황이었다.

화가는 그런 시대적 분위기를 화폭에 담고 있다. 피메노프가 신랑 신부 얼굴을 흐릿하게 표현한 것은 특정한 개인을 그린 것이 아니라 그 시대 일반적 젊은이들을 전형화한 것이고, 건설 현장을 걸어가는 신랑과 신부, 배경의 인물 군상도 화가가 임의로 연출했음을 짐작할 수 있다. 경쾌한 하얀 원피스를 입은 신부와, 밝은 노란 색 널빤지들, 노란 '흐루쇼프식 건물'들이 검은 양복을 입은 신랑, 회색 건물과 옆의 하수처리관 등과 색의 대비를 이루면서도 조화롭게 펼쳐지면서 신랑 신부가 보는 이들에게 축하받기 위해 앞으로 나아오는 듯한 효과를 낸다. 앞으로 뻗은 널빤지 길, 위로 솟은 건물들, 공사 현장 등은 모두 사회주의 건설의 역동성을 표현해준다.

신랑 신부의 배경이 된 '흐루쇼프카(흐루쇼프식 건물)'는 흐루쇼프 시대에 만들어졌거나 그 후 그 양식으로 만들어진 건물들이다. '스탈린식 건물'로 불리는

〈내일의 거리에서의 결혼〉 U.I. 피메코프, 1962

출처 : 필자 제공

스탈린 시대에 만들어졌거나 그 양식에 따라 지어진 건물들과는 달리, '흐루쇼프카'는 조립식 블록을 이용한 것이 많고 주로 성냥갑처럼 네모 모양으로 회색이나 누런빛이 주를 이룬다. '스탈린식 건물'이 장중하고 위엄 있는 스타일로 높은 천장과 넓은 홀이 특징적이라면 '흐루쇼프카'는 튼튼함과 위엄보다는 실용적인 대량 생산을 목적으로 했다. 스탈린식 건물이 더 오래되었지만 지금도 사람들이 선호하는 이유가 벽돌로 지어져 냉난방이 잘되며 리모델링하기도 더 안전하다는 것이다.

혁명 후 급격히 늘어난 이혼율을 줄이기 위해 스탈린에 의해 취해졌던 이혼 절차의 법제화와 방지법들이 오히려 역효과를 내서 형식적 결혼관계를 유지한 내연관계들이 늘어났고 결혼을 미루는 결과를 나았던 것을 상기하면 흐루쇼프 시대에 발표된 다시 간소화되고 완화된 이혼법은 일시적인 결혼 증가를 불러왔던 것도 사실이다.

젊었을 때 5번 이혼하고 6번 결혼했던 경력을 가진 러시아의 작가 유리 나기빈(1920~1994)은 세 번째 아내의 어머니인 그 장모와의 사랑을 다룬 《금발의 장모》(1994)에서 스탈린의 이혼 방지법에 대해 "직접적인 금지는 아니었지만, 물질적으로도 절차상으로도 이혼에 상호 합의가 없을 때는 실제적으로 이혼이 불가능할 정도로 많은 제재들이 등장하게 되었다."라며 자신이 "얼마나 쉽고도 멋지게" 전부인과 "부담 없는 사슬을 끊었는지"라고 탄식하며 "진실로 우리나라에서 하는 일이라고는 모두 더 나쁜 것들뿐이다."라고 스탈린을 비판하고 있다. 이런 그의 탄식은 톨스토이의 《안나 카레니나》에서도 잘 묘사되었던 너무나도 엄격했던 결혼법(러시아 정교법에 따르면 여자는 이혼해도 전남편이 죽기까지는 재혼을 할 수 없었기에 브론스키와 안나는 딸을 낳고도 정식 결혼을 할 수 없었고 안나는 브론스키의 냉담함에 고통을 받다 결국 비극적 최후를 선택한다.)에 비해서, 혁명 이후 구소련에서는 상대적으로 자유로웠던 결혼과 이혼에 대한 향수를 나타낸 것이리라.

실제로 1960~70년대는 구소련의 황금기였다. 정치, 경제, 사회적으로 안정되어 젊은이들은 무상 교육을 받고 안정된 직장을 제공 받았으며, 결혼을 하면 경우에 따라 좀 기다릴 수도 있었지만, 아파트를 배당받을 수는 있었다. 그림 속의 신랑 신부도 혼인신고를 마치고 그들을 기다리고 있는 '내일의 아파트'를 향해 발걸음을 내딛는 중일지도 모른다.

현대 러시아의 결혼식에서도 정교회 사원에서의 예식을 제외하고는 구소련 시대의 결혼 예식이 대부분 유지되고 있다. 또한 '비쿠프(신부의 몸값 지불)'라는 혁명 전 러시아의 전통이 보존되어 행해지고 있다. 결혼식 날 신랑은 신부를 위한 부케 외에도 신부와 신부 친구들을 위한 선물이 들어 있는 함(비쿠프)을 따로 준비한다. 남자친구들을 포함한 신부 측 친구들은 신부의 집 앞에서 신랑을 기다렸다가 신랑에게 여러 가지 과제(게임이나 문답 놀이 등)를 내주어 그것들을 해결해야만 신부를 데려갈 수 있도록 했고, 풀지 못하면 벌칙을 주면서 간단한 놀이를 했다. 이런 놀이가 끝나면 신랑은 신부에게 부케를 선물하고 친구들과 간단한 파티를 한 후 '작스(호적등록과)'로 향하게 된다.

준비된 차를 이용해서 신랑과 신부, 양측 증인들, 친구들과 손님들이 동행한다. 작스나 결혼 궁전에서 결혼 등록을 하는 것이 결혼식으로 간주된다. 모든 서류를 작성하고 신랑 신부는 보통 멘델스존의 〈결혼 행진곡〉에 맞춰서 손님들이 보는 앞에서 증인들과 함께 결혼 등록을 위한 홀로 들어선다. 대부분이 여자인 결혼 등록인이 신랑 신부의 결혼 의사를 확인하는 물음과 신랑 신부의 "예" 하는 긍정의 대답이 울리고 신랑 신부가 결혼 서류에 서명하면 결혼식이 끝나는 것이다.

결혼 등록 후에 준비해온 술과 간단한 안주로 그 자리에서 작은 파티가 벌어지는데 증인들을 선두로 모든 손님들은 결혼을 축하하는 잔을 들고는 '고리커(쓰다)'를 외친다. 이 말은 축배를 든 '술이 쓰니 신랑 신부의 입맞춤으로 술을 달게 하라.'라는 뜻이다. 이 말을 들으면 신랑 신부는 반드시 키스를 해야만 한다.

작스나 결혼 궁전을 나오는 신랑 신부에게 밖에서 기다리던 친지들과 친구들은 풍요와 다산을 상징하는 쌀과 꽃송이를 흩뿌리거나 신랑 신부를 조준해서 행운을 비는 동전들을 던지기도 한다. 그 후 신혼부부는 친구들과 함께 명소를 돌아다닌다. 도시 관광 후에 신혼부부는 시댁을 방문하거나 바로 피로연장에서 시부모와 친척들을 만나기도 한다. 시부모는 그들을 '빵과 소금'으로 맞이한다. 신랑과 신부는 손을 대지 않고 빵 조각을 물어뜯는다. 큰 조각을 물어뜯은 사람이 집안의 우두머리가 된다는 말이 전해진다. 피로연장에서는 파티와 춤으로 결혼을 축하한다. 사회자가 진행을 하기도 하고 지인들이 작은 공연을 펼치기도 한다. 손님들은 순서대로 축하의 말을 하면서 선물이나 축의금을 건넨다. 피로연이 끝나면 손님들은 흩어지고 신혼부부는 호텔이나 준비된 곳에서 첫날밤을 보낸다. 첫날밤에 서양처럼 러시아에서도 신랑은 악령이 데려가지 못하도록 신부를 안아서 집 안으로 들어간다.

과거엔 18K 반지 한 쌍에 호적 등록소에서의 간단한 파티면 족했던 결혼이 최근 러시아에서는 부의 척도가 되고 있다. 호적 등록소나 결혼 궁전이 아니라 야외나, 유람선 등에서 하는 결혼식이 유행하고, 결혼 등록도 출장을 나와 해주는데 이벤트 에이전시들이 그런 서비스를 담당하고 있다. '출장 뷔페'도 성행한다. 답답한 실내 레스토랑이 아닌 숲이 있는 강변이나 여름 별장에서 피로연을 할 수 있도록 출장 서비스를 한다.

신문에서 '현대의 결혼식 비용'이란 기사를 본 적이 있다. 신부가 드는 비용은 약 1,200불에서 3,000불 정도로, 드레스가 약 300~1,500불(러시아에선 빌리는 값이 200불 정도이니 사는 값과 비슷해서 보통 구입을 한다), 면사포나 화관, 장갑, 머리 장식 등이 약 150~200불, 화장과 머리 손질 120~250불, 매니큐어 30~100불, 부케 100불, 등이었다. 신랑이 드는 비용은 약 600~1,000불 정도인데, 양복, 와이셔츠, 넥타이 등이 350~500불, 신발 120~200불, 신부의 선물 값(비쿠프) 30~100불, 이발료 30~70불 등을 포함한 것이다.

피로연을 위한 레스토랑 식비는 1인당 60불 정도로 40~50명 기준으로 3,000불 정도가 든다. 이 외에 전문 사회자 초청이 300~500불, 술이 보드카는 30불부터이고 사진과 비디오 촬영이 1,000불 이상, 신혼부부용 호텔 투숙비가 250~750불이었다. 러시아에선 신혼부부가 도시 관광을 할 때 리무진을 타는 것을 선호하는데 4시간 기준으로 시간당 150~400불로 자동차의 등급이나 평일인지 휴일인지에 따라 차별화되어 있다. 여기에 결혼반지도 다양화되었고 뮤지션 초청비, 예식홀 장식비, 자동차 장식비 등이 포함될 수 있어서, 절약해도 약 7,000불이었고 호화롭게 한다면 15,000불 이상이 든다.

2009년의 통계로 이혼율은 40%에 달하고 있지만 새 삶을 시작하는 두 사람이 대중 앞에 서는 첫 표현인 결혼식에 대한 욕구와 그 형식은 더욱더 다양해지고 있다.

(2010년 10월 18일 제81호)

41. 러시아 영혼의 쉼터, 바냐

추 석 훈
Indiana University at Bloomington 슬라브어학박사
한국외국어대학교 노어과 교수

얼마 전 러시아에 다녀왔습니다. 이번에도 러시아는 지나가는 여행자에게 좀처럼 자신의 내밀한 속내를 드러내 주지 않았습니다. 꽤 많은 시간을 러시아와 같이 하고 있지만, 사실 제게 러시아는 아직 수수께끼 같은 나라입니다.

알 수 없을 것만 같은 나라, 좀처럼 이해되지 않는 나라 러시아의 불가해성을 이야기할 때 우리는 종종 튜체프의 선시 같은 짤막한 시 한 구절로 우리의 부족함을 근사하게 메우곤 합니다. "이성으로 러시아를 이해할 수 없다. 러시아는 만국 공통의 자로 잴 수 없다. 러시아는 오직 믿을 수 있을 뿐이다."라고 말입니다. 러시아는 자신만의 독특성이 강한 나라라는 이야기겠지요. 베르쟈예프는 두 개의 모순된 원리가 러시아 혼의 구조를 이루고 있다고 했습니다. 자연적, 디오니소스적, 원초적 이교주의와 금욕적, 수도원적 정교신앙이라는 두 개의 거대한 모순이 의식의 토대를 이루는 러시아는 자신만의 "러시아性"이 매우 강한 나라 같습니다. 러시아에 수입된 문화들이 모두 러시아의 색채로 다시 탈바꿈하는 흥미로운 현상들은 이것으로 설명되지 않을까 합니다. 그래서 "러시아 이해"는 외부의 시선으로 재단하고 분석하기보다, 러시아를 체험하고 동감함으로 그 첫걸음을 내딛을 수 있지 않을까 하는 생각이 듭니다.

이번 여행의 체험은 러시아 문화에서 빼놓을 수 없는 바냐였습니다. 러시아 역사의 동란시기 가짜 드미트리가 러시아인이 아니라는 것을 알아차리는 방법은 너무 간단했습니다. 가짜 드미트리는 바냐에 가지 않았거든요. 바냐에 가지 않는 러시아인은 생각할 수 없었던 것입니다.

바냐에 가보지 않고는 러시아를 이해할 수 없다는 주위의 강력한 추천에 도착하자마자 바냐를 찾아 떠났습니다. 사우나와의 동의어 관계를 강하게 거부하는 "바냐"는 저에게 무척이나 강한 인상을 남겼습니다. 물어물어 찾아간 러시아 전통 바냐는 아담한 오두막 독채였습니다. 시골에 있는 전통 오두막 바냐는 장작으로 바냐를 덥히기 때문에 내부가 온통 그을려 시커멓습니다. 그래서 전통 바냐는 검은 바냐(черная баня)라고 하고, 도시형 바냐는 전기로 덥히기 때문에 내부가 깨끗해서 하얀 바냐(белая баня)라고 합니다.

입구에서 옷을 벗어 엉성한 나무 옷걸이에 대충 걸고, 건네받은 하얀 천을 몸에 감고, 펠트 모자를 쓰고는 안으로 들어갔습니다. 몸을 두드리는 베닉(веник)은 자작나무 잎사귀를 말린 놈으로 골랐습니다. 떡갈나무 베닉도 있지만, 자작나무 베닉이 향기가 훨씬 좋다는 관리인 아주머니의 조언을 따라보기로 했습니다. 열기실(парная)앞 복도에 있는 나무 대야에 뜨거운 물을 붓고 베닉을 담그고 기다리니, 귀한 약재에서 나는 듯한 황홀한 냄새를 풍기며 마른 잎사귀가 물을 머금고는 원래의 모습을 회복하며 풍성해집니다.

싱싱해진 베닉을 들고 열기실에 들어가니, 습하고 달구어진 열기가 온몸을 훅 감쌉니다. 러시아 바냐는 돌을 달구고는 그 돌 위에 물을 부어 순간적으로 온도를 높입니다. 그때 뜨거운 물을 붓지 않고, 차가운 물을 부으면 바냐에 사는 귀신 반닉(Банник)이 튀어나온다고 합니다. 열기실 선반 계단에 살고 있다는 반닉은 자그마한 키에 벌거벗은 노인의 모습을 하고 있답니다. 바냐에 악한 기운들이 거주하고 있다고 믿은 러시아 사람들은 반닉도 사람에게 해를 끼치는 존재로 받아들였습니다. 그래서 반닉에게 검은 닭을 제물로 바치고, 바냐에서 씻은 후에서는 빗자루와 비누조각, 그리고 따뜻한 물을 조금 남겨놓았다고 합니다. 자정이 넘어 씻는 것은 엄하게 금지되었고요.

전통 오두막 바냐(Баня)

출처 : 필자 제공

바냐는 또한 젊은 아가씨들이 미래를 점치는 곳이기도 했습니다. 자정 무렵 바냐의 문에 손을 넣고는 반닉의 대답을 기다립니다. 반닉이 털이 부숭한 손으로 아가씨의 손을 건드리면, 그 아가씨의 미래의 남편은 선량하고 부자일 거고, 맨손으로 만지면 가난하고 나쁜 인간일 거라는 겁니다.

이제 열기실에서 자작나무 베닉으로 온몸을 두드려 봅니다. 러시아 바냐에서 빼놓을 수 없는 요소가 바로 이 베닉으로 마사지하는 겁니다. 마치 편타고행자들처럼 자기 몸을 베닉으로 두드리기도 하고, 서로서로 두드려 주기도 하는 이 과정은 처음 보면 무척이나 가혹해 보입니다. 베닉이 열기실안의 뜨거운 공기를 온몸에 부채질하기 때문이죠. 고통에 찬 비명이 절로 터져 나오기도 합니다. 하지만, 몸에 자작나무가 부딪히며 일어나는 통증과 열기는 시간이 지나면서 표현하기 힘든 쾌감을 불러일으킵니다. 그렇게 열기실 안에서의 고행의식으로 온몸이 빨갛게 달구어지고, 임계치가 한계에 다다라 열기실 나무문을 박차고 나오면 러시아 바냐에서 가장 중요한 의식이 우리를 기다리고 있습니다. 차가운 물이 가득 찬 욕조에 텀벙 뛰어들어 뜨거워진 몸을 찬물에 담가 식히는 겁니다. 이때의 짜릿한 기분은 엄청난 중독성을 지니더군요. 이 몇 초간의 짜릿함을 위해 바냐를 하는지도 모르겠습니다. 시골 바냐들은 그래서 보통 호숫가나 강가에 지어졌죠. 겨울 얼어붙은 강가에 구멍을 뚫어 놓고 들어가기도 하고, 아니면 바냐 밖 쌓인 눈에 뒹굴어 몸을 식히기도 합니다. 눈 속에 드러누울 때는 고함을 크게 지르는데 그러면 몸속의 나쁜 기운이 빠져나간다고 러시아 사람들은 생각합니다.

찬 욕조에서 나와 이제 몸을 대충 닦고선 이 층에 마련된 휴게실로 올라갑니다. 홍차에 레몬과 꿀을 넣어 따듯하게 마시며 조용히 바냐 바깥 풍경을 바라봅니다. 온몸에서 땀과 함께 그동안 켜켜이 쌓인 정신의 찌꺼기가 빠져나간 듯 투명한 느낌입니다. 나무 사이를 지나가는 바람을 아무런 생각 없이 지켜보고 있으니 이제껏 몰랐던 여유로움이 내 온몸에 가득합니다. 정신의 휴식이 이런 거구나 싶습니다. 지나는 바람도, 흔들리는 나무도, 바냐를 데우는 장작 연기와 달콤한 그 냄새도, 모두 이 순간 내 주위의 자그마한 우주를 형성하고 그 풍경에 말없이 녹아들 뿐입니다.

러시아 바냐는 로마에서 발전한 사우나나 터키의 하맘과 비교해보면 매우 소박한 성격을 띠고 있습니다. 대리석으로 치장한 방과 욕조도 러시아엔 존재하지 않았습니다. 고대 루시인들이 처음 바냐를 했을 때처럼 그렇게 소박한 원시성이 아직도 고스란히 간직되어 있습니다. 하지만, 건강을 지키는 효과나 정신적 안정은 다른 형태의 사우나와 비교할 수 없을 정도로 뛰어납니다.

러시아 바냐는 단순히 건강을 위한 효과만 가지고 있는 건 아닙니다. 바냐는 러시아에서 교우의 매우 주요한 수단입니다. 바냐에는 매우 가깝고 친한 친구와 함께 가거나, 초대합니다. 이 경우 보드카는 필수적이지요. 그리고 러시아 남성들에게 바냐는 자유와 평등의 상징입니다. 바냐에서는 사회적 조건이나 지위를 상징하는 옷을 벗어버리기 때문입니다. 러시아 속담처럼 바냐에는 장군이 있을 수 없습니다(В бане нет генералов).

바냐는 러시아인의 역사와 같이 합니다. 어원사전을 찾아보면 바냐라는 단어는 11세기에 이미 문헌에서 발견되고, 슬라브 민족의 사도 안드레이가 "원초연대기"에 슬라브인의 바냐에 대해 언급한 것도 볼 수 있습니다.

"로마로 돌아가는 길에 슬라브 땅에서 나는 놀라운 것을 보았다. 나무로 만든 바냐를 보았다. 그 바냐를 아주 세게 덥혀서 옷을 벗고, 알몸들이 되고는, 크바스를 붓고 여린 나뭇잎으로 자신을 토막 내듯 때린다. 기진맥진해진 사람은 물을 몸에 들이붓고는 생기를 되찾는다."

이렇게 러시아 역사의 시원과 함께 한 바냐는 루복이나 노래에서 자주 표현되고, 민담이나 속요에서도 종종 만나는 테마입니다. 러시아 바냐에 제일 많이 걸려 있는 그림은 쿠즈토지예프의 "러시아 비너스"(1925~1926)입니다. 20세기 초에 유명했던 이 화가의 그림은 러시아 바냐의 성격을 매우 잘 포착한 것 같습니다. 소박함과 건강미가 흘러넘치는 이 그림의 모델은 놀랍게도 화가의 딸이랍니다.

상쾌해지고 한껏 투명해진 몸과 마음으로 바냐 문을 나서며 생각합니다. 바냐에 가보지 않고 어떻게 러시아를 이해할 수 있겠느냐던 누군가의 말은 옳았습니다. 바냐는 단지 몸을 씻는 곳이 아니라, 고대 루시인들이 마음을 씻었던 곳, 그리고 찾는 이가 누구이든 그들에게 그곳은 영혼의 쉼터입니다.

(2010년 11월 8일 제84호)

42. 〈러시아 88〉: 영화 속의 스킨헤드

김 수 환
러시아 학술원 문학연구소 박사
한국외국어대학교 노어과 조교수

지난 2009년에 제작되어 많은 화제를 낳은 영화 〈러시아 88(Россия 88)〉을 최근에야 보게 되었다. 이 영화는 러시아 스킨헤드 문제를 본격적으로 다룬 최초의 러시아 영화로, 개봉을 둘러싼 우여곡절 때문에 러시아 내에서 열띤 논쟁을 불러일으킨 바 있다. 게다가 올해 초부터 한국 유학생을 상대로 한 인종범죄가 줄을 이었던지라, 21세기 러시아가 겪고 있는 이 심각한 사회현상이 영화 속에서 어떻게 '재현'되고 있는지, 그리고 그를 둘러싼 사회적 '반응'은 어떠한지에 관심이 갈 수밖에 없었다.

영화를 만든 파벨 바르딘(Павел Бардин)은 모스크바 대학에서 저널리즘을, 국립영화학교(ВГИК)에서 연출을 전공한 1975년생의 젊은 감독으로, 〈러시아 88(Россия 88)〉은 그의 두 번째 장편영화이다. 감독이 밝힌 영화의 취지는 명백하다. 현대 러시아의 파시스트 그룹과 그들의 폭력에 대한 사회적 관심을 불러일으키는 것. 흥미로운 사실은 이런 감독의 의도가 영화 자체를 통해서뿐만 아니라 영화 '밖'의 상황, 그러니까 텍스트를 둘러싼 외적 반응들을 통해 달성되었다는 점이다. 스킨헤드 문제를 정면으로 다룬 이 영화에 가장 먼저 '민감한' 반응을 보인 쪽은 정부 당국이었다.

스캔들의 시작은 작년 3월 "불의 영혼(Дух огня)" 영화제였다. 해외 유명감독이 포함된 심사위원단은 〈러시아 88(Россия 88)〉에 그랑프리 수상을 결정했는데, 이 결정은 최종 순간 번복되었고, 그 이유가 '위로부터의 압력' 때문이었음이 폭로되었다(결국 2등상에 해당하는 심사위원상과 영화비평가 조합상이 수상된다). 이 압력을 행사한 장본인이 크렘린의 핵심 인사이자 친 여당 그룹 "나쉬(Наши)"의 창설자라는 사실까지 알려지면서, 파장은 점점 더 커졌다. 한편, 우여곡절 끝에 국내 상영이 결정되어 모스크바 롤랑 극장에서 처음으로 관객을 맞이하게 되었지만, 그 또한 경찰특공대(ОМОН)의 출동으로 막을 내렸다(공식적인 입장에 따르면, 파시스트 그룹의 (예상된) '상영반대' 시위를 막기 위한 조처였다고 한다.). 일련의 사태를 거치면서 이 영화가 단순한 영화를 넘어서는 어떤 '사건'이라는 점, 즉 해당 영화를 만든 사회의식이 그를 통해 표현되고 경합하는 문제적 '현상'이 되었다는 점이 분명해졌다.

파벨 바르딘(Павел Бардин)

출처 : http://www.proficinema.ru/photo/section.php?SECTION_ID=1196

그렇다면 영화 자체에서 스킨헤드 그룹은 어떻게 그려지고 있을까? 영화 〈러시아 88(Россия 88)〉의 가장 큰 특징은 의사-다큐멘터리적인 성격에 있다. 영화 대부분의 내용이 "아브라함"이라 불리는 유대계 청년이 인터넷에 올리기 위해 촬영하는 일종의 비디오 기록필름으로 이루어져 있다. 타 인종을 대상으로 한 무차별적 테러와 그룹 내의 훈련 및 의식, 선동 목적의 선언문 낭독 등 관객들은 최초로 스킨헤드 그룹의 진짜 '일상'을 스크린 위에서 확인하게 된다(그룹명인 88은 알파벳의 8번째 글자, 즉 Heil Hitler를 의미한다). 감독은 모든 사건과 스토리라인을 현재 인터넷에서 구할 수 있는 실제 자료(사이트 및 비디오 클립)에 기초

했으며 영화에 사용된 소품(의상 및 도구) 역시 모스크바의 상점 및 인터넷 사이트에서 구매한 것임을 수차례 강조한 바 있다. 사실 영화가 제공하는 의미심장한 통찰 중 하나는 이런 연극적 '이미지'의 힘이다(영화 속 인물들은 어느 지점부터 카메라를 향해 일상을 '연기'하기 시작한다!). 우리 주변에서 손쉽게 발견할 수 있는 온갖 '이미지'들이 실제의 '폭력'과 멀지 않다는 것, 스킨헤드 그룹의 경우엔 어쩌면 그 이미지와 폭력이 마치 동전의 앞뒷면처럼 연결되어 있다는 통찰이 그것이다(사실 파시즘과 이미지(정치)의 밀접한 상관관계는 잘 알려진 주제이기도 하다).

사회적 의식의 차원에서 무엇보다 충격을 주는 대목은 평범한 시민을 대상으로 한 길거리 인터뷰 장면이다. 주인공 사샤(그는 총검(Штык)이라는 별명으로 불린다)는 노상의 시민들에게 "러시아인을 위한 러시아!(Россия для русских!)"라는 구호에 대한 생각을 묻는데, 연령대를 불문한 모든 이가 강한 동의를 표한다(감독은 이 장면이 전혀 연출되지 않았다고 주장했다). 정부 주도의 애국주의와 파시스트 이데올로기 사이의 예기치 않은 근접을 보여주는 이 장면은, 그 어떤 폭력 장면 못지않은 섬뜩함을 느끼게 한다.

비슷한 종류의 감정적 울림을 주는 것은 영화의 마지막 장면이다. 파벨 바르딘 감독은 일반적인 엔딩 크레딧 대신에 2008년 한 해 동안 모스크바에서 스킨헤드 그룹에 의해 살해된 희생자 명단을 사용했다. 침묵 속에서 희생자들의 사망 날짜와 성명만이 화면을 가득 채우는 약 3분간의 시퀀스는 거의 영화 전체에 해당하는 강력한 울림을 제공한다.

스킨헤드 그룹의 일상을 담은 다큐멘터리 필름처럼 진행되던 영화는 마지막 3분의 1지점에서 '허구적' 내러티브로 전환한다. 주인공 사샤의 여동생이 캅카스 출신 남자와 만나고 있다는 사실이 드러나면서 일종의 '로미오와 줄리엣' 식의 서사가 펼쳐지는 것이다. 영화의 드라마틱한 엔딩은, 몇몇 평자가 지적하듯이, 감독의 사회정치적 메시지와 매끄럽게 조화되지 못한 것처럼 보인다. 아브라함의 눈(카메라)을 통해 그려지는 사샤의 형상은(그를 특징짓는 강한 카리스마와 더불어) 주인공의 '비극성'을 부가시킴으로써, 오히려 잔인무도한 파시스트의 내면에서 '인간'을 보게끔 만든다. 주인공을 비극적 인물로 고양시키는 이런 "셰익스피어적인 제스처"가 감독 자신이 표방한 반 파시스트적 입장을 현저하게 약화시키고 있다는 지적은, 그래서 타당해 보인다.

하지만 어쩌면 이 결점은 극영화가 지니는 가장 핵심적인 본질에 해당하는 것일 수도 있다. '예술'로 전환됨으로써 오히려 드러나게 된 모종의 양가성! 스킨헤드라는 오늘날의 문제적 현실이 그것을 영화화한 감독 자신이나 혹은 그 재현을 불편해하는 정부 당국이 생각하는 것보다 훨씬 더 '복잡하고 중층적인' 어떤 것일 수도 있다는 사실. 영화 〈러시아 88(Россия 88)〉의 양가성이 가리키고 있는 지점은 바로 그것인지도 모른다.

(2010년 8월 2일 제70호)

43. 『변방』의 풍경: 자아와 타자의 탈 경계 공간

라 승 도
텍사스 주립대학교 문학박사
한국외국어대학교 러시아연구소 HK연구교수

2010년 9월 12일 러시아 오스카(Oscar)상 위원회는 2011년 2월 27일 발표되는 오스카(아카데미)상 최우수외국어 영화 부문에 러시아 대표작으로 알렉세이 우치텔(Алексей Учитель)의 아홉 번째 영화 『변방』(Край)을 만장일치로 선정했다. 총 12편의 영화가 오스카상 러시아 대표작 후보 물망에 올랐는데, 대부분이 러시아 영화계에서뿐만 아니라 국제영화제에서도 호평과 주목을 받았고 그 중 일부는 수상의 영예를 안기도 했다. 예컨대, 베라 글라골레바(Вера Глаголева)의 『어떤 전쟁』(Одна война), 알렉세이 포포그레브스키(Алексей Попогребский)의 『나는 이번 여름을 어떻게 보냈던가』(Как я провел этим летом), 파벨 룬긴(Павел Лунгин)의 『차르』(Царь), 니키타 미할코프(Никита Михалков)의 『태양에 지친 사람들 2』(Утомленные солнцем 2) 등이 쟁쟁한 후보 대열에 합류했다. 우치텔의 『변방』이 이처럼 강력한 후보들을 제치고 2010년 러시아 대표작으로 오스카상 최우수외국어 영화 후보에 진출하게 된 것은 당연한 말이겠지만 이 영화가 작품성, 흥행성, 시사성 등 다방면에 걸쳐 다른 후보작보다 월등히 높은 점수를 받았기 때문에 가능했을 터이다.

그렇다면 우치텔의 영화는 구체적으로 어떤 점에서 우수한 평가를 받은 것일까? 『변방』은 무엇보다도 먼저 탄탄한 이야기 구조와 팽팽한 극적 긴장감이 특히 돋보이는 영화이다. 이점은 표면상 대립 선상에 서 있는 것처럼 보이는 인물들 사이에서 벌어지는 갈등과 경쟁, 반목과 충돌의 평면적 이야기에 입체적 역동성을 부여하고 떠받치는 멜로드라마, 스릴러, 영웅서사시, 동화 등 다양한 장르의 유기적 결합에서 찾을 수 있다. 또한, 시베리아 타이가 지대에서 '변방'으로 불리는 수용소 마을을 중심으로 펼쳐지는 인간세계의 일상적 삶이 자연세계의 신비적, 야생적 요소들과 긴밀하게 맞물려 제시되는 흥미로운 양상도 『변방』의 서사 세계에 극적 긴장감과 박진감을 배가시킨다. 여기에 『변방』의 시공성, 다시 말해 2차 세계대전 직후 설원의 시베리아와 나치 협력자 수용소가 영화 서사의 역사적, 지리적 배경으로 특별하게 설정된 점은 관객에게 이국적 신비감을 심어주는 것은 물론이고, 더 나아가 전후 스탈린 치하의 왜곡된 역사현실과 인간사회에 대한 새로운 인식의 지평을 열어주는 계기가 되기도 한다.

이와 관련하여 『변방』에서 특기할 사항은 이 영화가 2000년대 러시아 사회를 강타했던 소비에트 노스탤지어 바람을 타고 고조된 애국주의 문화경향으로부터 한 발짝 비켜나서 복잡 미묘한 전쟁 현실을 기존과는 다르게 탈 신화적 관점에서 바라보고 해석하는 러시아 영화계의 새로운 경향을 지속하고 있다는 점이다. 바꾸어 말하자면, 우치텔의 『변방』은 2003년 알렉세이 게르만 주니어(Алексей Герман-младший)의 『마지막 열차』(Последний поезд), 니콜라이 도스탈(Николай Досталь)의 『죄수자 대대』(Штрафбат)에서 2010년 블라디미르 호티넨코(Владимир Хотиненко)의 『사제』(Поп), 알렉산드르 코트(Александр Котт)의 『브레스트 요새』(Брестская крепость) 등으로 이어지는 새로운 경향과 흐름의 전쟁영화를 대표한다. 요컨대, 『변방』은 전쟁 묘사의 탈 관습화와 소비에트 역사의 탈 신화화 경향만으로도 제2차 세계대전 승리 65주년이었던 2010년 러시아 영화에서 가장 주목할 만하고 높이 평가할 만한 작품이다.

우치텔의 영화에서 전쟁 묘사의 탈 관습화와 소비에트 역사의 탈 신화화는 승전군의 일원으로 베를린에 입성했다 돌아온 전쟁영웅 이그나트의 영화 서사 밖 귀향 이야기에서부터 암시적으로 드러난다. 이그나트는 포탄의 충격으로 머리에 생긴 심각한 외상성 장애로 말미암아 때때로 간질 같은 발작을 일으킨다. 전쟁영웅의 위상에 마초 이미지까지 투사된 강인한 남성적 외모의 늠름한 기상에 걸맞지 않게 이그나트는 심리적으로나 정서적으로 불안정한 내적 상태에 곧잘 빠진다. 그리하여 전후 현실사회에 안착하지 못하고 대인관계도 원만하게 유지하지 못한 그는 우여곡절 끝에 결국 '변방'으로 불리는 시베리아의 나치 협력자 수용소에 열차 기관사로 들어간다. 다시 말해 전쟁영웅은 현실 생활의 '중심'으로 편입되지 못한 채 외부자들의 '변방'으로 밀려난다. 이런 식으로 강인한 남성이자 용맹스런 군인이었던 이그나트의 육체 이미지에 새겨진 대조국전쟁의 집단 신화는 전쟁의 깊은 외상으로 고통받는 개인의 뒤틀린 삶을 통해 조금씩 와해된다.

다른 한편, 피아 구분이 엄격한 전쟁의 집단 신화는 이그나트가 수용소 마을 '변방'에 들어간 이후 자아와 타자의 경계가 조금씩 흔들리다가 마침내 완전히 무너질 때 중대한 도전 국면으로 접어든다. 수용소 마을 '변방'에 확립된 경계는 두 겹으로 중첩되어 나타난다. 먼저, 전쟁 당시 독일군에 잡혀 독일로 끌어갔다가 전쟁이 끝난 후 러시아로 돌아온 사람들이나 독일군 협력자들이 '변방' 마을에 집단 수용되어 사는 것으로 제시되는데, 이들은 '우리들' 사이에서 '인민의 적'으로 타자화되어 있는 '그들'에 해당한다. 다음으로, '변방'에는 전쟁 전 러시아에 머물던 독일인이나 전쟁 중 포로로 잡힌 독일군이 수용되어 있는데, 이들은 승리한 '우리들' 사이에서 '러시아의 적'으로 타자화되어 있는 패배한 '그들'에 속한다. 그러나 이러한 경계 설정은 이그나트가 수용소 마을로부터 멀리 떨어진 타이가 숲 속의 철길에 수년 동안 버려져 있던 기관차에서 야생생활을 하며 지내던 또 다른 의미의 이중적 타자인 독일 처녀 엘자를 발견하고 마을로 데려오면서 본격적으로 흔들리기 시작한다.

엘자는 독일인 철도 엔지니어 가족의 일원으로 전쟁 직전까지 러시아에 머물다 전쟁 발발과 함께 스탈린의 내무인민위원회(НКВД)에 의해 적으로 체포되는 과정에서 홀로 간신히 탈출하여 타이가 숲 속에서 야생생활을 해왔다. 그러던 어느 날 숲 속의 방치된 기관차에서 이그나트를 만나고 곧이어 수용소 마을로 들어

옴으로써 엘자는 이그나트와 소피야의 애정관계에서만 아니라 더 나아가 수용소 내 독일인과 러시아인의 관계에서도 새로운 갈등과 경쟁, 분쟁과 충돌을 일으키는 화근이 된다. 이처럼 또 다른 타자로서 엘자의 등장은 자아와 타자의 경계를 더욱 복잡하고 굳건하게 만든다. 하지만 엘자의 등장으로 표면상 더욱 확고해지는 것처럼 보이는 경계 구분은 기차를 들이받고 죽은 곰의 이미지에 상징적으로 예시된 소피야의 죽음과 함께 인물들의 대립이 절정에 이르는 지점에서 완전히 사라진다. 일종의 희생제의로 해석할 수 있는 소피야의 죽음은 총살당한 소피야 자신도, 그녀를 총살한 내무인민위원회 장교 피시만도, 러시아인들에게 배척당하는 엘자도, 그리고 이 모든 관계의 중심에 있던 이그나트까지도 포함한 사람들 전체가 똑같은 전쟁의 희생자들임을 드러내 보이면서 '변방' 전체를 단일한 피해자 집단으로 동일화하기 때문이다.

이처럼 우치텔은 '변방'의 공간을 자아와 타자의 구분이 궁극적으로 사라지는 탈 경계의 유동적 공간으로 탈바꿈시키고 있는데, 이 과정에서 그는 흥미롭게도 인간과 자연, 더 나아가 인간과 기계의 경계 구분까지도 모호하게 만들고 있는 것처럼 보인다. 이 점은 거의 하나로 합일되는 듯이 보이는 열차 기관차와 이그나트의 긴밀한 관계에서, 또 열차에 새겨진 '구스타프'란 사람 이름에서 가장 잘 드러

열차 경주

출처 : 필자 제공

난다. 이러한 탈 경계성은 매우 의미심장하게도 우치텔이 1950년대 해빙기 영화에 지배적이었던 잃어버린 친족의 발견이나 양자입양의 모티프를 변주하여 탈 스탈린주의 가족의 재구성을 시도하고 있는 데서도 발견된다. 영화의 마지막 장면에서 러시아인 이그나트와 독일인 엘자의 모호한 관계가 확실한 부부관계로 발전하고 소피야가 독일에서 데려온 고아가 그들에게 아들로 입양되면서 새로운 가족이 탄생한다. 이렇게 1950년대 스탈린 사후 해빙기 영화에서처럼 아주 비슷한 방식으로 새롭게 구성되는 가족의 재구성 이야기는 우치텔이 자아와 타자의 탈 경계 공간 속에 아름답게 펼쳐 보이는 휴먼 드라마의 의미론적 중심부를 형성한다.

이상과 같이 봤을 때 우치텔의 영화 『변방』은 전쟁을 중심으로 한 소비에트 역사의 탈 신화화 시도로서뿐만 아니라 최근 들어 다시 불거지고 있는 배타적 민족주의 정서나 애국주의 감정을 경계하고 타자를 관대하게 포용하려는 노력으로도 시사하는 바가 적지 않다고 할 수 있다.

(2011년 1월 10일 제93호)

44. 러시아 볼쇼이 발레 〈스파르타쿠스〉: 정치적 선전과 자유로운 표현의 역학관계

이 은 경
한국외국어대학교 노문학 박사
한국외국어대학교 러시아연구소 초빙연구원

올해 〈스파르타쿠스〉의 열풍이 대단하다. 케이블TV에서 방영한 미국드라마 〈스파르타쿠스〉는 노예 검투사가 지배세력의 억압에 맞서 영웅으로 탄생한다는 내용을 그려 상당한 인기를 얻었다. 드라마만이 아니라, 국내 웹 게임 시장에서도 로마전쟁을 소재로 한 게임이 등장하면서 〈스파르타쿠스〉의 열풍은 계속될 전망이다.

〈스파르타쿠스〉는 옛 소련 발레단의 독점적 레퍼토리로도 잘 알려진 작품이다. 소련시절 발레는 정치적 선전과 세뇌의 도구였다. 정치적 의도에 부합하는 작품의 창작과 무대화만 가능하던 시절, 안무가들은 당국의 구미에 맞는 계급투쟁과 공산주의의 우월성, 인민을 선동하는데 적합한 작품을 구상해야 했다. 〈스파르타쿠스〉는 당시 소련 사회가 요구하던 모든 것을 가진 작품이었다. 비극적 영웅의 삶과 독재에 대항한 정신이 소비에트와 정신적으로 부합하였거니와, 칼 마르크스가 가장 좋아하는 영웅이 스파르타쿠스였다는 점도 이 인물에 대한 창작이 필연적일 수밖에 없는 이유였다.

쇼스타코비치, 프로코피예프와 함께 당시 소련 음악계를 이끌던 하타투랸의 음악은 소련이 요구하는 이상적인 영웅상인 스파르타쿠스를 표현하는 데 최적이었다. 드라마틱한 음악에 맞춰 안무도 액션과 남성적인 운동성을 강조해 황실발레단의 전통이나 서구의 발레와 차별화시켰다. 〈스파르타쿠스〉는 소련 안무가들에게 하나의 도전이었으며, 레오니트 야콥슨, 이고리 모이세예프, 유리 그리고로비치 등 거장들에 의해 차례로 안무 되었다.

이제는 사라져버린 정치적 논의에도 불구하고, 발레 〈스파르타쿠스〉가 여전히 인기를 끄는 것은 소비에트 붕괴 이후의 삶과도 밀접하기 때문이다. 1968년 그리고로비치에 의해 안무 되어 지금까지 최고의 인기를 누리고 있는 〈스파르타쿠스〉 레퍼토리는 일반적 발레규범을 벗어나 최고의 남성다움을 드러낸다. 발레의 영역으로 전혀 끌어들일 수 없는 다양한 유형의 마초들, 즉 검투사들과 거위걸음걸이로 움직이는 로마 군단을 연기하는 근육질의 남성무용수들로 무대가 가득 채워진다. 로마 군인들의 창에 몸을 관통당한 채 높이 들어 올려진 스파르타쿠스의 죽음은 지금 보아도 파격적이고 충격적이다.

2009년 볼쇼이 발레단의 〈스파르타쿠스〉는 성공적인 세대교체를 알리며 볼쇼이 극장의 부흥을 주도할 주역들의 탄생을 알렸다. 약관의 나이에 불과한 스파르타쿠스 역의 바실리예프는 니진스키 이후 최고의 점프력을 선보이며, 발레의 기술적인 경계를 재정의 하게 만들었다. 바실리예프는 끝없이 반복되는 점프와 더불어 더블 어셈블, 중력을 실은 90도 각도의 도전적인 점프 자세, 긴 체공시간을 선보였다.

그는 그리고로비치의 독특한 안무인 마치 연어 같은 광기 어린 활모양의 점프로 공중에서 정중동의 움직임을 만들어내는가 하면, 연기가 피어오르듯 제자리에서의 회전기술 또한 훌륭하게 구사하였다. 근육의 움직임만으로 동작 하나하나를 섬세히 표현해내는 능력은 바실리예프의 뛰어난 장점이다. 이런 재능을 인정받아 그는 올해 5월 리딩 솔리스트(ведущий солист)를 거치지 않고 퍼스트 솔리스트(первый солист)에서 바로 프린시펄(премьер)이 되는 영광까지 누리게 되었다.

알렉산드르 볼츠코프는 거만한 점프로 허영과 자존심, 그리고 고압적인 태도의 오만한 로마 장군 크라수스 역을 환상적으로 연기한다. 금발로 하이라이트를 주며 나름대로 역을 완벽 소화한 그는 몸에 딱 달라붙는 제복을 입고 여러 번의 점

발레 스파르타쿠스의 한 장면

출처 : http://science.ng.ru/tag/bolshoj-teatr/3

프로 무대를 가로지르며 파시즘적 미끼를 충분히 활용한다. 아에지나 역의 마리야 알라쉬는 사교계의 간교한 무리 속에서 웅크린 자세와 과감한 슬라이딩, 때로는 조심스러운 걸음걸이로 프리기아 역의 니나 카프초바처럼 완전히 매혹적인 여주인공이 탄생했음을 알린다.

운명의 전투를 앞두고 부르는 주인공들의 듀엣은 부드러우면서도 강한 확신으로 연인을 격려하고 있어 하타투랸의 탁월한 음향표현을 드러내고 있다. 파벨 소로킨의 지휘하의 볼쇼이 오케스트라 음향 역시 작품을 더욱 빛나게 만든다. 바실리예프의 스파르타쿠스는 엄청난 여정으로 안내하는 지도자이며, 그의 열정과 근육은 니나 카프초바의 부드러움과 균형을 이루고, 부드러운 눈의, 그러나 강인한 다리의 카프초바는 차갑고 이기적인 알라쉬와 대조된다.

2009시즌의 〈스파르타쿠스〉 공연은 볼쇼이만의 웅장하면서도 당당한, 눈부신 과거의 전통을 계승함과 동시에 새로운 도약을 위한 비상을 실현해내었다. 한때 정치선전 도구였던 것이 시대를 초월하여 공감대를 만들어낸다는 사실이 놀랍기도 하지만, 〈스파르타쿠스〉와 마찬가지로 민중의 저항을 다룬 〈라우렌시아〉의 에피소드를 살펴보면 그 공감의 저변에 놀라운 비밀이 숨겨져 있음을 알게 된다.

〈라우렌시아〉는 한 지방의 부르주아 폭군에게 모욕을 당한 스페인 농사꾼 소녀가 마을 사람들에게 무기를 들도록 설득하는 이야기이다. 바흐탕 차부키아니가 1939년 키로프 발레단을 위해 안무한 것으로, 당시는 스페인에 내전이 일어나고 러시아가 침공위협을 받고 있었을 때인 만큼, 용기 있는 소녀의 레퍼토리는 레닌그라드의 관객들에게 강한 울림을 안겼다. 〈라우렌시아〉의 안무나 배우들의 연기, 음악 모두는 시간이 지나면서 매력을 잃었지만, 이 역사적 골동품은 발레 이면에 숨겨진 진실에 대해 생각해 보게 만든다.

〈라우렌시아〉의 주역인 볼쇼이 극장의 위대한 발레리나 마야 플리세츠카야에 관한 비공개 영상자료에 따르면, 유태인이었던 그녀는 소비에트체제를 증오하고 있었다고 한다. 1938년 스탈린의 총살 명령에 따라 아버지를 잃은 그녀는 이후 험난한 인생을 살 수밖에 없었다. 이러한 사실은 선전용 발레에 잠재된 중의성을 감지할 수 있게 만든다. 과연 플리세츠카야가 〈라우렌시아〉의 메시지를 자신의 의도대로 사용할 수 있었을까? 그리고로비치가 〈스파르타쿠스〉를 안무하면서 정부와 위험한 더블 게임을 하고 있었을까? 결국 시대의 진정한 폭군은 누구이며 진정한 희생자는 누구인가? 정치적 선전과 표현의 자유 사이에서 갈등했던 예술가들의 고뇌가 발레 레퍼토리에 어떻게 투사되었는가는 이제 관객들의 눈을 통해 평가받아야 할 것 같다.

〈스파르타쿠스〉의 안무가로 잘 알려진 그리고로비치의 〈레이몬다〉가 한·러 수교 20주년을 기념하여 9월 말 예술의 전당에서 전막 공연한다. 1964년 볼쇼이 발레단의 예술 감독이 된 뒤 30년이 넘는 시간 동안 볼쇼이를 이끌어 온 그리고로비치의 발레를 새로운 눈으로 감상해보면서 발레의 향연 속에서 소비에트에 대한 짙은 향수와 애증의 이면을 발견하는 재미도 즐거울 듯하다.

(2010년 8월 30일 제74호)

45. 우리가 사랑한 미국의 러시아인

최 용 길
상트페테르부르크 예술사연구소 예술학박사
서울대학교 러시아연구소 연구원

2010년 밴쿠버 동계 올림픽에서 우리에게 잊을 수 없는 많은 감동을 남겨준 김연아. 그 김연아가 오랫동안 준비한 작품을 들고 다시 우리에게 돌아온다고 한다. 벌써 그의 팬들은 마음으로 감동할 준비를 하고, 새 작품에서 보여줄 김연아의 눈부신 연기에 기대를 모으고 있다. 김연아는 올림픽 이전부터 온 국민의 관심을 한 몸에 받았을 뿐만 아니라, 아사다 마오와 김연아의 세기적 대결은 모든 이의 눈과 귀를 사로잡았었다.

그런데 두 선수가 올림픽 경기 때 사용한 음악을 보면 아주 재미있는 사실을 알 수 있다. 밴쿠버 올림픽에서 김연아 선수가 준비해 나온 것은 조지 거슈윈의 피아노 협주곡 F major였다. 한편, 아사다 마오가 경기 때 사용한 세르게이 라흐마니노프의 "종"은 피아노 독주를 위한 작품인 프렐류드 Op.3-2 C#minor를 오케스트라로 편곡한 것이다.

김연아와 아사다 마오의 연기에 등장하는 음악을 자세히 들여다보면 묘하게도 공통점이 있다. 두 사람 모두 러시아 작곡가들의 음악을 사용했는데, 이들은 고국 러시아를 떠나 미국에서 정착해 거기서 죽은 음악가들이다.

한국인 사람들은 미국을 특히 좋아하는데, 그래서인지 미국 영화도 음악도 많이 좋아한다. 한국 사람들이 라흐마니노프와 거슈윈, 번스타인을 좋아하는 것도 미국 영화를 통해서였다. 그렇다면 이 작곡가들을 좀 더 주목해서 살펴볼 필요가 있다.

러시아 출신으로 상트페테르부르크와 모스크바에서 교육을 받은 세르게이 라흐마니노프는 볼셰비키 혁명 전 사회 혼란을 피해서 아메리카로 이주한다. 그러나 신대륙의 공기는 라흐마니노프의 음악생활에 부정적인 영향을 미쳐 그는 거의 창작을 멈추고 연주자로서 살았다. 우리가 즐겨 듣는 그의 음악은 대부분 러시아 시절에 작곡된 것이고, 오늘날 라흐마니노프를 유명하게 한 곡들도 대부분 러시아 시절에 만들어진 것이다. 라흐마니노프의 음악이 우리나라에서 유명하게 된 것은 할리우드 영화 『샤인』에서 주인공 피아니스트가 미친 듯이 연주하는 장면에 한국 영화관객들이 감동하면서부터일 것이다. 이전에도 꽤 인기 있던 음악이었지만 폭발적인 인기를 얻게 된 것은 아마 할리우드 영화 덕분이 아닌가 생각한다. 할리우드의 경박한 분위기를 싫어했다고 알려진 라흐마니노프의 음악이 할리우드에서 만든 영화를 통해서 인기를 얻게 되다니, 우리나라는 그런 점에서 참 아이러니한 나라다. 사실 음악대학에서조차 라흐마니노프는 퇴영적 작곡가로 치부되어 작곡 학도에게는 중요하게 탐구되는 작곡가가 아니다. 그저 피아노과 학생들에게나 중요한 작곡가였다고나 할까!

조지 거쉰

출처 : www.providencesingers.org

게다가 라흐마니노프의 모국

어였던 러시아 말과 관련된 음악은 우리나라에서는 철저하게 무시되었다. 그는 100여 곡의 성악 작품을 남겼을 뿐만 아니라, 그가 존경해마지 않던 차이콥스키와 마찬가지로 오페라에 깊은 관심을 기울여 『프란체스카 다 리미니』, 『알레코』, 『인색한 기사』와 같은 세 편의 뛰어난 오페라 작품도 남겼다. 그러나 러시아 말로 된 작품이라는 이유만으로 우리나라 음악계는 이것을 철저하게 무시해왔다. 우리나라가 세계적 수준에 가장 근접해 있다고 하는 합창에서도 라흐마니노프의 합창곡은 거의 연주되지 않았다. 한·러 국교 정상화 이후 상트페테르부르크 국립 카펠라 합창단이 명동 성당에서 연주한 라흐마니노프의 『저녁 기도』는 엄청난 후폭풍을 몰고 왔다. 이때부터 국내의 주요 시립 합창단들이 하나둘씩 라흐마니노프를 비롯한 러시아 작곡가들의 합창곡을 연주하고 있다. 러시아 성악곡도 한국에서 그 가치가 인정되어 배웠다고 하기보다는 유학을 간 나라(서유럽, 아메리카)에서 배워 온 경우가 대부분이다. 눈을 돌려 북한을 보면, 평생 독실한 정교회 신자로 살다가 미국에서 죽은 라흐마니노프를 북한 사회에서 제대로 받아들여지고 연주될 수 있을까? 남한은 남한대로 북한은 북한대로 정치적 이유로 거부한 음악이 라흐마니노프 음악이라고 할 것이다.

김연아에게 금메달을 안겨준 조지 거슈윈은 1898년 뉴욕 태생으로 '가장 미국적인 작곡가'로 꼽히지만, 그가 러시아 사람이라는 것은 많은 한국 사람들이 모르고 있다. 사실, 알고 있더라도 고의적으로 축소, 은폐, 묵살해왔다는 게 맞을 것이다. 그의 가족은 상트페테르부르크에서 배편을 이용해 뉴욕으로 건너와 정착한 많은 유태계 러시아인 가운데 하나이다. 그의 형 '이라' 역시 저명한 음악가로 성공했는데, 동생 '조지'와 달리 그는 상트페테르부르크에서 태어나 자랐으며, 당연히 그의 가족은 집에서 러시아 말로 대화를 했다. 지금 남아 있는 다큐멘터리 필름을 보면 가족 음악회 광경이 보이고, 정겨운 가족의 대화가 러시아 말로 오가는 것을 확인할 수 있다.

『파리의 아메리카인』이라는 곡은 거슈윈을 대표하는 오케스트라를 위한 작품이다. 실제로 거슈윈은 파리에 머무르면서 유럽 문화의 중심지에서 경험하는 다양한 풍물에 흥미를 느끼고 있었다. 파리에서 그는 러시아 작곡 선생으로 나디아 블랑줴(1887~1979) 여사를 만나 그녀에게서 잠시 배움을 얻는다. 나디아 블랑줴는 장수하면서 많은 작곡가를 길러 낸 인물인데, 20세기 후반 그 제자들은 유럽과 미국의 창작 음악계를 주도하게 된다.

미국 음악대학 작곡과 강단을 중심으로 음악 아카데미즘의 왕좌를 차지한 사람이 독일-오스트리아 유대인 아놀드 쇤베르크였다면, 브로드웨이와 콘서트홀의 연주를 점령한 사람은 러시아 출신의 라흐마니노프, 조지 거슈윈, 아론 코플란드, 이고리 스트라빈스키였다.

번스타인이 뉴욕 필하모니 오케스트라를 지휘하는 데뷔공연에서 그를 후원한 사람은 선배 지휘자 세르게이 쿠세비츠키였다. 쿠세비츠키는 번스타인을 수습 지휘자로 받아들여서 장차 그가 뉴욕 필하모니 오케스트라를 이끌어갈 수 있도록 발판을 마련해준다. 이 두 사람 사이에서 오고 간 말도 역시 러시아 말이었다.

재미있는 것은 냉전이 한창이던 60, 70년대 레오나드 번스타인 이름 앞에 따라붙은 수식어는 "미제 지휘자 Conductor Made In U.S.A" 이었다. 또는 The American Conductor라고 부르기도 했다. 한국에서는 미국 음악 영향력이 20세기 후반에 절대적인 우위를 차지하면서 미국 음악이 최고의 지위를 누렸지만, 유럽에서는 여전히 미국을 음악의 변방국가로 간주했다. 많은 유럽 출신 지휘자들이 미국의 가장 우수한 오케스트라의 지휘자로 일하고 있었고, 오케스트라의 수석 연주자는 거의 예외 없이 유럽 출신, 특히 동유럽 출신 연주가들이 차지하였다. 가장 유력한 음악 교육기관인 줄리아드 음악원, 커티스 음악원은 유럽 출신 교수들, 특히 러시아 출신이 압도적으로 많았다.

사정이 이렇다 보니 냉전을 이끌어가는 미국 정부의 입장에서 음악을 비롯한 예술 분야는 어려운 문젯거리였다. 미국이 세계 제일이라는 의식을 형성하는 데서 예술분야의 열등의식 극복은 시급한 과제였다. 미국이 번스타인을 美製 지휘자, 純 미국산 지휘자로 탈바꿈시켜 내세웠던 것도 이런 사회 분위기 때문이었는데, 이후 여기에서 쌓이기 시작한 번스타인과 미국 정부의 갈등은 결국 번스타인이 뉴욕 필하모니 지휘자에서 사퇴하는 원인이 되었다.

필자는 유학 중이던 모스크바에서 우연히 번스타인의 모스크바 연주실황 음반을 구입하게 되었다. 번스타인이 뉴욕 필하모니 오케스트라를 이끌고 모스크바를 방문했다는 사실도 당시 나에게는 태어나서 처음 알게 된 사실이었지만, 이런 번스타인의 가족이 러시아에서 건너간 이주민의 후손이라는 사실은 더욱더 놀라웠다. 아! 그래서 그가 뉴욕 필하모니 오케스트라와 함께 쇼스타코비치의 7번, 9번 교향곡을 녹음했었다는 것이 새삼스러운 사실로 다가왔다.

지금도 많은 사람은 번스타인이 미국 태생으로, 미국 교육제도로 만들어진 가장 미국적인 지휘자인 것으로 알고 있다. 하지만, 사실 그는 나디아 블랑줴(작곡)와 이사벨 벤게로바(피아노)를 비롯한 러시아 출신 음악가들이 교육하고 길러낸 러시아제 음악가였다.

번스타인에게 피아노를 가르친 벤게로바는 민스크에서 태어나 상트페테르부르크 음악원에서 공부했으며, 같은 피아노과 동료였던 안나 예시포바는 상트페테르부르크 음악원 교수로서 러시아 피아노 악파를 형성하는데 지대한 공헌을 한 인물이다. 반면, 벤게로바는 미국에 정착하여 사무엘 바버, 레오나드 번스타인 등 미국을 대표하는 작곡가들과 피아니스트들을 길러 냈다. 그러나 이사벨 벤게로바의 공헌은 냉전이 종언을 고하고 시간이 조금 흐른 뒤 1995년에 Joseph Rezits가 그녀의 전기를 출판하자 비로소 미국 음악계에서 인정받았다. 이러한 사실은 냉전 시대에는 미국조차 자국의 음악 연구가 공정하지 못했다는 것을 말해준다. 또한, 1985년에 미국 안에서 봇물 터지듯 시작된 20세기 미국 음악사 연구에 의해서 비로소 그 감춰졌던 면모가 서서히 드러나고 있다는 현실 역시 무척 많은 것을 시사한다.

분단된 나라에서 미국으로 유학 간 한국의 작곡 학도들이 배운 것이 무엇이었을까? 그들은 라흐마니노프, 거슈윈, 아론 코플란드, 번스타인 등 러시아계 음악가들에게 배우기보다는, 미국 음악대학을 점령한 독일-오스트리아계 쇤베르크 추종자에게서 음렬 기법과 과도한 지성주의를 배워서 들어 왔다. 미국 유학파들은 첨단 기법임을 자랑하며 한국 음악대학을 중심으로 미국 현대음악을 계몽하는 운동에 돌입했으며, 그 결과 음악대학이 주도한 한국의 창작 음악계는 양식적 편향과 창백한 아카데미즘에 파묻혀 객석과 소통단절, 반향 없는 창작 연주라는 씁쓸한 현실을 가져왔다.

미국 좋아하는 것으로는 세계에서 둘째가라면 서러워할 우리나라의 음악도가 미국 유학에서 러시아 출신 음악선생을 만나게 되는 것은 전혀 드물지 않은 현실이고, 그 결과는 매우 주목할 만하다. 한국이 자랑하는 바이올린 연주자 정경화와 강동석은 이반 갈라만에게 배웠다. 갈라만은 러시아에서 음악교육을 받았고 파리에 머물다가 미국에 정착하여 줄리아드 음악원의 바이올린 클래스를 이끌었던 인물이다. 정경화의 언니로 첼리스트인 정명화는 그리고리 퍄티고르스키에게서 가르침을 받았다. 두 자매가 인터뷰에서 러시아 은사들에 대해 회상하면서 그들을 자랑스럽게 언급하는 것을 보면, 두 사람 모두 러시아 출신 선생에게 큰 감화를 받았음을 알 수 있다.

젊은 세대 첼리스트 장한나 역시 러시아 출신의 거장 첼리스트 로스트로포비치, 미하일 마이스키에게서 결정적인 도움과 가르침을 받아 세계적인 연주자로 성장했다. 또 현재 우리나라 일류 첼리스트 조영창 역시 로스트로포비치에게서 첼로를 배워서 자신의 이력 첫머리에 항상 스승의 이름을 자랑스럽게 기록하고 있다. 좀 더 젊은 첼리스트인 고봉인은 로스트로포비치의 제자 다비드 게링가스에게서 배워 세계적인 첼리스트로 성장하고 있다. 이 명단은 아마 끝없이 이어질 것이다.

냉전의 긴 그림자가 드리워져 있는 한반도에서 진실을 바로 알기란 쉽지 않다. 미국도 제대로 알기 어렵고, 러시아도 알기 어렵다. 그러나 미국만이라도 제대로 알려면 그 미국을 있게 하는데 결정적으로 공헌한 러시아 이주민을 모르고서는 불가능하다. 미국 정부 공식 사이트에서조차 러시아 이주민의 역할과 공헌에 대해서 분명히 밝혀놓고 있을 정도로 그 영향은 미국 안에서 막대하다. 그 이유는 지금까지 충분히 설명하였다. 그래서 러시아를 바로 알기 위한 노력은 곧 '미국제대로 알기'가 되는 것으로, 이는 미국을 중요한 나라 제일순위로 꼽는 이 땅에 사는 사람들에게 중요하다.

(2011년 3월 7일 제101호)

46. 러시아 현대 미술: 새로운 도약의 근거

이 진 숙
미술평론가

2011년 2월 16일에 스페인의 마드리드에서 개막했던 제30회 ARCO 국제 현대 미술 아트 페어의 특별 전시는 Focuss Russia였다. 아이단, 안나 노바, ARKA, GMG, XL, M&J 구엘만 등 러시아 주요 갤러리들과 예카테리나 문화 재단, 모스크바 현대 미술관, 모스크바 멀티미디어 미술관, 국립현대미술센터(NCCA) PERMM 현대미술관, 에르미타쥐 뮤지엄, 스텔라 아트 파운데이션, 빈자보드 센터 등 비영리 미술관련 기관들이 대거 참여하여 러시아 현대 미술의 진면모를 보여주었다.

1989년 개방 이후 긴 침묵을 견디고 2008년까지의 세계미술 시장에서의 러시아 미술 붐업은 러시아의 경제적인 여건의 성숙과 세계 미술 시장의 비약적인 발전이라는 내외적 조건이 맞물려서 이루어졌다. 최근의 러시아 미술은 '푸틴 시대(푸틴 전 대통령의 집권기(2000~2008년)의 미술'이라는 용어로 설명이 되고 있다. 푸틴의 집권은 끝났지만, 개념상 여전히 푸틴 시대의 미술이라는 말이 여전히 통용될 수 있는 것은 러시아의 본격적인 자본주의화와 자본주의의 전지구적 세계화라는 기본적인 조건이 동일하기 때문이다. 이는 미술에서도 자본의 여파, 즉 작품의 상업화를 피할 수 없다는 것과 이제 러시아 자국 내에서만이 아니라 세계 미술시장에서 타국의 작가들과 각축을 벌여야 한다는 것을 의미한다.

2008년 11월 뉴욕 소더비 경매에서 말레비치의 1916년 절대주의 시기의 작품이 790억 원에 팔린 것이 승리의 마지막 팡파르가 되고 그 직후 전세계에 몰아닥친 경제 위기의 여파로 최근 2년간 다시 깊은 침묵에 빠지는 듯 했다. 이런 상황에서 2011년의 아르코 아트 페어는 러시아 미술을 새롭게 주목할 수 있는 기회를 제공하였다.

러시아 현대 미술의 발전 징후들과 그 특징 중에서 가장 눈에 띄는 것이 러시아 콜렉터들의 활동이다. 심지어 현재 러시아 미술은 '작가들보다 콜렉터가 더 많다'라는 말이 나올 정도이다. 구소련붕괴 이후 국가로부터 시행된 다양한 분야의 민영화정책은 세계적인 부호를 양산해내었고 이 부호들은 기꺼이 미술품을 컬렉션하면서 세계 미술 시장에서 화제의 주인공이 되고 있다. 영국 첼시 구단주인 로만 아브라모비치(Roman Abramovich)는 중요 옥션하우스의 경매 기록을 갈아 치우는 1등 공신이다.

2008년 경제 위기로 잠시 주춤하던 러시아 콜렉터들의 행보는 2011년 소더비 경매에서 다시 등장하여 세계 미술계의 큰 손 역할을 하고 있다. 미술잡지 『아트크로니카』 가 2007년 겨울 러시아 현대 미술에서 가장 영향력 있는 50인을 선정하였는데, 그 중에는 갤러리스트 7명, 콜렉터 10명, 외국 옥셔니스트들 3명이 포함되어 있다. 11명의 작가를 제외한다면, 상업적인 부분과 비상업적인 부분에서 활동하는 사람들이 동등한 비중을 차지하고 있다.

다른 나라들보다 러시아에서 콜렉터들 및 상업적 부분 종사자들의 영향력이 큰 이유는 러시아의 콜렉션 전통 덕분이다. 러시아는 로마노프왕가 뿐 아니라 19세기 이동파 작가의 후원자인 트레티야코프(Pavel Tret'yakov), 20세기 초반의 모로조프(Ivan Morozov)와 쉬킨(Sergei Shchukin)와 같은 대콜렉터들의 위대한 전통을 가지고 있다. 콜렉터들은 개인적인 미술품 컬렉션을 공적인 재산으로 전환시킨 트레티야코프의 전통을 자랑스럽게 생각한다. 그들에게 미술품 컬렉션은 단지 있는 자들의 '돈 잔치'가 아니라 사회적으로 의미 있는 공헌사업이라는 인식이 크다. 건설업으로 성공한 블라디미르 세메니킨의 예카테리나 문화 재단, 건축자재업으로 성공한 이고르 마킨의 현대미술관, 스텔라 아트 파운데이션

등은 이런 컬렉션의 전통을 이어가고 있는 대표적인 경우들이다. 이중 이고르 마킨의 현대미술관은 말 그대로 현대 러시아 미술의 교과서와 같이 정선된 작품들을 선보이고 있다. 예카테리나 문화 재단은 꾸준히 미국과 서유럽 현대미술 작품을 전시하고 있다. 이러한 것들은 러시아 작가들과 국민들에게 새로운 자극이 되고 있다.

2007년에 의욕적으로 문을 연 예술지역 '빈자보드(Winzavod)' 역시 콜렉터인 트로첸코 부부의 아이디어에서 촉발된 것이다. 뉴욕의 첼시나 베이징의 798 지역처럼 도심 내의 쇠퇴한 공업지역을 미술 공간으로 활용한 프로젝트이다. 모스크바의 중심지인 크렘린에서 차로 15분 거리에 떨어져 있는 옛 포도주 공장에 위치해 있는 이곳에는 XL 갤러리, 아이단 갤러리, M&J 구엘만 갤러리, 레지나 갤러리 등 러시아의 중요 갤러리들과 작가들의 스튜디오가 모여 있다. 기획 당시에는 아무도 그 성공을 믿지 않았지만, 지금 빈자보드는 모스크바에서 가장 액티브한 현대 미술의 중심 공간이 되었다.

2007년에 재정된 칸딘스키 프라이즈 역시 러시아 현대미술 발전에 박차를 가하는 중요한 계기가 되었다. 미술잡지 『아트 크로니카』가 주최하며 도이치 뱅크가 후원하는 이 상은 〈올해의 작가상〉, 〈올해의 젊은 작가상〉, 〈올해의 미디어 아트 프로젝트〉, 〈관객상〉 등 네 개의 부문으로 나누어서 수상한다. 상의 이름이 칸딘스키로 채택된 것은 칸딘스키가 러시아 국내뿐 아니라 국제적으로도 명성을 얻은 작가이며 러시아와 유럽 미술의 가교 역할을 했다는 점을 높이 샀기 때문이다. 이 상의 재정은 제2의 칸딘스키, 즉 러시아 출신의 세계적인 스타 작가의 적극적인 배출 통로가 되겠다는 적극적인 의지를 보여준다.

2008년 올해의 작가상에 선정된 벨랴예프 귄토프트(Aaleksey Beliayev Guintovt)의 경우 그의 정치적 성향 때문에 항의 소동이 벌어지고 심사의 공정성에 의문을 제기하는 등 난항을 겪기도 하였다. 그러나 2009년에는 바딤 자하로프(Vadim Zakharov)가, 2010년에는 알렉산더 브로드스키(Alexander Brodsky)가 선정됨으로써 다시 상의 권위를 되찾고 있다.

이런 새로운 토대 위에서 작가들의 활약은 눈여겨 볼만하다. 이미 현대 미술의 고전이 되어버린 모스크바 개념주의의 일리야 카바코프, 에릭 불라토프, 소츠 아트의 대표작가 멜라미드와 코마르, 러시아 회화의 정수를 보여주는 파이비소비치, 네스테로바 등 이미 서방 세계에 충분히 알려진 작가들 이외에도 개혁 이후에 작품 활동을 시작한 60년대 생 작가들의 활약도 눈부시다. 올렉 쿨릭(Oleg Kulik), 마메도프(I.Mamedov), AES+F, 두보사르스키와 비고그라도프(Dubosarsky & Vinogradov), 구토프(D.Gutov), 드미트리 브루벨과 빅토리아 티모페예바(Dmitri Bruvel & Victoria Timofeeva), 바딤 자하로프(Vadim Zakharov), 블루 노즈(Blue Nose)와 블루 수프(Blue Soup) 등이 러시아 미술의 굳건한 허리를 형성하고 있다.

이들은 사회주의 시절에 미술교육을 받았으나, 성년이 되어서는 자본주의 하에서 살아야 했던 굴절 많은 배경을 가지고 있다. 이들의 작품 속에는 사회주의와 자본주의의 대립과 대조는 중요한 문제로 부각되고 있다. 반면 사회주의 러시아에 대한 아무런 기억도 가지고 있지 않은 젊은 작가들의 작품은 그 배경이 태생적으로 다를 수밖에 없다. 칸딘스키 프라이즈의 〈올해의 젊은 작가상〉에 노미네이트 되었던 1983년생인 올렉 도우(Oleg Dou)의 작품에서 보여주는 미래적인 감각은 러시아 미술이 나아가는 또 다른 길을 보여준다.

갤러리 시스템의 안정적인 정착과정, 콜렉터들의 액티브한 활동, 외국에서의

AES+F, Last Riot 2, Panorama 2, Photo, 2006

출처 : 필자 제공

주목, 국가의 정책적인 지원 등 러시아 미술은 도약을 위한 토대가 마련되고 있다. 현대 사회에서 미술은 어떤 측면에서는 경제와 정치의 종속변수처럼 움직이게 되었다. 러시아의 정치 경제적 불안정의 내적인 극복은 러시아 예술의 위대함을 확인해 줄 것이다. 또한, 정치 경제의 안정은 러시아 예술의 위대함을 널리 알리는 기본적인 토대가 될 것이다.

(2011년 3월 21일 제103호)

47. 문화 패러다임과 소비에트 작가

김 준 석
러시아문학연구소(Pushkinskij Dom) 문학박사
한국외국어대학교 러시아연구소 책임연구원

Платоновв: Человек - вечный революционер. Взорвём, убьём, всё разрушим.

Сталинн: Стоп! Не понял, товарищ, чего хотите разрушить?

페레스트로이카 이후 러시아가 보여주었던 사회의 수평 지표들이 푸틴 집권을 계기로 수직적 문화 패러다임이라는 벽에 부딪히고 있다. 지나친 혼란을 기피하는 사회적 본능으로 설명될 법한 이러한 변화는 그리 오래지 않은 자신의 선형을 상기시킨다.

약 팔십여 년 전 스탈린은 다양한 철학적·종교적 사상가들의 활동을 정리하고, 서로 다른 노선의 예술 계파들을 통폐합한다. 소비에트 사회는 고층 건물을 짓기 시작하는데, 이는 스탈린 시대의 상징이 된다. 레닌의 수평·팽창 문화는 종말을 고하고 스탈린의 수직·상승 문화가 막을 연다. 소비에트 건축문화 전문가 포페르늬는 전자에게 문화 1, 후자에게 문화 2라는 명칭을 부여한다.

문화 1에서 미래의 사회주의 주인공들은 혁명가를 부르며, 죽음을 무릅쓰고 앞으로 나아간다. 하지만 문화 2의 시대에 그러한 용기는 공허하다. 혁명의 노래는 단지 의식(儀式)으로서 존재해야 되며, 실험은 계속될 수 없다. 자리 찾기는 이미 끝났다. 문화 2는 정적이며, 계속적인 상승 직선을 바란다. 진심 어린 혁명가

(歌)가 야기할 수 있는 혼란까지 담아낼 호흡의 공간이 부족하다.

문화 2는 탑이다. 붕괴되지 않기 위해서는 고리들의 맞물림이 견고해야 한다. '관계'라는 추상의 밀접을 요구한다. 구상보다는 표상이, 결과보다는 과정이, 노동의 결실보다는 노동 그 자체가, 현실보다는 이상이 강조된다. 이를 위해 문화 2는 체계적인 교육과 계몽에 착수한다.

소비에트 리얼리즘은 그렇게 태어났다. 그것은 정치·경제적 목표치를 달성하기 위한 국가 차원의 프로젝트였다. 처참한 현실 대신 밝은 미래의 선명함을 민중들에게 안겨줘야 했다. 그로 인해 현실은 아름다워지고 노동의 템포는 빨라져야 했다.

문화 1의 모더니즘은 설 자리를 잃는다. 문화 2의 소비에트 리얼리즘은 낭만적이고 이상주의적인 내용을 쉽고 사실적으로 표현하고자 했다. 프로젝트의 아이디어주체가 정치인들이었고, 그들은 사실주의자 레프 톨스토이를 사랑했다. 간혹 소비에트 리얼리즘의 예술성이 도마 위에 오르는 것이 목격된다. 하지만 실내복에 외출복의 화려함을 바라는 것은 과욕일 수 있다. 전자는 다른 목적과 기능을 부여받았다.

이러한 정치·사회적 요구 속에 막심 고리키가 조국으로 돌아온다. 그는 사실주의적 문체를 선호하는 유명 작가였으며, 문화 2의 멘탈리티를 가지고 있었다. 고리키는 젊은 프롤레타리아 작가들에게 글쓰기 방법을 가르치고, 그들을 위한 잡지『Литературная учёба』를 개간한다. '생산소설', '집단농장 서사시'라는 장르가 개척된다. 문학은 여전히 진화했고, 새로운 문화 2의 작가들이 등장했다.

문화 1에는 다양한 작가, 다양한 글쓰기가 공존했다. 자연스레 문화 2에는 작품의 출판을 금지당하는 문화 1의 작가들이 생겨났다. 그들은 사회주의 혁명을 반대하지 않았다. 조국에 남았지만 새로운 예술적 조류에 편입되지 못했다. 소비에트 시대에 글을 썼지만, 소비에트 작가가 될 수 없었다. 그들은 대부분 1890년대에 출생했고, 체호프 이후의 모더니즘을 읽으며 성장했다. 1930년대의 급격한 변화는 그들을 당혹스럽게 했다. 플라토노프(А. Платонов)는 문화 1의 프롤레타리아 작가다. 젊은 시절 그는 열성분자이자 유토피아주의자였다. 하지만 그는 너무 오랫동안 앞으로 나아가고자 했고, 제지당했으며, 탄압받았고, 결국 유토피아를 의심하기 시작한다. 하름스(Д. Хармс)는 뒤늦게 아방가르드 문학에 몰두한다. 붉은 톨스토이주의자들은 그가 써 놓은 것을 도무지 이해할 수 없었다. 감옥에서 생을 마감한다. 문화 1은 조쉔코(М. Зощенко)의 시대였다. 대중은 그를 사랑했다. 하지만 그에게 대중은 풍자의 대상이었으며, 끝내 소비에트 작가직을 박탈당한다. 위의 세 작가들과 비교해 봤을 때 불가코프(М. Булгаков)는 문체적으로 사실주의에 가장 근접해 있었다. 고리키의 신진 작가들보다 문학적 소양도 깊었다. 그래서 그는 스탈린의 기대를 받지만, 그의 자아도 그만큼 강했다. 출판을 금지 당한다.

안드레이 플라토노프

출처 : http://pusk.by/bbe/101339/

동서고금을 막론하고 사회의 패러다임은 교체되고, 변형된다. 수평·팽창 지향 문화가 있고, 수직·상승 지향 문화가 있다. 포페르느늬는 이에 이름을 붙였고, 필자는 이를 러시아 문학과 관련하여 생각해보았다.

(2010년 7월 5일 제66호)

48. 『롤리타』와 ‘로리콘 문화’

권 철 근
UNIVERSITY OF KANSAS 문학박사
한국외국어대학교 노어과교수

■『롤리타』와 롤리타 신화

『롤리타*Lolita*』(1955)는 세계문학사상 독특한 위치를 차지하고 있는 소설이다. 20세기 중반기와 후반기, 그리고 서구세계와 러시아에서 각각 시기와 장소를 달리하여 두 차례에 걸쳐 선풍을 일으키며 신화가 되었다는 문학적 사실 외에도, 이 작품의 여주인공 이름이 특정한 현상을 표현하는 보통명사로 변질되어 문학 외적으로도 널리 사용되고 있기 때문이다. 작가의 모국어가 아닌 언어로 집필된 소설이 장기간 베스트셀러가 되었다는 사실이나, 대서양을 건넌지 얼마 되지 않은 러시아 망명객이 가장 미국적인 작품을 집필했다는 특이한 사실조차도, 롤리타 신드롬이라 불리는 사회적 충격의 엄청난 파고로 인하여 이 작품이 갖는 신화적 위상에 겨우 포함될 정도다.

『롤리타』가 우여곡절 끝에 미국에서도 출간된 지 첫 3주 만에 무려 10만 부가 팔려나갈 만큼 베스트셀러가 됨으로써 나보코프는 인세 25만 달러, 영화 저작권료 15만 달러, 영화 대본 집필 원고료 4만 달러 등 당시로서는 엄청난 금액을 거머쥐게 되었다. 또한 소비에트 붕괴 직후의 러시아에서도 이에 못지않은 결과가 나타나게 된다. 러시아 『도서평론』 1994년 29호에 실린 통계를 보면 1988~93년 사이에 나온 그의 러시아어 소설과 영어소설의 러시아어판은, 전집을 포함한 단행

스탠리 큐브릭의 영화 〈롤리타〉의 한 장면

출처 : http://navercast.naver.com/worldcelebrity/history/510

본으로 100여 종이 넘고(중복 출판 및 해적판 포함), 집계된 부수로만 3,000만 부가 넘는다. 대표작 『롤리타』의 경우도 이 기간에만 18가지 단행본이 나왔고, 322만 부가 팔렸을 정도이다. 이렇게 미국에서의 이야기는 경제적 관점으로, 러시아 이야기는 문화적으로 그 정도를 묘사해보았으나, 더욱 의미 있는 사실은 '롤리타'는 러시아인이 만들어낸 최고의 국제 히트 상품 가운데 하나라는 점이다.

■ '롤리타'를 위한 변명

많은 사람들은 나보코프라는 작가는 몰라도 그가 창조한 '롤리타'는 안다고 믿고 있다. 이 놀라운 소설이, 특히 여주인공이 최근 반세기 동안 고급문화 혹은 대중문화에 불러일으킨 이런 반향은 '롤리타'가 하나의 지속성 있는 신화로 자리 잡았음을 보여주는 확실한 증거이다. 그러나 『롤리타』의 성공은 의심의 여지없는 문학성에 기인함에도 불구하고, 어린 님펫(nymphet)과 나이든 페도필(pedophile)의 존재를 둘러싼 윤리성 문제는 예술작품 『롤리타』에 커다란 영광과 상처를 동시에 안겨주었다.

『롤리타』만큼 오해가 심한 작품은 없다 해도 과언이 아니다. 비록 처음 출판될 때부터 심한 논란에 휩싸이기는 했으나, 결코 예술성을 의심받은 적이 없다는 사실은 『롤리타』의 문학 작품으로서의 가치를 말해준다. 우리는 예술성과 사회적 논란의 경계 속에서 갈등을 일으키며 몇 가지 사실을 자문 해보게 된다. 오해에 휩싸인 이 작품은 과연 읽어볼 가치가 있는 것일까? 독자는 이미 그 이유를 상상할 수 있을 것이다. 답부터 말하자면, 작가가 처음부터 밝히고 있는 바와 같이 저속한 단어나 표현, 그리고 외설스런 묘사는 한 군데도 없다. 그렇다면 무엇이 이 작품을 그토록 악명 높게 만들었는가? 롤리타 신화(또는 '로리콘 문화')를 불러일으킨 사회적 평판과 분위기 때문이다. 그럼 롤리타 신화란 무엇이며, 우리는 바로 알고 있는가? 아니라는 생각이다. 오늘날의 롤리타 신화는 나보코프의 소설에 의해 창조된 롤리타 신화 그 자체가 아니라 현대 사회의 일단을 반영하는 왜곡되고 변질된 문화의 표현이기 때문이다. 사실 롤리타 신화의 다양한 모습을 접하면서도 『롤리타』의 진면목을 모르는 것이 오늘의 우리들이다. 다음으로 또 한 가지 의문이 떠오른다. 우리 러시아계가 왜 『롤리타』 왜곡현상을 주목해야 하는가? 그건 '롤리타'의 창조자 블라디미르 나보코프가 러시아 망명 작가라는 단순한 사실 때문만은 아니다. 이 작품이 비록 영어 오리지널로 되어있지만 러시아 문학 전통에 속한 최고의 걸작 가운데 하나라는 사실 때문이다. 20세기 말 러시아를 휩쓴 '제2차 롤리타 신드롬'은 나보코프가 생전에 러시아어로 직접 번역할 정도로 정성과 애정을 쏟은 결과일 뿐만 아니라, 각종 예술적 입장과 장치, 묘사들이 바로 러시아문학의 그것이기 때문이다. 그러나 이 문제는 여기서는 비켜가도록 하자.

■ 롤리타 콤플렉스와 '로리콘 문화'

『롤리타』가 베스트셀러의 한계를 넘어 이젠 스테디셀러가 되고 고전의 반열에 들게 된 것은 이 소설이 시대가 요구하는 방향으로 읽고 해석할 수 있는, 그리고 의미와 형식이 여러 겹의 다양한 층위를 이루고 있는 텍스트이기 때문이다. 롤리타 신화에서 1960년대의 미국 대중은 당시 청교도주의의 구속에서 해방된 젊음의 열정을 발견할 수 있었고, 오늘의 대중들은 롤리타 콤플렉스를 가장 먼저 떠올린다. 오늘의 롤리타 신화는 롤리타 콤플렉스와 뗄 수 없는 관계를 맺고 있는 것이다. 롤리타 콤플렉스와 그것의 일본식 줄임말인 '로리콘'은 그 의미가 같은 듯 다르다. 롤리타이즘 또는 롤리타 콤플렉스는 소설 『롤리타』가 사회적 신드롬을 일으킨 뒤 러셀 트레이너 박사가 어떤 이상 심리를 이렇게 명명함으로써 보편화되었다. 우리시대에 널리 쓰이는 이 말이 처음 의미했던 것은 나이 많은 남성을 사랑하는 어린 소녀의 심리와 성 충동이었는데, 이후에는 성인 남성이 어린 소녀에게 갖는 소아성애 기호증을 의미하는 용어가 되었다.

'로리콘'은 롤리타 콤플렉스의 줄임말이기는 하나, 엄밀히 말해 롤리타 콤플렉스가 남성이 가질 수 있는 심리적 성향을 가리키는데 비해, '로리콘'은 그러한 성향을 가진 사람 자체까지 포함한다는 차이가 있다. 그 결과 '로리콘'은 롤리타 콤플렉스를 가진 남자의 의미로서, 소아성애 경향을 보이는 성인 남성의 성도착증을 비롯해서 만화, 애니메이션, 게임 등에 등장하는 여자 유아 및 소녀 캐릭터에 매료된 팬이나 이 같은 취향을 다루는 문화를 전반적으로 포함하고 있다. 롤리타 콤플렉스가 '로리콘'이라는 일본식 용어로 더 보편화되어 있다는 사실은 이 현상의 일본적 기원과 배경을 말해주는 것이다. 성도착증과 금기, 욕망과 신비, 그리고 예술의 절묘한 혼합으로 구축된 나보코프 소설의 매혹적인 모호성과 일본문화가 '로리콘 문화'라는 복합신화를 탄생시켰던 것이다.

나보코프의 『롤리타』가 이룩한 예술적 영광은 이렇듯 오늘날의 사회문화 분야에서는 커다란 오해 속으로, 그것도 창조자가 전혀 의도하지 않았던 오욕의 방향으로 인도해 갔고, '로리콘'이라는 신조어를 영어사전의 새로운 표제어로까지 등장시켰다. 인터넷에 접하면 '로리'라는 용어와 그것을 토대로 하여 생성된 표현들이 무수히 떠돌고 있다. 우리나라의 경우 일본을 통한 제2차적인 롤리타 문화의 영향을 받고 있다는 사실이 드러나는 장면이다. '롤리타'의 일본식 애칭 '로리'는 19금 게임을 통한 일본 문화의 급속한 유입과 함께 우리나라에서도 사용이 보편화되었던 것이다. 이제 이 이름은 한·일 문화교류에서 일본으로부터의 수입이 압도적이었던 만화, 애니메이션, 게임, 동영상 등의 특정 분야를 중심으로 물밀듯이 밀려왔고, 관련 문화 및 상품을 '로리물'이라 부르고, '롤리타 같다'는 의미는 '로리하다'는 은어로 표현한다. 일본문화가 나보코프와 '롤리타'의 외피를 걸치고 침투하고 있는 것이다.

■ '롤리타 일병 구하기'

우리는 어느새 이 문화에 물들어 있다. 요즘 TV를 켜면 소녀시대, 원더걸스, 카라, 티아라 등 어여쁜 소녀들이 화면을 장악한다. 이들은 하나같이 귀엽고 섹시한 이미지로 연령을 불문한 많은 남성들에게 판타지를 불러일으킨다. 미성숙한 외모의 귀엽고 섹시한 소녀들은 안방극장뿐만 아니라 요염하면서도 화사한 미소를 연상시키는 스타일을 통해 패션계도 점령하고 있다. 이것이 바로 핫 스타일로 떠오른 '롤리타 룩'이다. 우리 매스컴은 걸 그룹이 한류문화의 중심에 섰다는 사실을 연일 보도하고 있다. 이처럼 롤리타 테마는 이제 걸 그룹, 패션에서도 지배적인 트렌드가 됨으로써 새로운 대중적 신화가 되었다. 더욱 흥미로운 점은 걸 그룹의 연령대가 매년 낮아져서 이제는 『롤리타』의 남자 주인공이 주장하는 님펫 나이에 도달해 있다는 사실이다. 걸 그룹의 주축 멤버 연령이 13~15세라는 언론 보도가 있는가 하면, f(x), 카라, GP Basic의 어린 멤버들은 노동법 위반 조사 대상이 되어 있는 것이 오늘의 현실이다.

이러한 모습은 나보코프의 소설로서 시작된 롤리타 신화가 일본을 중심으로 새로운 문화를 형성했다는 사실과 함께, 우리나라에 침투하여 대중문화가 된 일본 류의 조용하고 급속한 확산을 말해준다. 분석가들은 소녀시대로 대표되는 걸 그룹의 유행으로부터 커다란 사회문제가 된 바 있는 원조교제 등도 그 바탕을 일본식 '로리콘 문화'에 두고 있다. 이것은 롤리타 신화가 이제는 원작과는 별개로서 가장 왜곡되고 일그러진 것일 뿐만 아니라, 『롤리타』의 영광보다는 오욕의 척도가 되었다는 사실을 표현하는 것인지도 모른다. 그렇다면 예술성을 무엇보다 중시했던 '롤리타'의 창조자는 지하에서 억울해 하고 있을 것이다. 몇몇 인터넷

포털사이트에서는 〈뉴스위크〉지에 의해 역대 최고의 명작 4위에 선정된 소설 『롤리타』와 동명의 여주인공을 검색하려면 먼저 성인인증부터 받아야 하는 것이 오늘의 우리 현실이니 더 이상 무슨 말이 필요할까!

오늘날 우리나라의 '롤리타'는 나보코프 텍스트의 복합적 형상을 통해 정립된 신화의 지속성을 잃어버리고, 인터넷상의 모습에서 보듯 성도착의 비천한 얼굴을 표상하고 있다. 불후의 명작에 대한 무지와 함께 그 속에서 윤리적 상실만을 찾고 있는 우리 현실을 통탄하며, 얼마 전 화제가 되었던 영화 제목처럼 이젠 '롤리타 일병 구하기' 운동이라도 펼쳐야 할 때다.

(2010년 10월 25일 제82호)

러시아 역사

49. 루뱐카 광장의 돌 하나 / 253
50. 고대 문헌의 진위논쟁: 『화랑세기』와 『이고리 원정기』 / 259
51. 메드베데프를 바라보며 고르바초프를 생각한다 / 264
52. 러시아와 미국의 따뜻한 두 남자 이야기 / 268
53. 白石의 북방인식을 통해 러시아, 시베리아를 다시 본다 / 272
54. 제물포 해전, 그리고 아직도 아물지 않은 상처 / 278

49. 루뱐카 광장의 돌 하나

김 현 택
캔자스 주립대학교 문학박사
한국외국어대학교 노어과 교수, 현 한국슬라브학회 회장

알려진 대로 모스크바는 방사선 도시여서, 그 중심에 있는 크렘린 궁전은 원형의 도로들이 겹겹이 둘러싸고 있다. 러시아 의회가 위치한 크렘린 인근의 오호트니 랴드에서 볼쇼이 극장과 메트로폴 호텔을 양쪽으로 끼고 지나 경사가 완만한 길을 따라가 올라가면, 제법 넓은 공간이 눈앞에 펼쳐진다. 이른바 루뱐카(Лубянка) 광장. 지하철로 모스크바 대학 방향에서 출발하면 오호트니 랴드 바로 다음 역이 루뱐카다.

요즘이니 망정이지 전에는 루뱐카라는 소리만 들어도 사람들 가슴이 오싹해지던 시절이 있었다. 누런색의 육중한 KGB 건물이 떡 버티고 있고, 그 앞에는 잔인하기로 명성이 자자하던 비밀경찰조직 책임자 펠릭스 제르진스키의 동상이 서 있었기 때문이다.

하지만 소련 붕괴와 함께 끌어 내려진 제르진스키 동상은 지금은 모스크바 강변의 네스쿠츠느이 사드(Нескучный сад) 한쪽 구석에 방치되어 있고, 루뱐카 광장 주변에는 외제 자동차 전시장, 화려한 패션 숍, 레스토랑이 즐비하다. 그리고 모스크바의 대표적 대형 서점 중 하나인 비블리오 글로부스(Библио Глобус)와 아방가르드 풍의 공간 설계로 유명한 마야콥스키 박물관이 지척의 거리에 있다.

이 루뱐카 광장에 돌이 하나 서 있다. 백해(Белое море) 연안의 솔로베츠키 수도원에서 실어온 큼직한 바위를 평평한 석조 토대 위에 세운 "정치적 탄압의 희생자들을 위한 기념비(памятник жертвам репрессий)"이다. 더 자세히 얘기하면, 스탈린 시대에 정치적으로 희생당한 사람들을 위한 기념사업회 '메모리알(Мемориал)'이 1990년 단체의 아르한겔스크 지부에 솔로베츠키 수도원의 바위를 보내달라고 요청하여 모스크바로 가져온 것이다. 당시 기념사업회 측은 정치테러의 희생자들을 추모하기 위한 박물관을 구상 중이었고, 그 준비 작업의 일환으로 솔로베츠키 수도원에서 가져온 바위 하나를 모스크바에 세워 두려 했던 것이다. 애초에는 임시 조형물로 계획되었던 이 돌은 시간이 지나면서 여러 상징적 의미를 갖는 모스크바의 조형물이 되었다. 세간에는 "솔로베츠키의 돌(Соловецкий камень)"로 알려져 있다.

무엇보다 우리의 관심을 끄는 것은 이 투박한 조형물이 서 있는 위치이다. 루뱐카 광장의 "솔로베츠키의 돌" 앞에 서면 바로 정면에 연방보안국(구 KGB) 건물 전체 모습이 한눈에 들어온다. 그리고 천천히 둘러보면 이 돌은, 지금은 모습을 감추었지만, 한때 구 KGB 건물의 수호자 제르진스키 동상이 위치하던 곳을 마주 보고 있다. 우리 풍수개념으로는 자연석 돌 하나가 무소불위의 권력을 휘두르는 국가기관에 정면으로 맞서 있는 형국이다. 다르게 표현하면, 허위로 가득 찬 소비에트의 공식 역사와 이에 저항하는 다른 역사가 서로 대치하고 있는 모습이라 할 수도 있다.

지난 20여 년 동안 모스크바 중심부의 "솔로베츠키의 돌"은 인권과 자유, 그리고 전체주의 권력에 맞서는 저항정신을 상징하는 조형물로 인식되어왔다. "정치적 탄압의 희생자들을 위한 기념일(День памяти жертв политических репрессий)"로 지정된 매년 10월 30일이면 여기에서 대규모 추모행사가 열리는 것은 물론이거니와, 체첸전쟁 반대 집회나 반정부활동을 하는 대학생들에 대한 선별적 징집에 대한 항의 등과 같은 시민운동의 중심지로 등장했다. 아이러니하지만, 혼란스런 러시아 현실을 극복하려면 제르진스키 동상을 원래 위치로 복귀시켜야 한다고 외치는 극우주의자들이 집회가 "솔로베츠키의 돌" 주변에서 열린 적도 있다.

다시 돌 얘기로 돌아가 보자. 그런데 하필이면 머나먼 솔로베츠키 수도원의 돌이란 말인가? 여기에는 그럴만한 역사적 사연이 있다. 15세기 중반 아르한겔스크의 솔로프키(Соловки) 섬에 건설된 이 수도원은 일찍이 이반 그로즈니 시대부터 반역 죄인들의 유배지로 사용된 이력을 갖고 있다. 특히 이반 그로즈니의 친위부대인 오프리츠니나(опричнина)의 폐해를 공공연히 비난했던 솔로베츠키 수도원 출신의 대주교 필립 콜리쵸프(Филипп Колычёв)가 이 전제군주로부터 받은 박해는 러시아 교회사에서 유명한 사건이다. 17세기 후반에는 니콘 주도의 교회개혁에 반대하는 세력의 본거지라는 이유로 모스크바에서 파견한 군 병력이 몇 해 동안 이 수도원을 봉쇄한 역사도 있다. 러시아 최북단의 척박한 땅에 위치한 솔로베츠키 수도원은 이처럼 전제군주의 부당한 절대 권력에 저항하면서 정교회 고유의 금욕적 수도 전통을 간직해온 성스러운 공간이었다. 이를테면 솔로베츠키 수도원은 러시아 정교회의 정신적 보루인 동시에 정치적으로 박해당한 사람들의 유형살이 장소였던 것이다.

역사는 반복되는 것인지, 공산혁명 후 솔로베츠키 수도원은 소련 최초의 수용소로 탈바꿈했는데, 그 공식 명칭이 "슬론(СЛОН: СоловецкийЛагерь Особого Назначеия)"이었다. 우리말로는 "특수목적의 솔로베츠키 수용소"쯤 된다. "슬론"은 나중에 그 소리 효과도 당당한 "스톤(СТОН: Соловецкая Тюрьма Особого Назначения)"으로 진화한다. "특수목적의 솔로베츠키 감옥"이라는 긴 명칭의 약어 "스톤"은 러시아어로 "신음"이라는 뜻이다. 헌데 여기에 "특수목적"이라는 꼬리표가 붙은 것은 무슨 연유일까?

제정 러시아 때와 마찬가지로 소비에트 시대에 솔로베츠키 수도원 감옥에 수감된 사람들 대다수는 이념적 사상적으로 문제가 있는 정치범들이었다. 먼 옛날 이반 그로즈니 시대에 정치적 탄압을 받아 이곳에 투옥된 인물이 400명을 헤아렸으며, 공산혁명 이후에는 이념적으로 의심받던 수많은 지식인들이 솔로베츠키 수도원에 투옥되었다. 러시아의 레오나르도 다 빈치라고 불리던 신학자 겸 자연과학자 파벨 플로렌스키와 20세기 러시아의 대표적 인문학자 드미트리 리하쵸프도 솔로베츠키 수도원에서 죄수 생활을 했다. 독재 권력이 허황된 유토피아를 약속하고, 법이 인간을 유린하며, 역사가 사실을 왜곡하던 불의의 시대에, 역설적으로 솔로베츠키 수용소는 양심과 정의를 대변하는 공간이었다. 솔로베츠키 시절이 자신의 삶에서 갖는 의미를 회상하면서, 리하쵸프는 "나는 그곳을 감옥이 아닌 성스러운 장소로 받아들였다."라고 고백한 바 있다.

솔로베츠키 수용소에서 리하쵸프가 집필한 논문의 내용을 살펴보면 흥미롭기 그지없다. 1930년에 집필한 "범죄자들의 카드 게임"에서는 정해진 규칙에 따라 진행되던 감방의 카드 게임을 그 사회에서 통용되는 "양심 법(кодекс совести)"으로 규정하고 있으며, 1933년에 완성한 "범죄자들 언어의 초기 원시주의 특징들(Черты первобытного примитивизма воровскойречи)"이라는 제목의 논문에서는 지금은 우리에게 일상적 의미로 자리 잡은 단어들, 예컨대 глубоко (совершенно 혹은 вполне와 같은 의미), даром(без усилий와 같은 의미), рисковый(смелый와 같은 의미) 등등의 많은 어휘들이 실제로는 죄수들이 사용하던 언어에서 나온 것임을 규명하고 있다.

수용소 삶의 풍속도와 언어 세계에 대한 리하쵸프의 이 같은 연구들은 사회적 역사적으로 함축적 의미를 갖는다. 소련이라는 거대 국가 안에 존재하던 또 하나의 작은 체제 솔로베츠키 수용소 안의 삶이 외부의 그것보다 진실 되고 정의로우며 건강하다는 해석 가능성이 그 첫째이다. 더 나아가, 수용소 거주자들의 일상에 대한 이 탁월한 인문학자의 관찰과 기록을, 위대한 사회주의 건설을 외치던 거대 담론의 허구성을 폭로하는 진정한 역사로 파악하는 관점 또한 가능하다. 20세기 러시아 역사의 이러한 비극적 상황 때문에, 리하쵸프의 경우처럼 수용소나 감옥에서 집필 활동이 이루어진 사례는 무수히 많다. 우리에게 익숙한 작가들의 이름만 열거해도, 구밀료프, 솔제니친, 만델쉬탐, 필니냐, 바벨, 돔브로프스키, 샬라모프, 브로드스키 등등 이루 헤아릴 수가 없다. 그중에서도 가장 극적이고 기적 같은 사례는, 다니일 안드레예프(소설가 레오니트 안드레예프의 아들)가 무시무시한 감옥에서 감시의 눈을 피해 가며 쓴, 신비주의적 통찰력과 시적 영감으로 가득 찬, 세계 모든 민족과 국가의 궁극적 통합에 대한 희망을 노래한 책 『로자 미라(Роза Мира)』 가 아닌가 싶다.

아무튼 루뱐카 광장의 돌은, 솔로베츠키 수용소의 모델에 따라 러시아 전역으로 확산된 "수용소 군도"에 갇혀 있던 무수한 수인들, 공산 테러에 희생된 무고한 사람들, 그리고 자유를 위해 싸운 러시아의 양심들을 추모하고 기억하는 소중한 기념비이다. 솔제니친의 표현에 따르면 "인민들의 슬픔이 볼가 강을 이루던(Волга народного горя)" 시대의 고통을 응축하고 있는 셈이다. 이 기념비가 세워진 시점은, 오랫동안 금기시되던 수용소에 관한 진실이 러시아인들의 뜨거운 관심사로 부상한, 소비에트 역사에 대한 비판적 성찰이 시작되던 페레스토로이카 시대였다.

그 후 20여 년 이상의 세월이 흘렀다. 그리고 언젠가 강한 러시아를 건설해야 한다는 목소리가 득세하면서부터 러시아 과거 역사에 대한 비판적 성찰은 후방으로 밀려나고, "솔로베츠키의 돌"이 갖는 상징적, 정신적, 역사적 의미 또한 점차 퇴색하고 있는 느낌이다. 다른 한편으로, 당면한 사회 문제의 해결능력 부재에서 기인한 러시아인들의 만성적 피로감이나 시장경제 체제 도입 이후 급속히 확산된 소비만능주의 같은 사회 풍조도 이 같은 현상을 고착화하는데 기여했을 것이다. 눈앞의 현실 문제에 함몰된 러시아인들이 과거를 망각해가고 있다고나 할까.

상황이 이런 터인 지라 고인이 된 리하쵸프 교수가 아래 인용에서와 같이 강조하던 기억(память)의 중요성이 한층 더 새롭게 다가온다.

"다시 말하거니와, 기억은 시간의 극복이며, 죽음의 극복이다. 기억의 가장 위대한 도덕적 의미가 바로 이것이다. '기억이 없는 자'는 결코 고결하고 양심적일 수 없으며, 따라서, 사심 없는 행동을 할 능력 또한 없다. 기념비들을 대하는 태도가 문화의 지표다."

어느 나라 어느 사회나 건강해지려면 높은 정신이 살아 있어야 한다. 루뱐카 광장에 외롭게 서 있는 "솔로베츠키의 돌"은 분명히 이 같은 정신의 산물이다. 그 앞에 서면, 수많은 역사적 시련 속에서 기적과 같은 문학, 예술, 그리고 독창적 학문 전통을 일궈온 러시아인들의 힘이 느껴진다. 그리고 이 기념비가 외치는 인간 본연의 소중한 가치들이 러시아 땅에

연방보안국을 정면으로 바라보는 위치에 세워진 돌

출처 : 필자 제공

제대로 뿌리 내리게 되는 것은 과연 언제일까? 라는 생각도 하게 된다.

참고로 덧붙이면, "솔로베츠키의 돌"은 하나가 아니다. 루뱐카 광장에 서 있는 돌 이외에 세 개가 더 있는데, 그 하나는 상트페테르부르크의 트로이츠카야 광장에, 그리고 나머지 둘은 아르한겔스크 시내와 솔로베츠키 수도원 안에 각각 위치해 있다. 그리고 아마도 아르한겔스크, 모스크바, 상트페테르부르크 이 세 지점은 강인한 솔로베츠키의 자연석이 상징하는 높은 정신으로 서로 연결되어 있을 것이다.*

(2011년 1월 3일 제92호)

* 필자가 루뱐카 광장의 "솔로베츠키의 돌"을 처음 찾은 것은, 여러 해 전 모스크바를 방문해서 비블리오 글로부스 서점가는 길에 당시 유학 중이던 문준일 박사가 그곳으로 안내해준 덕분이다.

50. 고대 문헌의 진위논쟁: 『화랑세기』와 『이고리 원정기』

정 하 경
하버드대학교 슬라브 언어학박사
한국외국어대학교 러시아연구소 HK교수

지난 연말 탤런트 고현정이 연기대상을 2년 연속 수상했다. 작년 이즈음 고현정에게 대상의 영예를 안겼던 드라마는 『선덕여왕』이었다. 작년 한 해 동안 최고의 인기를 구가했던 이 드라마는 『화랑세기』 필사본의 내용에 의거하여 만들어졌다. 잘 알려졌다시피, 김대문이 681~687년 사이에 집필한 『화랑세기』는 이름만 전해져 왔을 뿐 원본은 발견되지 않았다. 이 책의 필사본은 한학자 박창화 씨가 일제강점기 일본 궁내부 도서료에 있던 원본에서 베낀 것으로, 그의 제자인 김종진 씨가 물려받아 또 일부 내용을 발췌한 바 있다. 김종진 씨가 세상을 떠난 후 그 아내에 의해 먼저 1989년 발췌본이, 그리고 나중에 필사본이 세상에 알려지게 되면서 『화랑세기』의 진위논쟁은 시작되었다. 『화랑세기』가 실제로 존재했던 문헌이었다는 사실과는 별개로, 발견된 사본이 진짜 『화랑세기』의 필사본인가 하는 것은 국사학계에서 아직도 완전히 결론 나지 않은 진행 중인 논의이다. 이 진위논쟁은 『삼국사기』나 『삼국유사』 등에 묘사된 신라사회의 모습과는 차이가 나는 『화랑세기』의 파격적 내용에 기반을 두고 있다.

이러한 『화랑세기』 진위논란은 러시아의 『이고리 원정기(Slovo o polku Igoreve)』 논쟁을 떠올리게 한다. 『이고리 원정기』는 1185(6)년 북부 러시아의 공국 노브고로드의 공후 이고리가 남부 돈 강 유역의 폴로베츠인들을 정벌하러 갔다가 실패한 역사적 사건에 대한 대서사시이다. 키예프 루시의 스텝 지역은 이

민족 폴로베츠인들이 백여 년 이상 지배하고 있었고 이로 말미암아 고대 러시아인들과 폴로베츠인들 간에는 군사적 충돌이 잦았다. 그런 와중에 1185년 노브고로드의 공후 이고리가 군대를 이끌고 폴로베츠인들을 정벌하러 떠났다. 러시아군은 처음에 승기를 잡는 듯했으나 3일간의 전투 끝에 폴로베츠인들에게 패하고, 이고리는 다른 세 공후들과 포로로 잡힌다. 1년여의 포로생활 끝에 이고리는 기독교로 개종한 한 폴로베츠인의 도움으로 탈출하여 1187년 러시아에 귀환한다. 〈이고리 원정기〉는 키예프 시대 문학에서 유일한 서사시로서 독보적인 위치를 점하고 있을 뿐 아니라 언어의 풍부함, 짙은 서정성, 뛰어난 시적 장치 및 형식미, 상상력, 강렬한 애국적 열정 등, 미학적, 시학적인 측면에서 당대 최고의 작품으로 손꼽힌다.

이 서사시의 존재는 1791년 고고학자이자 문헌학자였던 무신-푸시킨 공작에 의해 처음으로 세상에 알려졌다. 무신-푸시킨은 스파소-야로슬라프 수도원의 수도원장으로부터 다수의 문헌 필사본을 사들였는데, 그중에 『이고리 원정기』의 필사본이 끼어 있었다. 무신-푸시킨이 손에 넣은 필사본은 14~15세기에 쓰인 것이었지만, 그 원본은 사용된 고대어와 내용을 고려할 때 명백히 1187년 이전에 쓰인 것이었다. 1800년에는 이 필사본의 내용과 당시 러시아어 번역본이 함께 출판되었다. 무신-푸시킨이 사들였던 14~15세기 본은 1812년 그의 저택에 일어난 화재로 소실되었다. 60년이 지난 후, 역사가 페카르스키는 예카테리나 여제의 서고에서 1796년 여제의 사망 이전에 쓰인 『이고리 원정기』의 필사본을 발견하였다. 이 필사본은 1864년 출판되었다.

이 서사시는 내용과 표현의 문학적 가치로뿐만 아니라 고대 교회슬라브어가 섞이지 않은 순수한 고대 러시아어로 쓰였다는 언어학적 가치로도 러시아 학계에 엄청난 반향을 불러일으켰다. 그러나 문헌의 언어는 또한 문헌의 진위에 대한 논쟁에 불을 댕기기도 했다. 20세기 중반까지 학계에 알려진 고대 러시아어의 시스템과 이 문헌의 언어는 많은 점에서 달랐던 것이다. 위본설을 불러일으킨 또 다른 중요 근거는 『이고리 원정기』의 텍스트 일부가 쿨리코보 평원에서 거둔 드미트리 돈스코이의 승리를 기리는 『자돈쉬나』의 15세기 진본 텍스트와 매우 유사하다는 점이었다. 『이고리 원정기』와 『자돈쉬나』 중에서 실제로 어떤 것이 어떤 것을 모방한 것인가에 대해서 치열한 논란이 벌어졌다. 위본설을 주장하는 학자들은 여러 정황상 증거를 제시하며 구체적으로 위작자까지 지목하였다. 이 문헌의 최초 발견자인 무신-푸시킨을 포함하여 다양한 사람들이 위작자로 거론되었다. 하버드대학교 역사학자 에드워드 키넌은 체코인인 요제프 도브롭스키를 위작자로 추정하였다.

로만 야콥슨과 안드레이 잘리즈냑은 언어적 특성의 상당 부분에서 『이고리 원정기』와 『자돈쉬나』의 텍스트가 상이한 양상을 보이고 있음을 지적하고 이를 근거로 『이고리 원정기』가 진본임을 주장하였다. 또한, 잘리즈냑은 『이고리 원정기』에 이 필사본이 만들어진 시기인 15~16세기의 언어적 요소들이 존재한다는 것을 들어 이 필사본이 17세기에 만들어진 위본이 아니라 12세기에 쓰였을 원본에서 필사된 진본임을 주장하였다. 특히 그는 20세기 중엽에서야 노브고로드와 프스코프 지역에서 발굴되기 시작한 자작나무 문헌들에 나타나는 12세기 북부 러시아의 구어 어휘적, 문체적 특징들이 그동안 아무도 풀지 못했던 『이고리 원정기』의 몇몇 이해할 수 없는 언어적 미스터리를 해결해 주고 있다고 주장한다. 즉, 『이고리 원정기』가 18세기에 고대 러시아어를 모방하여 쓰인 것이라면 20세기에서야 밝혀진 12세기 언어의 특징을 담지할 수는 없다는 것이다.

원본이 존재하지 않는 고대 문헌 필사본을 둘러싼 진위설, 이것은 역사학자들에게 정말 흥미로운 수수께끼라고 할 수 있다. 이러한 필사본 연구는 그 시대에 대한 다양한 각도의 연구를 태동시키고 새로운 사실들을 발굴해 내게 한다. 그 문헌 자체의 진위가 결국 밝혀지지 않는다 하더라도 학문적인 파장은 구체적인 결실을 가져올 수 있다. 한편, 한국과 러시아의 이 두 문헌이 실제로 진본인가 하는 것보다 더 흥미로운 것은 진위설에 관한 사람들의 입장과 태도이다. 『화랑세기』의 진본 가능성이 학자들의 관심을 끄는 것은 그것이 고려인에 의해 쓰인 『삼국사기』와 달리 신라인에 의해 쓰인 신라 이야기라는 점이다. 그래도 우리나라 사람들에게는 신라인이든 고려인이든 간에 모두 같은 민족이기 때문에 이 논쟁은 어느 정도 객관적 효용, 곧 당시 현실에 대한 보다 생생한 묘사 가능성에 의해 동기화된다. 한편, 잘리즈냑, 리하쵸프, 로트만을 필두로 한 러시아 학계에서는 다소 감정적이다 싶을 만치 『이고리 원정기』의 진본설을 옹호하는데, 그 이유는 이것이 동슬라브인에 의해 동슬라브어로 쓰인 동슬라브인의 이야기이기 때문이다. 만약 이 서사시가 체코인인 도브롭스키가 위조한 것이라면 러시아인들은 자랑스러워 마지않는 고대의 문화적 · 문학적 유산을 잃게 되고, 국가적, 민족적 자존심에도 상처를 입는 셈이 될 것이다. 특히 최근의 논란에서 진본설의 선봉에 서 있는 언어학자 잘리즈냑은 1951년부터 고대 노브고로드 지역에서 발굴되기 시작한 자작나무 문서들의 텍스트에 사용된 고대어를 해독하는 데 있어, 민족적, 주체적 관점을 취하는 경향을 보여 왔다. 『이고리 원정기』에서 언어적으로 모순적인 부분을 자작나무 문서의 언어적 특성에 기대어 해독하고자 하는 것 또한 이러한 경향과 무관하다 할 수 없을 것이다. 이와 견주어 볼 때, 에드워드 키넌이나 안드레 메종을 비롯하여 최근에 위본설을 주장하는 학자들은 대부분 비러시아계라는 점을 주목하지 않을 수 없다.

재미있는 것은 국가위상 제고에 노력을 기울였던 소비에트 시대에 이 문헌의 진위논란이 정치적으로 비화하여 그 진본설에 의문을 제기하는 시도들이 모두 기각되었다는 점이다. 21세기에 들어와서 푸틴과 메드베데프의 러시아에서 국가위상 제고는 그 어느 시대보다도 중요한 아젠다가 되었다. 국가적 위상을 드높이는 과정에서 빼놓을 수 없는 과제는 자민족의 문화유산 발굴과 역사 재정립이라고 할 수 있다. 현대 러시아 내에서 슬라브 고문헌학과 역사언어학 분야에서 『이고리 원정기』의 진본설에 무게가 실리고 있는 것은 비록 학문적인 영역의 일이기는 하지만 이러한 전반적 분위기와 공교롭게도 맞아떨어지고 있다.

(2011년 2월 14일 제98호)

이고리 원정기

출처 : http://blog.hankyung.com/?vid=raj99&mid=blog&category=1121099&document_srl=365387

51. 메드베데프를 바라보며 고르바초프를 생각한다

라 승 도
텍사스 주립대학교 문학박사
한국외국어대학교 러시아연구소 HK연구교수

2011년 3월 3일 드미트리 메드베데프 러시아 대통령은 1881년 단행된 농노해방 150주년 기념으로 페테르부르크에서 열린 "러시아의 위대한 개혁과 현대화"(Великие реформы и модернизация России) 학술회의에 참석하여 기조연설을 했다. 그는 또한 페트로파블로프스키 사원에 영면한 알렉산드르 2세의 묘소를 찾아 헌화하기도 했다. 이런 메드베데프의 분주한 행보와 관련하여 특기할 만한 것은 기조연설에서 그가 제정 러시아의 개혁군주로 불리는 알렉산드르 2세의 현대화 경험이 지금도 여전히 경청할만하기에 이 경험의 재의미화가 필요하다고 역설했다는 점이다. 여기서 그는 무엇보다도 먼저 "자유를 다음으로 미룰 수 없다."라고 강조하며 연설문 곳곳에 걸쳐 자유의 시급성을 주장했다. 하지만 그의 현대화 정책에서 기술혁신과 산업발전은 우선시되고, 자유의 문화는 도외시되고 있다는 것을 상기한다면, 메드베데프의 주장은 이율배반적으로 들린다.

러시아 수도 한복판에서 '말의 자유,' '표현의 자유,' '언론의 자유'를 달라고 연일 호소하는 사람들의 모습을 볼 때, 메드베데프가 말하는 자유의 문화는 장려되기보다는 오히려 외면이나 억압 속에서 자꾸만 뒷걸음질치고 있다는 인상을 지울 수 없다. 시사평론가 안톤 오레흐(Антон Орех)가 "메드베데프 집권 3년 동안 공언된 커다란 원칙 중에서 어느 하나도 실현된 것이 없었다."라고 꼬집으며 그의 이번 연설이 공허한 수사에 불과하다고 혹평한 것도 이 때문이다. 그래서 메드베데프에게 지금 필요한 것은 현란한 수사뿐이 아닌 과감한 실천으로, 이것은 그가 알렉산드르 2세에게서 어떤 의미를 진정으로 찾고자 한다면 가장 먼저 배워야 할 것이기도 하다.

그리고 메드베데프가 유념해야 할 것은 18세기 말 알렉산드르 라디셰프(Александр Радищев)의 예에서 알 수 있듯이 러시아 현실의 계몽과 개혁은 전통적으로 자유(вольность)의 문화에서 나왔다는 점이다. 또한, 러시아가 문화적으로 가장 융성했던 시기는 1861년에서 1881년까지 알렉산드르 2세의 현대화 개혁 시기로, 이때 융성했던 러시아 문화가 백 년은 훨씬 더 앞서 있던 서유럽 문화를 단숨에 따라잡았다는 점이다. 오늘날 러시아에서 자유가 충분히 보장되지 않는 한, 의식개혁보다는 기술혁신에, 정신문화보다는 물질문명에 더 치중하는 한 현대화는 아무리 잘 해봐야 절반의 성공밖에 거두지 못할지 모른다.

이런 점에서 러시아 방송계에 기록영화 제작으로 많이 알려진 레오니트 파르페노프(Леонид Парфенов)의 90분짜리 다큐멘터리 영화 『미하일 고르바초프: 그는 우리에게 자유를 주기 위해 왔다(Михаил Горбачев: Он пришел дать нам волю』는 특히 새로운 의미로 다가온다. 메드베데프의 학술회의 기조연설이 있기 하루 전인 3월 2일 고르바초프의 팔순 생일에 맞춰 〈제1채널〉을 통해 러시아 전국에 방송된 이 영화는 독특한 개성의 소유자였던 바실리 슉쉰(Василий Шукшин)의 소설 『나는 당신(들)에게 자유를 주기 위해 왔다(Я пришел дать вам волю)』(1969)에서 제목과 주제를 빌려 왔음이 분명하다. 제목 속에 드러나 있는 것처럼, 이 영화를 통해서 파르페노프는 고르바초프가 러시아에 선사한 자유의 소중한 가치와 중요성을 사람들에게 다시금 일깨워주고 고르바초프의 역사적 의미를 새롭게 되짚어보고자 했다.

실제로 한 인터넷 공간에서 자신의 영화제작 취지에 대해 직접 밝히면서 파르페노프는 "고르바초프가 우리에게 자유를 선사해주었지만, 정작 우리는 자유를 사용할 수 없었다."라고 지적하였다. 파르페노프의 발언에서 알 수 있듯이, 고르바초프는 '글라스노스트'(гласность)의 과감한 실행을 통해서 "러시아 사람들이

천 년의 역사를 통틀어 처음으로 자유의 공기를 호흡하게" 해주었다. 하지만 오늘날 메드베데프의 러시아에서는 자유(의 문화)가 그의 입 언저리에서만 공허하게 감돌고 있을 뿐, 실천 행동으로 전혀 옮겨지지 않고 있다. 특히 언론의 자유는 그의 정부에 들어와서조차도 보장받기는커녕 오히려 갈수록 퇴보하고 있다. 이런 면에서 메드베데프는 19세기 중후반 알렉산드르 2세의 현대화 경험을 말로만 재의미화하기에 앞서 가까이에 살아 있는 고르바초프에게서부터 먼저 자유정신과 문화의 실천적 경험을 진지하게 귀담아들어야 할 것이다.

그러나 며칠 전 메드베데프는 "매우 복잡하고, 극적인 시기"에 소련을 이끌었던 공로로 고르바초프에게 성 안드레이 최고 훈장을 수여하는 자리에서도 여전히 의례적 몸짓과 공허한 말치레만 보여주었을 뿐, 고르바초프의 어떤 경험도 의미도 경청하려 들지 않았던 것 같다. 반면, 고르바초프는 최근 간접적으로나마 메드베데프를 비롯한 러시아 국가 지도층을 향해 비판과 충고를 마다하지 않고 있어 주목할 만하다.

지난 2월 21일 고르바초프는 메드베데프와 푸틴의 양두체제에 대해 오만한 "야바위 민주주의"라는 말로 직격탄을 날린 바 있다. 그로부터 일주일 후 2월 28일 영국의 「인디펜던트」 지와 가진 회견에서 고르바초프는 흔히 올리가르흐로 불리는 신흥부호 로만 아브라모비치(Роман Абрамович)의 어마어마한 재산 목록을 보고 놀라움을 금치 못했다고 하면서 그런 그가 수치스럽기 짝이 없다고 말했다. 이에 덧붙여 고르바초프는 러시아 사회에서 타자와의 관계가 어떻게 왜곡되어 있는지를 지적하고 그 누구보다도 사회 지도층이 솔선수범하여 무엇이든지 "다른 사람들과 나누어야 한다."라고 주문했다. 이렇듯, 물질적 측면에서나 정신적 측면에서도, 수평적 차원에서나 수직적 차원에서도 다른 사람들과 정직하게 공유하고, 자유롭게 교류하며 솔직하게 소통하는 정신이야말로 작금의 러시아 사회에 진정으로 필요한 실천적 덕목으로 모두가 경청하고 견지해야 하는 것이 아닐까 싶다.

지금도 여전히 레닌을 자신의 전거로 삼고 있다는 고르바초프. 그는 "우리는 꿈을 가져야만 한다."라는 레닌의 발언을 인용하면서 "세상은 이상주의자들에 의해 바뀐다."라고 말한다. 러시아의 미래는 어쩌면 고르바초프가 레닌을 상기하면서 말하는 혁명 전통의 이상주의자들에게서 새로운 희망을 찾을 수 있을지 모른다.

* * *

2011년, 미하일 고르바초프는 사적으로는 탄생 80주년을 맞이했고 공적으로는 소련 해체 20년을 맞이한다. 이렇게 2011년은 그에게 아주 특별한 의미를 지닌다. 그리고 2011년 고르바초프는 우리에게도 특별한 존재로 다가온다. 그래서 지금 고르바초프의 역사적 의미를 되새겨보는 작업은 우리에게 매우 필요하면서도 유익할 것이다.

고르바초프

출처 : http://www.beenergy.ru/2008/05/page/26/

(2011년 3월 14일 제102호)

52. 러시아와 미국의 따뜻한 두 남자 이야기

방 교 영
한국외국어대학교 문학박사
한국외국어대학교 통번역대학원 주임교수

세상 사람들이 나를 싫어한다고 매번 외치고 다니면서 그것을 삶의 근본으로 삼아보라. 자기가 옳다고 혼자 주장하고 있음을 알게 된다.

-George Kennan, "The Sources of Soviet Conduct", Foreign Affairs, 1947년 7월

그랬다. 소련이 그랬다. 소련은 세상이 모두 자기를 싫어한다고 외치고 다녔다. 흐루시초프 시대까지도 그랬다. 세상이 자기를 싫어한다고 믿으니 점점 내적으로 자신을 접었고 자신감은 무너져만 갔다. 바깥으로는 패권적일 수밖에 없었다. 피해의식이 양적인 삶을 만들듯이, 소련은 내적으로 각박했고 외적으로 허장성세였다. 스스로를 믿지 못했고, 패권주의를 연장시켰다. 우주로 로켓은 쏘아 올렸지만 우주항공국 화장실의 수도꼭지는 망가진 채 물이 넘쳤다. 그리고 소련은 붕괴한다.

내가 통역사로서 고르바초프를 다시 만났을 때가 그때였다. 고르비는 농담을 즐기는 지도자였다. 성격이 서로 다른 모임에서도 자리에 걸맞은 농담을 잘 했다. 소통할 줄 알았다. 좌중의 이목을 집중시키고, 분위기를 한 순간에 잡는 능력도 지녔다. 사람을 감동시킬 줄 알았다. 고르비의 개방적인 농담은 나 같은 통역사에게 부담을 안겨주곤 했다. 통역의 효과를 그 자리에서 확인해야 하는 부담 때문에 그랬다. 한순간도 긴장을 풀 수 없는 통역사였기에 나는 고르비의 넉넉함과 따뜻

고르바초프

출처 : http://newsukraine.com.ua/razdel/1-v-mire/421-medvedev/page-10/

함을 느낄 여유가 당시에는 없었다.

그의 농담은 러시아 문화를 넘어서 쉽게 통역된다. 소련의 자폐의식은 찾아 볼 수 없었다. 고르비는 옛 소련에 미련 없이 자신의 신념을 투여했고 스스로 국가를 무너뜨렸다. 다시 살기 위한 선택이었다. 지금은 고인이 된 그의 아내 라이사는 두 줄기가 서로 얽혀 자라나는 파키라 화분을 가리키며 나에게 이렇게 말했다. "인생은 험난한(수로바야) 거예요. 서로 얽혀 올라가는 저 줄기는 굴곡이 있는 우리 인생을 꼭 닮았어요". 고르비의 라이사에 대한 사랑은 각별했다. 너그러움과 기다릴 줄 아는 여유를 가진 남자. 그랬기 때문에 세상의 절반을 움직였던 남자. 냉철하고 강한 카리스마를 지닌 그가 자그마한 체구의 라이사 앞에서 한없이 작아지던 모습이 내겐 놀랍고 신기했었다. 인간의 얼굴을 한 외교의 모습이었다.

미국 외교의 전설, 조지 케넌도 신념에 투철하고 따뜻한 남자였다. 소련과의 관계가 어려우면 냉각기를 갖는 것이 필요하다는 것을 알았다. 어차피 다시 만날 사람이라면 냉각기라 해서 상대에게 저주를 퍼붓지 말아야 한다. 영원히 적이 되지는 않더라도 두 사람의 역사에 큰 상처를 남기기 때문이다. 소련에 대한 케넌의 태도는 부드러웠다. 케넌의 냉전 외교는 조용히 기다리면서 소련의 행동에 긴장을 더 해주는 매력적이고 부드러운 것이었다. 그는 냉전이란 게 길면 좋을 것이 없다고 했다. 냉각기를 잘 이용해서 소련으로 하여금 어쩔 수 없이 화해의 손길을 붙잡도록 유도하자고 했다. 이런 방법으로 미국은 소련이 저 스스로 붕괴하여 제 살길을 찾아 떠나거나, 국가적으로 성숙하여 타국과 좋은 관계를 유지할 수 있다고 했다.

이념이란 것은 국가의 이익과 세계 평화를 위해 가치가 없는 것임을 냉전 플랜을 만들면서부터 알았던 그였다. 케넌의 냉전주의는 소련에게는 참으로 위험한 따뜻함이었다. 소련이 공산주의의 틀 속에서 고집을 피우며 세상과 맞장을 뜰 때, 그는 공산국가인 유고슬라비아를 지원해줌으로써 소련을 정치적인 궁지로 몰아넣었다. 고단수의 따뜻한 정책이었다. 이 현실주의 정책은 고스란히 김대중의 햇볕정책으로 연결되었다. 북한에 대하여 억지를 부리는 개신교 극우단체, 무관심으로 일관하는 한국 현 정권의 차가운 모습을 보면서 고르비의 너그러움과 냉전시대의 적국인이던 케넌의 따뜻함이 그리워진다.

국가 간 외교를 끝내기는 어렵지 않다. 전쟁이나 불안을 초래하기도 쉽다. 그러나 외교능력은 전무하면서도 변명에는 탁월한 지도자가 21세기에 나타난 것은 아이러니컬한 일이다. 미국의 부시가 그런 못난 남자 꼴이었다. 소련이 붕괴하니, 21세기가 마치 혁명의 시기인 것처럼 제멋대로 행동했다. 자의식이 과잉해서인지, 고집 때문이었는지 고르비나 케넌과 같은 선배의 지혜를 빌릴 줄 몰랐고 남의 말도 듣지 않았다. 제 나라 경제가 위기로 치닫는지도 모르고 패권을 향해 달렸다.

아프가니스탄, 이라크를 지구상에서 없애 버릴 생각이 아니라면 폭력은 아마추어나 하는 짓이다. 더 직설적인 표현을 한다면, 푸틴의 말처럼 '바보짓'이다. 푸틴은 고르비와 캐넌보다는 덜 따뜻해도 지극히 현실적인 인물이다. 물러설 때와 나설 때를 안다. 즉, 외교를 안다. 부시가 행했던 '바보짓'을 그대로 모방하는 이들이 한국의 미디어를 수놓고 있다.

케넌이 사망한 지 5년이 넘었다. 고르비가 물러난 지도 어언 20년이 다 되어 간다. 국가연애의 마술사는 이제 없는가? 새신랑 같은 오바마와 푸틴의 외교실력을 보면서 세계평화를 안타깝게 기대해 본다. 보채는 아이 같은 한국외교의 실상을 보면서, 고르비 같은 남자, 케넌 같이 따뜻한 남자가 그립다.

곱게 늙어 100세를 다하고 떠난 케넌의 영정 사진은 아름다웠다. 라이사 여사가 백혈병으로 사망한 후, 2001년 내가 다시 만난 고르비는 초췌하고 힘이 없어 보였다. 나이 탓도 있었겠지만, 사랑하는 여인을 잃은 슬픔 때문인 듯했다. 하지만 여전히 아름다웠다.

(2010년 6월 28일 제65호)

53. 白石의 북방인식을 통해 러시아, 시베리아를 다시 본다

이 길 주
한국외국어대학교 문학박사
배재대학교 러시아학과 교수

일제치하 한국 근대문학에 나타난 북방 대륙 공간의 테마와 이미지에는 어두운 정세 하에 조국상실의 아픔이 녹아 있다. 무엇보다 유치환과 이용악 등의 '북방시'에서 만주와 북쪽 땅은 대부분 '여인이 팔려 간 나라'와 같은 비극적 이미지로 점철되어 있다. 한편 이육사를 비롯한 몇몇 시인, 작가들에게서는 만주와 연해주 이야기가 자유를 향한 "광야"의 이미지로 진술되었다. 특히 1930년대 이 땅의 대표 시인 백석의 시 세계는 한민족의 긍정적 역사 담론을 유도한다. 널리 알려진 〈나와 나타샤와 흰 당나귀〉는 모더니즘적 환상성이 보이는 시이지만, 흔치 않은 백석의 연시(戀詩)로 밝은 정조의 대륙적 이상향과 관계되며, 그 이후 〈북방北方에서 — 정현웅에게〉에서 암시하는 한민족 북방 대륙정체성과 공생의 미래 북방대륙세계 구축과도 연계된다.

가난한 내가
아름다운 나타샤를 사랑해서
오늘밤은 푹푹 눈이 나린다.
(중략)
눈은 푹푹나리고
아름다운 나타샤는 나를 사랑하고
어데서 흰 당나귀도 오늘밤이 좋아서 응앙응앙 울을 것이다.

시인 백석 (1912-1995)

출처 : http://pannadipa.cafe24.com/zbxe/BS

'가난한' 시인과 '아름다운 나타샤'의 동화적인 러브스토리는 흡사 북방 유라시아 대륙에 펼쳐야 할 동서양 공존과 공생의 가능성을 상징하는 그림으로 볼 수도 있다. 여기에 나타샤라는 슬라브-러시아계 처녀와 함께 시인은 2, 3연에서 '산골로 가자!'에 이어 '산골로 가는 것은 세상한테 지는 것이 아니다. 세상 같은 건 더러워 버리는 것이다.'라고 하며 도피가 아닌 순구純垢한 유토피아에 대한 희구임을 밝히고 있다. 더구나 "하얀 눈이 푹푹 쌓이는 밤 흰 당나귀 타고" 가자는 시인의 사랑의 호소에선 흰색 이미지가 더욱 확장된다. 사랑에 빠진 외로운 시인의 심상에 흰 눈이 매개가 되어, 더구나 흰색을 숭상하는 백의민족의 소박하고 정갈한 고향 산골 마을과 풍속으로 돌아가자는 희원이 겹쳐지고 있다. 백의민족의 색채 상징성에 대한 백석의 집착은 "**산골집은 대들보도 기둥도 문살도 자작나무다. (중략) 이山골은 온통 자작나무다.**"라고 진술하는 〈白樺(山中吟3)〉에서도 여실히 드러난다. 물론 러시아인들이 그토록 사랑하는 자작나무는 백두산을 비롯하여 북방, 시베리아에 폭넓게 자생하며 무엇보다 한국인들과 러시아 시베리아인들에게도 공히 순결성 등 긍정적 세계관을 표상한다. 또한, 그 고결한 아름다움과 신비감으로 시베리아 샤머니즘과 관련하여 신목으로 여겨지고 실제 무구의 재료로 사용된다.

백석의 리얼리즘 속에 북방은 무엇보다 건강한 아름다움을 간직한 여인들의 삶의 공간이자 유년의 축제적 공동체적 삶이 살아있는 곳이기도 하다. 그래서 백석은 〈절망〉에서 "北關에 계집은 튼튼하다 北關에 계집은 아름답다."라고 건강한 여인상을 제시하며 마치 사회주의 리얼리즘적 미인상을 그려내기도 하였다. 투박하고 강인한 북관의 사람들로 해서 건강한 북방 민중의 형상이 완성된다. 백석의 대륙적 서사 속에는 흔히 그러한 현실적이고 사실적인 민중의 형상이 주인공으로 등장하여 결국 그의 웅대한 리얼리즘이 구현된다. 백석은 〈나와 나타샤와 흰 당나귀〉에서 가난한 서정적 자아의 소박하고 순결한 사랑과 함께 도피적 삶을 노래하지만, 그것은 "北關에 계집" 이미지와 함께 러시아 리얼리즘 문학이 보여주던 현실 비판적 정조와 유토피아 지향성과 맞물려 있다.

일본에서 영문학을 섭렵한 시인은 이미 러시아 문학에도 심취하여 조선일보에 "임종 체홉의 유월 - 그 누이 매리에게 한 병중서간"(1935년? 6월20일-6월26일 자 조선일보)이란 글을 게재하여 당시 함대훈과 함께 러시아 문학을 소개하는 데 앞장섰다. 백석은 이미 1934년 러시아 문학사가 미르스키(D. S. Mirsky)의 글을 번역하여 "조이스와 애란문학"이란 표제로 조선일보에 연재했으며, 하얼빈에서 러시아어를 공부했고 해방 뒤 한동안 러시아 문학 번역에 전념했던 관계로 나타샤란 이름에 각별한 애착을 가졌으리라. 일제치하의 한국문인들이 러시아 문학에 탐닉하고 숙지하고 있었음은 물론이지만, 이광수, 이태준을 비롯해 백석 정도로 러시아 문학을 포괄적으로 접근하고 민족문학 속에 육화시킨 예는 흔치 않다. 백석은 후에 결국 북한에 정착하여 러시아 작가 시모노프의 「낮과 밤」(1947), 이어 1950년대에는 러시아 시인 이사콥스키와 트바르돕스키 등의 시를 번역하여 출간하기도 하여 러시아-슬라브 문화에 지속적인 관심과 조예가 깊었던 것으로 보인다.

동서양 문학을 섭렵하고 육화한 백석은 당대 진정한 코스모폴리탄이었다. 그러나 시인의 북방 도정은 줄곧 확고한 민족의식과 결부된다. 1939년 백석이 만주로 이주하여 농업에 종사하며 쓴 이른바 북방 시편들에서 그의 민족역사에 대한 사유와 시학이 정점에 이른 것으로 보인다. 그의 〈북신-서행시초2〉 속에서는 투박한 북방 사람들을 보며 소수림왕小獸林王과 광개토대왕廣開土大王 시절의 광대한 한민족의 영토와 기개를 떠올리며 민족의 저력을 암시한다. 다만, 북방 대륙의 공통된 옛 전설과 신화에 익숙한 시인은 1940년 발표한 〈북방에서-정현웅에게〉에서 원초 한민족의 이상 공간으로서의 공생의 시원인 북방마을을 노래하며 그 상실을 안타까워하고 있다.

> 아득한 녯날에 나는 떠났다
> 부여夫餘를 숙신肅愼을 발해渤海를 여진女眞을 요遼를 금金을,
> 흥안령興安嶺을 음산陰山을 아무르를 숭가리를.
> 범과 사슴과 너구리를 배반하고
> 송어와 메기와 개구리를 속이고 나는 떠났다.
>
> 나는 그때
> 자작나무와 익갈나무의 슬퍼하든 것을 기억한다.
> 갈대와 장풍의 붙드는 말도 잊지 않었다.
> 오로촌이 멧돌을 잡어 나를 잔치해 보내든 것도
> 쏠론이 십리길을 딸어나와 울든 것도 잊지 않었다. (중략)

이 시에는 장엄한 고대 한민족의 역사인식과 함께 반도로 내몰린 이후의 안주와 게으름과 비굴성으로 인한 태반 상실의 아픔이 토로되고 있다. 그러나 이와 동시에 시는 고토에서의 우리 조상들과 만주 및 시베리아 북방 이웃민족들인 퉁구스계 종족 '오로촌', '쏠론'과의 공생공영의 경험과 우정, 의리를 보여 준다. 그곳은 무엇보다 '범과 사슴과 너구리' 등의 짐승들, '자작나무와 익갈나무', '갈대와 장풍'의 대자연이 공생하는, '은 금 보화'가 넘쳐나던 공간이었다.

백석의 이념은 일제치하 선구적 역사가들—육당과 단재—의 노작에 표출된 한민족의 대륙성 회복에 대한 염원과 닿아 있다. 육당 최남선이 1927년에 발표하였던 『불함문화론不咸文化論』에서 우리와 같은 문화권으로 논했던 '오로촌'과 '쏠론', 즉 시베리아 퉁구스계 종족 에벤키와 솔론 등 이웃 북방 종족과의 깊은 유대관계와 공생장면과도 궤를 같이 한다. 일제치하 한국 지성계에 역사 공간으로서의 북방과 시베리아에 대한 기억은 한국사 축소를 위해 주체를 모호하게 만들고 단군을 부정하는 일제가 행한 작업에 맞서 재생되었다. 특히 민족주의에서 아나키즘에까지 다가간 단재 신채호는 『조선상고사』에서 고대 아시아 종족을 언어학적으로 분류하며 조선족이 흉노족과 함께 우랄어족에 속하며, 조선족은 동방으로 이동하고 흉노족이 서쪽으로 이동하고 분산하여 돌궐, 헝가리, 터키, 핀란드 족이 되었다고 단언하며 한민족 시원의 유라시아적 요소를 지적하였다. 북방대륙의 고대사를 고구려와 부여 중심으로 인식하고자 한 최남선 및 단재의 상고사 담론으로 웅대한 민족사가 환기되었고, 백석에 의해 문학적 "북방" 대륙 개념과 이미지 속에서 유라시아의 정신문화적 상징 공간으로 살려진 것이다. 물론 그것은 식민지 개척을 위해 일제에 의해 조장되던 "남방" 찬가에 대응한 부르짖음이었다.

시베리아 지역은 고래로 많은 민족이 부침하며 채집, 수렵, 유목, 농경의 단계를 거친 생활공간이며, 특히 스키타이, 흉노, 몽골 세력이 다양한 유라시아 문화를 융합하여 왔던 공간이었다. 그것은 청동기 시대 이래 스키타이인 등 유라시아 유목민들과 이후 슬라브, 러시아인들에 의해 시베리아 대지 위에 실험된 유라시아적 공존과 공생의 지향과 연계시킬 수도 있다. 북방계 한민족 선조들은 이미 솟대와 샤머니즘과 신라 금관이 보여주는 바와 같이 유라시아 제 문화를 한반도에 전달하며 광활한 대지 시베리아, 만주의 대륙적 문화소를 내재화했던 것이다. 한반도의 정체성 확립, 항구적 평화구축, '한류'를 위해서도 한민족의 대륙적, 유라시아적 문화소를 돌아보고 살려내야 할 시점이다. 더구나, 20세기 초 상징주의 시인 알렉산드르 블록이 "스키타이인들(Скифы)"에서 모종의 유라시아적 연대를 시사했다면, 백석 시인은 가시적인 시베리아, 만주의 선주민, 슬라브 세계와 한민족 공존공영의 역사를 밝히고, 우애를 염원하지 않았던가?

(2011년 1월 24일 제95호)

54. 제물포 해전, 그리고 아직도 아물지 않은 상처

조 미 령
러시아 과학아카데미 러시아어연구소 러시아어학박사
인천광역시 국제교류센터 과장

■ 시선 하나: 바랴크 호 깃발, 106년 만에 영광스럽게 귀환하다

2010년 11월 11일 인천. 늦가을의 스산함에도 불구하고 이른 아침부터 몇 대의 차량 행렬이 서둘러 서울로 향했다. 이들 차량이 도착한 곳은 서울 정동에 위치한 주한 러시아 대사관. 입구에서 철저한 신분확인을 거치고 대사관 로비에 들어섰을 때 그곳에는 벌써 많은 러시아 사람들이 삼삼오오 모여 이야기하고 있었다. 몇몇은 분주히 움직이며 무언가를 준비하고 있었는데, 그 한편에선 앳된 얼굴의 러시아 수병들이 긴장된 얼굴로 늘어서 있었다.

잠시 후 송영길 인천시장이 러시아 대사관 건물로 들어섰고, 곧이어 메드베데프 러시아 대통령이 도착했다. 곧이어 러시아 대사관 홀에서는 바랴크 호 깃발 전달식이 시작되었다. 전달식은 홀 가장자리에 양국의 관계자들이 늘어선 가운데 중앙 통로로 대한민국 해군 병사들이 열을 지어 운반해 온 바랴크 호 깃발을 러시아 해군 병사들이 전달받는 형식으로 이루어졌다. 이후 바랴크 호 깃발은 다시 인천항에 정박 중인 러시아 최신예 함정 바랴크 함으로 운반되어 갑판에서 깃발 인도식이 진행되었다. 이렇게 해서 바랴크 호 깃발은 106년 만에 러시아로 돌아갔다.

이날 러시아 언론 매체는 바랴크 호 깃발 전달식 소식을 앞다투어 전했다. 리아

러시아에 장기 임대된 바랴크 호의 깃발

출처 : 필자 제공

노보스티(Риа новости)와 Renta.ru는 11일 자 기사에서 바랴크 호 깃발 전달식에 대해 메드베데프 러시아 대통령이 '러시아와 한국을 연결하는 새롭고, 긴밀한 우호관계의 상징'이라고 평가했고, 송영길 인천시장은 '100년 전 제물포 앞바다에서 중요한 전투가 벌어졌는데, 그 전투의 증거인 이 깃발을 인천시민이 보관하고 있었다.'라고 말했다고 전했다. 또한 '박물관 전시품을 타국에 영원히 넘겨주거나 무기한으로 임대하는 것은 현지법에 어긋나기 때문에 5년 장기임대 형식으로 전달되었으며, 임대기간은 무한대로 연장할 수 있다.'라고 친절한 설명까지 덧붙였다. (어찌 된 일인지 한국 언론이 2년 임대라고 밝힌 바와 달리 러시아 언론은 일제히 5년 임대라고 전하고 있다.)

■ 시선 둘: 러시아에서 만들었고, 일본의 전리품이었고 한국에서 보관하고 있었던 바랴크 호 깃발은 과연 누구의 것일까?

인천이 바랴크 호 깃발 전달의 주체가 된 경위는 다음과 같다. 1904년 한반도의 지배권을 둘러싼 러시아와 일본의 제국주의 전쟁이 일어났다. 당시 제물포 앞바다에서는 일본 함대와 러시아 전함 사이에서 일대 격전이 벌어졌다. 2월 8~9일 이틀에 걸쳐 벌어진 교전은 결국 러시아 전함의 패배로 끝났는데, 패배한 러시아 군함 바랴크(Варяг)와 코레이츠(Кореец) 호, 상선 숭가리(Сунгарь) 호는 일본군의 전리품이 되지 않기 위해 자폭 또는 수장을 선택하여 침몰한다.

러시아는 자국의 국민적 영웅인 제물포 해전 희생자들의 죽음을 기념하고자 1997년 한국 정부에 이들을 위한 추모비 건립에 협조해 달라고 요청했었다. 하지만 추모비 건립은 곧바로 성사되지 않았다. 그러던 중 한·러 수교 12주년을 맞이하여 2002년 대한민국 외교통상부와 러시아연방 정부가 한 · 러 친선특급열차 프로그램을 공동 주최했는데, 대한제국 초대 주러 공사로 상트페테르부르크에서 독립운동을 했던 이범진 열사의 추모비 제막식도 이때 거행되었다. 이와 관련하여 러시아가 인천에 바랴크 호 추모비 건립에 대한 협조를 다시 한 번 강력히 요청하자 한국 정부와 인천시는 인천 시민단체의 반대에도 불구하고 2004년 인천 연안부두 제2터미널 주변에 바랴크 호 추모비 건립을 위한 부지를 제공하였다.

이에 앞서 약 10년 전에는 발레리 포포프라는 한 러시아인이 한국 출장 기간에 인천을 방문한 적이 있었다. 그가 인천을 찾은 이유는 고르느이 알타이 작은 마을의 사제인 그의 아버지가 제물포 해전 당시 수장되었던 바랴크 호 깃발을 찾아보라고 그에게 특별히 부탁했기 때문이었다. 물론 이 깃발은 인천에 있었다. 1904년 2월 9일 제물포 해전에서 침몰한 전함 바랴크와 코레이츠 호에 그대로 남아 있던 깃발·무기류는 일본인들에 의해 인양되어 당시 일본인이 운영하던 인천 향토관에 전리품으로 전시되었다. 이후 1945년 일본이 패망하자 이것들은 모두 적산물품(敵産物品)이 되었고 인천시립박물관에 인수되어 오늘날까지 보관되고 있었다.

인천에 바랴크 호 깃발이 있다는 사실이 알려지자 러시아는 깃발을 돌려받기 위한 작업을 지속적으로 펼쳤는데, 그 결과 인천시는 2010년 11월 G20 정상회의 참석을 위한 메드베데프 대통령의 방한 당시 2년간 임대형식으로 바랴크 호 깃발을 러시아 측에 전달하였다. 이에 앞서 2009년~2010년 약 9개월 동안 바랴크 호 깃발은 러시아 주요 도시에서 순회 전시된 바 있다.

바랴크 호 추모비 조성 및 깃발의 러시아 장기 임대와 관련하여 인천 시민사회에서는 거센 비판이 일어났다. 인천 시민문화단체는 바랴크 호 추모비 조성과 관련한 2004년 2월 6일 자 성명에서 "대한민국 정부와 인천광역시는 이미 1997년부터 시작된 러시아의 이러한 요구에 대하여 그 추이조차 떳떳이 공개하지 않았으며 시민사회의 여론도 무시하더니, 인제 와서야 '한반도 안보 및 국제관계'를 고려하여 수용할 수밖에 없다는 비굴한 모습을 보이고 있다."라고 비난하였다.

또한 바랴크 호 깃발 장기임대에 대해서도 '역사의식 부재의 소치'라며 호의적이지 않은 시선을 보내고 있다. 경인일보 2010년 11월 3일 자 기사에서는 "바랴크 호 깃발은 한반도가 제국 열강에 의해 강제로 문호를 열어야 할 때의 상황을 가장 적절하게 보여주는 몇 안 되는 유물 중 하나로서, 이러한 러일전쟁의 유물을 인천시가 러시아나 일본 쪽의 입장에서만 해석하려 해서는 안 된다."라고 우려의 목소리를 낸 바 있다. 즉, 러·일 전쟁의 유물은 러시아의 군인 정신만이 담긴 것이 아니라 우리 민족의 수난과 아픔이 고스란히 새겨진 것이기 때문에 무작정 내줄 수 있는 성격의 것이 아니라는 게 관계자들의 입장이다.

■ 시선 셋: 역사는 반복되는가?

구한말 개항장이라는 공간적 특수성으로 말미암아 한반도와 만주를 둘러싸고 러시아와 일본이 벌인 첫 번째 제국주의적 이권 다툼의 무대가 되었던 인천. 당시 대부분 사람은 자신들에게 무슨 일이 벌어지고 있는지 깨닫지 못했기 때문에 러시아와 일본이 한반도를 둘러싸고 벌였던 제국주의 이권 다툼 속에서 피동적으로 대응할 수밖에 없었다.

1904년 제물포 해전은 일본의 일방적 승리로 끝났고, 이를 계기로 일본은 한반도와 만주를 독점적으로 지배하는 계기를 마련하여 아시아 패권주의를 완성한다. 특히 일본은 러시아에 대한 승리를 서양에 대한 아시아 최초의 승리로 규정하며 자신들 승리의 가치를 높였다.

한편 러시아는 전쟁에서 패배한 사실을 극복하기 위하여 자신을 위대한 패배자로 규정했다. 당시 살아서 돌아간 바랴크 호 함장과 수병들은 국민적인 영웅이 되었고, 러시아는 제물포 해전을 국민의 애국심 고양에 적극적으로 활용함으로써 러일전쟁에 대한 자신들만의 관점을 형성해 나갔다.

하지만 한국은, 그리고 인천은 자신들의 앞바다에서 벌어진 제물포 해전에 대해 아직까지도 '타인의 전쟁'으로만 기억하고 있는 듯하다. 주체적인 시각이 아닌 주변인으로서의 시각으로 제물포 해전을 바라보는 인천의 모습은 러시아에 바랴크 호 깃발 장기임대를 추진하는 과정에서도 여과 없이 드러났다. 이런 인천의 모습에서 지난 1900년대 개화기 구한말의 모습을 떠올리는 것은 상상력의 지나친 비약일까?

이는 인천과 러시아 사이의 일천한 교류역사에서도 그 원인을 찾아볼 수 있다. 한·러 수교 이후 20년의 세월이 흐르는 동안 인천시와 러시아 간의 공식적 교류는 전무했다. 2009년도에서야 비로소 예카테린부르크와 자매결연이 체결되지만, 그마저도 자연발생적 교류의 산물은 아니다.

러시아 도시와의 뒤늦은 자매결연이 말해주듯이, 인천은 러시아와의 업무경험이 부족했다. 그래서 인천은 이번 바랴크 호 깃발 장기임대 추진과정에서도 실무의 많은 부분을 주체적으로 결정하기보다는 상황에 휩쓸려갔다는 표현이 맞을 것이다. 이는 비단 인천시만의 문제는 아닐 것이다. 유사한 상황이 다른 지자체에서도 왕왕 벌어지고 있기 때문이다.

바랴크 호 깃발을 러시아에 장기 임대하는 조건으로 인천시는 러시아에 보관중인 대한민국 독립운동사 자료와 한반도의 지리·역사 관련 자료를 한·러 전문가들이 공동 조사 발굴하여 이들 자료를 국내에 대여 전시하는 내용이 포함된 몇 가지 합의사항을 이끌어냈다.

러시아는 바랴크 호 깃발 장기임대를 통하여 그들이 그토록 원하던 소기의 목적을 일정 부분 달성한 셈이다. 이제는 인천시 차례이다. 바랴크 호 깃발의 장기임대를 매개로 하여 러시아 정부와 중요한 공동사업을 계획하고 있는 만큼, 지금부터 주체적인 시각과 안목으로 대러시아 교류 사업에 임해야 할 것이다. 그것만이 일본과 러시아의 시각은 있되 한국의 시각은 부재했던 지금까지의 러·일 전쟁 역사를 극복할 수 있을 것이다.

(2011년 2월 21일 제99호)

2011 러시아는 어디로 가는가?

초판 인쇄 2011년 7월 10일
초판 발행 2011년 7월 20일

편저자 ▪ 홍완석
편집인 ▪ 김선래, 최우익
기 획 ▪ 한국외국어대학교 러시아연구소
130-791 경기도 용인시 처인구 모현읍 왕산리 산89
전화 (031)330-4852
팩스 (031)330-4840
홈페이지 http://www.rus.or.kr/
전자우편 hufsirs@hufs.ac.kr
펴낸이 ▪ 박 철
펴낸곳 ▪ 한국외국어대학교 출판부
130-791 서울시 동대문구 이문동 270
출판등록 ▪ 제6-6호(1969. 4. 30)
디자인 · 편집 ▪ (주)이환디앤비 (02) 2254-4301
인쇄 · 제본 ▪ SM C&P (02) 468-6100

ISBN 978-89-7464-675-2 04920 정가 13,000원
ISBN 978-89-7464-650-9 (세트)

* 잘못된 책은 교환하여 드립니다.